1,000,000 Books

are available to read at

www.ForgottenBooks.com

Read online
Download PDF
Purchase in print

ISBN 978-1-332-87500-9
PIBN 10293828

This book is a reproduction of an important historical work. Forgotten Books uses state-of-the-art technology to digitally reconstruct the work, preserving the original format whilst repairing imperfections present in the aged copy. In rare cases, an imperfection in the original, such as a blemish or missing page, may be replicated in our edition. We do, however, repair the vast majority of imperfections successfully; any imperfections that remain are intentionally left to preserve the state of such historical works.

Forgotten Books is a registered trademark of FB &c Ltd.
Copyright © 2018 FB &c Ltd.
FB &c Ltd, Dalton House, 60 Windsor Avenue, London, SW19 2RR.
Company number 08720141. Registered in England and Wales.

For support please visit www.forgottenbooks.com

1 MONTH OF FREE READING

at

www.ForgottenBooks.com

By purchasing this book you are eligible for one month membership to ForgottenBooks.com, giving you unlimited access to our entire collection of over 1,000,000 titles via our web site and mobile apps.

To claim your free month visit:

www.forgottenbooks.com/free293828

* Offer is valid for 45 days from date of purchase. Terms and conditions apply.

English
Français
Deutsche
Italiano
Español
Português

www.forgottenbooks.com

Mythology Photography **Fiction** Fishing Christianity **Art** Cooking Essays Buddhism Freemasonry Medicine **Biology** Music **Ancient Egypt** Evolution Carpentry Physics Dance Geology **Mathematics** Fitness Shakespeare **Folklore** Yoga Marketing **Confidence** Immortality Biographies Poetry **Psychology** Witchcraft Electronics Chemistry History **Law** Accounting **Philosophy** Anthropology Alchemy Drama Quantum Mechanics Atheism Sexual Health **Ancient History Entrepreneurship** Languages Sport Paleontology Needlework Islam **Metaphysics** Investment Archaeology Parenting Statistics Criminology **Motivational**

J. R. Lowell

BOJARDO ED ARIOSTO.

VOL. II.

CONTAINING,
OF BOJARDO; ORLANDO INNAMORATO,
CANTOS I. TO VIII. OF BOOK I.,
AND NOTES.

ILLE PER EXTENTUM FUNEM MIHI POSSE VIDETUR
IRE POETA, MEUM QUI PECTUS INANITER ANGIT,
IRRITAT, MULCET, FALSIS TERRORIBUS IMPLET
UT MAGUS; ET MODO ME THEBIS, MODO PONIT ATHENIS

ORLANDO INNAMORATO DI BOJARDO
ORLANDO FURIOSO DI ARIOSTO
WITH AN ESSAY ON THE ROMANTIC
NARRATIVE POETRY OF THE
ITALIANS MEMOIRS AND NOTES BY
ANTONIO PANIZZI

VOLUME II

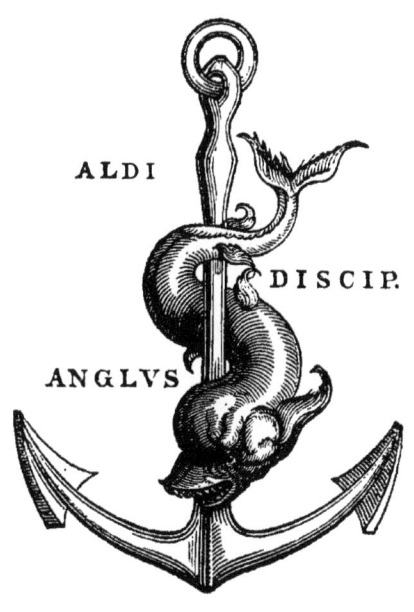

LONDON

WILLIAM PICKERING

1830

Printed by Lowndes and White,
Crane Court, Fleet Street.

CONTENTS.

Life of BOJARDO. BOJARDO's ancestors, i. His public life, ii. His character by PAGANELLI, iv. His opinions on penal laws, v. His lyrical erotic compositions, vii. His Lady's name, viii. Her beauty, as described by the poet, xi. Specimens of his lyrical style, xii. A sonnet on seeing his Lady in company with two others, xiv. On her presenting the poet with a purse, xv. The poet complains of her infidelity, ibid. and xvi. He retracts his words, ibid. Beauty and youth compared to a flower, xvii. Two dialogues between Love and BOJARDO, ibid. and xviii. The poet's determination never to complain again of his Lady, ibid. His happiness, xix. A sonnet on her absence, xx. A dialogue of the Poet with some flowers on the same subject, ibid. His grief at being obliged to go to Rome, xxi. A dialogue between the poet and a spirit, ibid. A sonnet on a dream, xxii. Her grief at the poet's departure, ibid. and xxiii. A *Canzone* or *Cantus Comparativus* describing the beauty of his Lady, ibid. Another *Canzone* written a month after he had set off for Rome, xxvi. Character of these poems, xxvii. PETRARCA and his imitators, xxviii. It is not known what became of this Lady after his marriage, xxx.

BOJARDO's Latin poetry, xxxi. His Italian eclogues, xxxii. His *sdruccioli*, xxxv. Specimen of his pastoral style, xxxiv. Friendship between the poet and HERCULES OF ESTE, xxxvii. Magnificence and learning of this Prince, xxxix. The *Menæchmi* of PLAUTUS performed at Ferrara, xl. *Il Timone*, a comedy by BOJARDO, xlii. BOJARDO's learning, xlv. His translations from the Greek and Latin languages, xlvi. Works attributed to him, xlviii. His *Istoria Imperiale*, xlix. RICOBALDO's *Pomarium*, l. Difference between these two books, li. BOJARDO wrote his history in good faith, liii. Story concerning Lothaire's soul, liv. Chronological blunders of BOJARDO pointed out by MURATORI, lv. How far the *Istoria Imperiale* may be said to be a translation of the *Pomarium*, lvi.

When was the *Orlando Innamorato* begun? lvii. The first edition of this poem, lviii. The end of the xv. century fatal to Italy, lix. The Scandiano edition, lx. Alterations made by BOJARDO in the traditions concerning Charlemagne, lxii. The main subject of the poem was the *Love of Orlando*, lxiii. Analysis of the principal action of the poem, lxiv. A mistake of GINGUENÉ, lxix. The *Innamorato* and the *Iliad*, lxxii. The minds of the Italians strongly excited against the Turks in BOJARDO's time, lxxiv. BOJARDO read his poem to his friends before printing it, lxxvii. CASTELVETRO's and VALLISNIERI's assertions respecting the names of the heroes of the poem, lxxviii. Who was RUGGERO? lxxx. His genealogy, according to the romances, lxxxi. Traditions concerning the wars of the Mahometans and the Normans in the kingdom of Naples, preserved in the *Istoria Imperiale*, lxxxiv. These traditions, in the main, correct, xc. Facts as recorded in history concerning the same nations and times, xci. Character of Ruggero, King of Sicily, and of the late King of Naples, xcvii. The Ruggero of romancers formed from the first King of Sicily, and from other Ruggeros, xcviii. Importance of Reggio of Calabria, ibid. Exaggeration of the number of persons slain in the battles between the Normans and Saracens, xcix. In the history of King Ruggero and his father, there are many elements of the narrative romanesque poems, c. Facts in confirmation of Mr. ROSE's remark respecting the age of the wars recorded in BOJARDO, cii. Coincidences between historical events, respecting Charlemagne and the Normans, with those celebrated by Romancers, civ. Ruggero's descent from the royal family of Troy, cvi. Ruggero's claim to the White Eagle of Este, cvii.

BERNI's Life, cxi. His own portrait translated by Mr. ROSE, cxiv. BERNI's burlesque compositions, cxviii. His *capitolo* to FRACASTORO, cxxi. His learned allusions, cxxiv. His gentle irony and simplicity, cxxvi. His Latin poetry, cxxvii. Literary taste in Italy in BERNI's time, cxxviii. Diction and versification of the *Innamorato*, cxxxii.

Early editions of BERNI's *Rifacimento*, cxxxiii. No edition of the *Rifacimento* can be trusted, cxxxiv. This work was neglected during two centuries, cxxxv. DOMENICHI's *Rifacimento*, cxxxvi. BERNI has not rendered the poem licentious, and the whole of his *Rifacimento* was never prohibited by the Court of Rome, cxxxvii. Whence arose the opinion that it was, cxxxviii. Principles on which the *Decameron* was *corrected*, cxxxix. BERNI has never been compared to BOJARDO, cxl. Difference between the editions of 1541 and 1545, cxli. Passages of BOJARDO and BERNI compared, cxliii. Injustice done to BOJARDO, clxviii. Rules followed in publishing the present edition, cxlviii. VENTURI's edition of the *Poesie scelte di* BOJARDO, clii. Conclusion, cliii.

Orlando Innamorato. Lib. I. Canto I. page 1. Canto II. page 24. Canto III. page 41. Canto IV. page 62. Canto V. page 84. Canto VI. page 105. Canto VII. page 123. Canto VIII. page 141.

Notes to Book I. Canto I. page 159. To Canto II. page 191. To Canto III. page 201. To Canto IV. page 212. To Canto V. page 221. To Canto VI. page 229. To Canto VII. page 238. To Canto VIII. page. 242.

THE LIFE OF BOJARDO.

The castle of Rubiera, situated between Reggio and Modena, belonged to the ancient family of Bojardo, till about the beginning of 1423, when Feltrino Bojardo, then the head of the family, exchanged it for Scandiano, a small castle about seven miles from Reggio, at the foot of the Appenines, and famous for its excellent vines. From time to time, this feudal possession was enlarged by the addition of several villages in the neighbourhood, conferred upon the family by the sovereign house of Este, which in those days possessed not only Modena and Reggio, but also Ferrara. The poet, Matteo Maria Bojardo, was thus Count of Scandiano, and Lord of Arceto, Casalgrande, Gesso, La Torricella, &c.

It seems certain that he was born at Scandiano, about the year 1434. His father was Giovanni, second Count of Scandiano, the son of Feltrino, its first lord; and his mother was Lucia, of the Strozzi family, still existing at Ferrara, a branch of the famous house of Strozzi of Florence. Lucia was sister to Tito Vespasiano Strozzi, and aunt to Ercole, his son, both of them Latin poets of celebrity even to this day; and the former of whom wrote with more elegance than was usual in his times. Of the early age of MATTEO MARIA nothing positive is known. It seems probable that he was a pupil of SOCCINO BENZI, a professor of medicine and philosophy at the University of Ferrara, two sciences which were then united together. However this may be, it is undoubted that the COUNT OF SCANDIANO received a liberal education, and that he had a more extensive acquaintance, not only with the Latin but also with the Greek language, than most men of letters in that age.

The literary life of BOJARDO will be presently examined with some minuteness. His political career, which, considering the times and the state of the country, was by no means undistinguished, will be mentioned more briefly.

In January, 1469, BOJARDO is recorded as one of the noblemen who went to meet the Emperor Frederic III. on his way to Ferrara, where he was splendidly entertained by the Duke Borso of Este, sovereign of that city. Although Borso had the title of Duke of Modena and Reggio, he was only Marquess of Ferrara, the *suzeraineté* of which belonged to the Pope. Paul II. granted to Borso the title of Duke of Ferrara also, and this prince went to Rome in 1471 to receive from the Pontiff the investiture of the title, and on his journey he displayed a magnificence which had been seldom witnessed, even at Rome. BOJARDO was among the noblemen who accompanied the Prince. It seems that the Poet was particularly liked by him,[a] but there appears to have been a more intimate friendship between him and Hercules I., the successor of Borso, who died a few days after he had returned from Rome, in May, 1471.

In the year 1472, BOJARDO married Taddea, daughter of the Count of Novellara of the noble house of Gonzaga; and in 1473, he was among the noblemen who were sent by the Duke to escort to Ferrara his bride, Eleonora, daughter of the King of Naples. In 1478, he is said to have been governor of Reggio, and in 1481 and 1486, *capitano*, that is, governor of Modena. In 1487, he returned to his situation of governor of Reggio, where he continued till his death, which took place in that city on the twentieth of December, 1494. He was buried in the church of Scandiano.

Whatever may now be thought of the importance of BOJARDO's public offices, it must not be forgotten that they were distractions from his poetical pursuits, and at least afford good evidence of the very considerable degree of esteem which he enjoyed. What has been recorded of BOJARDO as a magistrate, leads us to believe him to have been a good-natured man, who was very averse from severe punishment, and in this, also, he was not unlike his great successor ARIOSTO, as

---

[a] As we shall see hereafter, BOJARDO had left 'the lady of his heart' at Reggio, when he was obliged to go to Rome; and in a sonnet from the last city, says, that nothing can console him for the separation; neither the splendor of 'the immortal city,' nor the kindness of his sovereign.

will be seen in the life of that poet. BARTOLOMEO PAGANELLI PRIGNANO of Modena, a contemporary and friend of BOJARDO, wrote a Latin poem, *De Imperio Cupidinis*, which was published in his native city in 1492. In the second book of that poem, Cupid himself is introduced by the poet, to recount the different cities and personages conquered by him, and on mentioning Reggio, the urchin-god speaks in the following manner.

> Sic neque dedignor Regii per tecta vagari
>   His cives telis, ruricolasque premens;
> De quo si dubitas, Bojardum consule vatem,
>   Qui populos armis justitiaque regit.
> Crimina qui numquam violenti punit amoris,
>   Dans alii placidus quod cupit ipse sibi.
> Ille licet sedeat pro majestate verendus,
>   Et doceat gravibus jura superciliis;
> Non tamen huic semper vultus manet ille severus:
>   Nocte dieque domi nostra trophæa canit,
> Dumque alii leges, teneros legit ille poetas.
>   Multiplicem minimi Bartholon ipse facit,
> Et centum Baldos minimo tibi venderet asse.
>   Optimus in castris est eques ille meus.

It was probably owing to this contempt of the poet for learned civilians, that one of them, PANCIROLI, as VENTURI observes, in his MS. chronicle of Reggio, written about half a century after the death of BOJARDO, speaks of the Count in an unfriendly manner. Antonio Trotto urbis Præfecto mortuo, primo Joh. Nicolaus Corrigius Civis Regiensis, mox Matth. Maria Bojardus Italicorum rythmorum vates est suffectus: vir nimia benignitate reprehendendus, et plus componendis carminibus, quam vindicandis facinoribus aptus. Indeed he must have been considered crazy by the whole tribe of lawyers of his age, if it be true, as VENTURI asserts, on the authority of PANCIROLI, that the Poet said that no crime ought to be punished with death. When the illustrious BECCARIA with so much warmth defended the same opinion, his despicable enemies attacked it as an ancient sophism and an impracticable innovation in the same breath; but the name of BOJARDO was never mentioned by either party.

VENTURI relates also, on the authority of PRAMPOLINI, who was born in the time of MATTEO MARIA, and who wrote a chronicle of Scandiano which has never been printed, but exists in MS., that the Poet in his younger days was fond of conversing with the old inhabitants of his castle respecting past events, and that he was very generous to those from whom he sought such information, so that, when one wished good luck to another, it was usual to say: 'Heaven send Bojardo to your house.'

The above mentioned PAGANELLI had been some time living with the BOJARDO family at Scandiano, which he left before the death of Giulio, the uncle of the poet; an event which took place in 1458. On his departure, PAGANELLI invokes his muse, saying, she would be cold and insensible indeed, could she leave the sacred haunts of MATTEO and his muses, without tears; which proves that, even in his earliest years, the merits of BOJARDO were remarkable. It does not seem that we can with certainty ascribe to that period any of his compositions now extant. VENTURI observes that his Latin eclogues could not have been written after 1474, as they do not contain allusions to events posterior to that year; and quoting a passage from the last of them, [b] he concludes, they are to be reckoned among the earliest compositions of BOJARDO. There are, however, allusions in these eclogues, which evidently show that they were written after some at least of his lyrical compositions.[c] What was the age of BOJARDO when these were written, it is now difficult to ascertain. As they are full of beauties and connected with his life, more, perhaps, than any other of his compositions, their history will be inquired into with some minuteness; the more so, since these poetical effusions are comparatively forgotten and certainly far less known than they deserve to be.[d]

[b] Si mea lascivis, Princeps invicte, Thalia
Carminibus stridens castas offenderit aures,
Da veniam; primis tibi talia ludimus annis,
Dum faciles versus et mollia verba canentem
Oblectant, blando dum mens torquetur amore.

[c] The first eclogue was certainly written after his visit to Rome, for there we find:

Venimus ignotas Thyrreni ad fluminis undas,
Pascua ancipiti jam pridem subdita Jano
. . . .
. . . . Alias jamdudum vidimus urbes
Et quibus edidici dicatur brassica caulis.

What the Tuscans and Romans call *cavoli*, in Lombardy are called *verze*.

[d] QUADRIO, whose learning and taste we are constrained

LIFE OF BOJARDO.

In 1499, a small volume quarto was published at Reggio, with the following title: *Sonetti e Canzone del Poeta Clarissimo Matthe Maria Boiardo Cōte di Scandiano.* These poems are divided into three books, each of which has a Latin title as follows: MATTHEI MARIAE *Boiardi Co. Scandiani Poetae Clarissimi Amorum Liber Primus (secundus et tertius).* Several of the poems also have Latin titles, particularly remarkable on account of the names, which are there preserved of the different lyrical compositions, with respect to the music by which they were then accompanied.[e] These poems were reprinted, as I find in GINGUENÉ, in 1501, at Venice; and I do not know whether any other edition appeared of them till 1820, when VENTURI, in a volume which I shall have occasion to mention

to admire, the more we become acquainted with his writings, says, that these lyrical pieces of BOJARDO are ' un modello di delicatezza e di grazia.' That most superficial and conceited of all literary historians, CORNIANI, in a few lines, full of blunders, which he gives to BOJARDO, does not even mention his lyrics. GINGUENÉ says: ' On a de lui (Bojardo) des poèsies latines et italiennes d'un style moins élégant que facile, et dans les quelles perce cependant, mais sans affectation, l'erudition de l'auteur.' *Hist. Lit. d'Italie,* part. i. c. xxii. TIRABOSCHI refers to MAZZUCHELLI respecting BOJARDO's Italian lyrical compositions, and mentioning the Latin eclogues, he calls them ' molto eleganti,' in which opinion GINGUENÉ would have done well to follow him. *Stor. della Let. Ital.* vol. vi. par. iii. cap. iii. § 26.

[e] I am enabled to describe this volume, owing to the kindness of the Right Hon. T. GRENVILLE, who has, with his usual liberality, placed in my hands a copy of this very scarce edition, which forms part of his splendid collection.

elsewhere, published fifty-four out of about one hundred and eighty of the lyrical pieces, which are contained in the original edition. He chose, of course, such as he believed to be possessed of most merit.

From the Latin title prefixed to each of the three books into which this volume is divided, the reader will have perceived that love is the subject of the poet's verses. In the first book he celebrates the charms of his lady and his own affection for her; he complains in the second of her coldness and cruelty, and the third is a mixture of poems on both these subjects. The object of BOJARDO's admiration was a young lady of Reggio, by name ANTONIA CAPRARA, as we gather from two acrostics of the poet in this volume.[f] A lady of this name was in fact born at Reggio on the 31st of October, 1451: and if she were the one whom he loved, she must have been about seventeen years younger than himself. He was attached to her when he was at Rome, in 1471, and from his lyrical compositions, seemingly printed in a chronological order, it appears that, at that time, he had loved her for about two years. In one of his *Canzoni* he reproaches her

---

[f] Although BOJARDO's lyrical poems were published five years after his death, they were, however, collected by him, as is evident from the proemial sonnet. He called an acrostic, *Capitalis*. The second book of his lyrics concludes with a sonnet, which is inscribed *Capitalis duplex*, which VENTURI does not mention, and of which I confess I cannot understand the meaning. I have in vain tried all possible combinations to make out a name.

with having forgotten the fourth of April,[g] which, perhaps, was the day on which he declared his love to her; a supposition strengthened by a sonnet which he wrote on the anniversary of the declaration of his passion, and which begins as follows.

> Oggi ritorna lo infelice giorno,
> Che fu principio della mia sciagura,
> E l' erba si rinnova e la verdura,
> E fassi il mondo di bei fiori adorno.

Supposing, then, that he declared his passion on the 4th of April, 1469, he must have fallen in love with a lady of eighteen, when he was about thirty-five.

Now, that age seems irreconcileable with the expression which he makes use of, when he pleads his tender years, as an excuse for his amorous follies. Thus, in the very first sonnet he says:

> L' alma mia consumata, non che lassa
> Fugge sdegnosa il puerile errore;

and in a *Canzone* [h] he says:

---

[g] Com' hai scordato il dì quarto d' Aprile
Quando mostrasti aver tanto diletto
Dell' amor mio, che adesso hai tanto a vile?

[h] This canzone has the following title: *Rodundelus integer ad imitationem Ranibaldi Franci*. The first four lines are repeated at the end of each stanza, which is composed of eight lines, with similar cadences. Those four lines are as follows:

> Se alcun di amor sentito
> Ha l' ultimo valor, siccome io sento,
> Pensi quant' è contento
> Un amoroso core al Ciel salito.

> Gentil mia signoria
> A cui ne' miei primi anni [me] rendei
> Senza te che sarei?

A man could hardly call thirty-five a *puerile* age, or his *first* years. It is, therefore, probable that his lyrical effusions were not all intended for the same person; and that, whilst we know the name of one of the objects of his affection, the other is unknown. We are led to suspect this, also, from several passages of his compositions, where he seems to speak of his lady, as if her name were *Rosa*, under the emblem of a *rose*, as PETRARCA called *Laura* a *Lauro*; B. TASSO, *Ginevra* a *Ginepro*, &c. BOJARDO himself speaks of the Lady *Caprara*, under the emblem of a *Capra*. One quotation from the *Canzone*, or *Rodundelus* just mentioned, will show that this opinion is not improbable.

> Per te, candida rosa, son guarnito
> Di speme e gioia, e vuoto di dolore.
> . . . .
> Per te son, rosa mia, dal vulgo uscito.[1]
> . . . .
> Cantiamo adunque il viso colorito,
> Cantiamo in dolci note il gentil fiore,
> Che dà tanto di onore
> A nostra etade, che l' antiqua oblia.

However this may be, we shall unite all his loves into one, following the example of the romancers with their heroes; that is, we shall sup-

---

[1] Compare DANTE, *Inf.* II. 105.

pose that he loved only one lady, and that all his effusions, though, perhaps, addressed to several, were intended for her alone.

The beauty of his beloved was pourtrayed by him in very lively colours in one of his Latin eclogues.

> Felices ripae! fortunatissima puri
> Unda lacus! vestro candentia membra liquore,
> Perfudit vestris mea Lux sua corpora lymphis:
> Hîc posuit gressus, memini, jam nuda, decoros,
> Et niveis pedibus gaudentia gramina movit.
> Nil reor in terris formosius ulla tulisse
> Saecula, seu roseam Chlorim, seu Phyllida jactent.
> Aureus e niveo pendebat vertice crinis,
> Perque humeros ludens, per cygnea colla volabat.
> Alba, genas tenui leviter suffusa rubore,
> Flectebat dulci radiantia lumina risu;
> Lumina queis purus astrorum cederet ardor.

In his lyrical compositions he describes her in expressions full of delicacy and enthusiasm. The following sonnet was among those published by VENTURI:

> Il canto degli augei di fronda in fronda
> E l' odorato vento per li fiori,
> E lo ischiarir di lucidi liquori,
> Che rendon nostra vista più gioconda
> Son perchè la natura e 'l Ciel seconda
> Costei, che vuol che 'l mondo s' innamori;
> Cosi di dolce voce e dolci odori
> L' aria, la terra è già ripiena e l' onda.
> Dovunque i passi move o gira 'l viso
> Fiammeggia spirto sì vivo d'amore,
> Che avanti alla stagione il caldo mena.

> Al suo dolce guardare, al dolce riso
> L' erba vien verde, e colorito il fiore,
> Il mar s' acqueta e 'l ciel si rasserena.

The following was also published by VENTURI:

> Già vidi uscir de l'onde una mattina
> Il Sol di raggi d' or tutto iubato,
> E di tal luce in faccia colorato
> Che ne incendeva tutta la marina;
> E vidi la rugiada mattutina
> La rôsa aprir d' un color sì infiammato,
> Che ogni lontan aspetto avria stimato
> Che un foco ardesse nella verde spina;
> E vidi aprir a la stagion novella
> La molle erbetta, sì com' esser suole,
> Vaga più sempre in giovenil etade;
> E vidi una leggiadra donna e bella
> Su l' erbe coglier rôse al primo Sole,
> E vincer queste cose di beltate.

In one of his sonnets he, with a highly poetical fancy, imagines that an angel comes to admire his lady; and in another, he thinks that those who have not seen her, do not know what love is. Both these sonnets were inserted by VENTURI in his selection.

> Questa mattina nel venir del giorno
> Il Ciel s' aperse, e giù dal terzo coro
> Discese un spiritel con l' ali d'oro
> Di fiamme vive e di splendor adorno.
> Non vi maravigliate s' io ritorno,
> Dicea cantando, al mio caro tesoro,
> Chè in sè non ave un più gentil lavoro
> La spera che più larga gira intorno.
> Quanto abblandisce il Cielo a voi mortali,
> Che v' ha donato questa cosa bella,
> Ristoro immenso a tutti i vostri mali!

Così cantando quel spirto favella,
Battendo motti alla sua voce eguali
E tornasi giojoso alla sua stella.

Chi non ha visto ancora il gentil viso,
Che solo in terra si pareggia al Sole,
E le accorte sembianze al mondo sole,
E l' atto, dal mortal tanto diviso;
Chi non vide fiorir quel vago riso,
Che germina di rose e di vïole,
Chi non udì le angeliche parole,
Che suonan di armonia di paradiso;
Chi più non vide sfavillar quel guardo,
Che come stral di foco il lato manco
Sovente incende e mette fiamma al core;
E chi non vide il volger dolce e tardo
Del soave splendor tra 'l nero e 'l bianco
Non sa nè sente quel che vaglia amore.

To these sonnets another deserves to be added, which VENTURI has not published. The reader will remark that it seems from this also that the name of the lady, for whom it was written, was *Rosa*.

Rosa gentil, che sopra a' verdi dumi
Dai tant' onore al tuo fiorito chiostro,
Suffusa da natura di tal ostro,
Che nel tuo lampeggiar il mondo allumi;
Tutti gli altri color son ombre e fumi,
Che mostrerà la terra od ha già mostri;
Tu sola sei splendor al secol nostro,
Che altrui nella vista ardi e me consumi.
Rosa gentil, che sotto il giorno estinto
Fai l' aria più chiarita e luminosa
E di vermiglia luce il ciel dipinto,
Quanto tua nobiltate è ancor nascosa!
Che il Sol che da tua vista è in tutto vinto,
Appena ti conosce, o gentil rosa.

These specimens will satisfy the reader, that BOJARDO wanted neither delicacy of feeling, nor elegance and charm of style. His passion was deep, and he chose with great taste such circumstances as were most proper to give novelty and originality to his sentiments. He once saw his lady in company with two others, and this gave occasion to the following sonnet.[i]

>Quale nei prati d' Idalo e Citero,
>Se Amor di festeggiar più voglia avea,
>Le due sorelle aggiunte a Pasitea
>Cantando di sè cerchio intorno fero;
>
>Tal si fece oggi, e più leggiadro e altero,
>Essendo in compagnia della mia Dea
>E dell' altre due belle, onde tenea
>La cima di sua forza e 'l sommo impero.
>
>Giojosamente in mezzo a lor si stava
>Voltando le sue ali in più colori,
>E sua bellezza tutta fuor mostrava.
>
>La terra lieta germinava fiori,
>E 'l loco avventuroso sospirava
>Di dolce foco et amorosi odori.

The lady who inspired BOJARDO's muse, was not always cruel to him, as we have seen. She once presented him with a purse, the work of her own hands; one of those presents, the full value of which is only felt by those whose passion renders sacred whatever has been the object of the particular attention of their beloved. Perhaps never were the sentiments, which such a present was likely to awaken, more truly and warmly expressed than in the following sonnet, which was also published by VENTURI.

[i] Contained in VENTURI's edition.

> Grazïoso mio dono, e caro pegno,
> Che sei da quella man gentile ordito,
> Qual sola può sanar quel che ha ferito,
> E alla errante mia vita dar sostegno;
> Dono amoroso, sopra gli altri degno,
> Distinto in tante parti e colorito,
> Perchè non è con teco il spirto unito
> Che già ti fabbricò con tanto ingegno?
> Perchè non è la man leggiadra teco?
> Perchè teco non sono or quei desiri,
> Che sì ti han fatto di beltade adorno?
> Sempre nella mia vita sarai meco,
> Avrai sempre da me mille sospiri,
> Mille baci la notte e mille il giorno.

Several of BOJARDO's lyrical poems are written to complain of his lady's inconstancy, and even infidelity. One of them, which accuses her of this crime, is as follows:

> Qual fia il parlar che in me secondi l' ira,
> E corrispondi al mio pianto infelice,
> Sì che fuor mostri quel che il cor mi dice,
> Poichè fuori il dolor a forza il tira?
> Pur vedo mo che per altrui sospira
> Questa perfida, falsa, traditrice;
> Pur mo lo vedo; nè ingannarmi lice,
> Chè l' occhio mio dolente a forza il mira.
> Hai donato ad altrui quel guardo fiso,
> Ch' era sì mio, ed io tanto di lui,
> Che per star seco son da me diviso?
> Hai tu donato, perfida, ad altrui
> Le mie parole, i miei segni, il mio riso?
> Oh giustizia del Ciel riguarda a nui!

It was, probably, whilst labouring under the impression of having been deceived, that he wrote the following sonnet, which is to be found in VENTURI's volume.

> Fu forsi ad altro tempo in donna amore,
> Forsi fu già pietade in alcun petto,
> E forsi di vergogna alcun rispetto,
> Fede fu forsi già in femminil core.
>   Ma nostra etade adesso è in tanto errore,
> Che donna più di amar non ha diletto,
> E di durezza piena e di dispetto
> Fede non stima, nè virtù, nè onore.
>   Fede non più, non più v' è di onor cura
> In questo sesso mobile e fallace,
> Ma volubil pensieri e mente oscura.
>   Sol la natura in questo mi dispiace,
> Che sempre fece questa creatura,
> O vana troppo, o troppo pertinace.

VENTURI has not dealt fairly, either with the poet or the fair sex, in not publishing, along with the sonnet just quoted, one in answer to it, which the poet wrote, to ask pardon for his rash expressions.

> Ben cognosco oramai che il mio furore
> Non ha più freno, o di ragione obbietto:
> Il sdegno mio, che un tempo fu concetto,
> È pur con chiara voce uscito fuore.
>   Perdon vi chieggio, donne, se il dolore
> Ha fatto traboccar qualche mio detto,
> Chè veritade e amor mi v' ha costretto:
> Quella m' è amica, e questo m' è signore.
>   Certamente altrui colpa, o mia sciagura,
> Che a torto, al mio parer, l' alma mi sface,
> Al giusto lamentar mi rassicura.
>   Donate al mio fallir, donne mie, pace;
> Chè a tacer tanto duol è cosa dura,
> E poco ha doglia chi dolendo tace.

The cruelty of his lady did not drive him to speak harshly, either of her or of her sex, as did her supposed infidelity. He sometimes wishes her to change for her own sake, more than for his. Such is the theme of the following sonnet, which VENTURI has not inserted in his selection.

Flos frigore fractus.

Che non fa il tempo in fin? questo è quel fiore
Che fu da quella man gentile accolto,
E sì leggiadramente ad oro involto,
Che eterno esser dovea di tanto onore.
Or secco, senza foglie e senza odore,
Discolorito, misero e disciolto,
Ciò che gli diè natura, il tempo ha tolto,
Il tempo che volando affretta l' ore.
Ben s' assimiglia a un fior la nostra etate,
Che stato cangia da mattina a sera,
E sempre va scemando sua beltate.
A questo guarda, disdegnosa e altera;
Abbi, se non di me, di te pietate,
Acciò che indarno tua beltà non pera.

Not knowing to whom else to complain of his misfortunes, the poet addresses himself to Love, when the following dialogue takes place.

Bojardo. Se dato a te mi sono in tutto, Amore,
    A chi di te mi deggio lamentare?
Love. Al Cielo, al mondo ed a me, s' el ti pare,
    Che ai miei suggetti son giusto signore.
Bojardo. Il Ciel non m' ode, il mondo è pien d' errore,
    E tu non degni i miseri ascoltare;
    Pur noto al Ciel, al mondo, a te vo' fare,
    Che nel tuo regno m' è rapito il core.
Love. Nel regno mio, non dir; chè in cosi trista
    Parte non regno, nè regnar poria,
    Benchè a te paia sì gioiosa in vista.
    Questa superba che il tuo cuor disvia
    Meco contende spesso, e tanto acquista,
    Ch' io me disprezzo e la possanza mia.

This was not the only dialogue between BoJARDO and Love: there is another, which was published, as well as the foregoing, by VENTURI; and from this it will be seen that Love was as roughly used by the lady, as was the poet himself.

> *Bojardo.* Qual possanza inaudita o qual destino
> Fa, Signor mio, ch' io ti riveggia tale,
> Che hai gli occhi al petto, al tergo messe l' ale,
> E fuor d' usanza porti il viso chino?
> Donde venuto sei, per qual cammino
> A rivedermi nel mio estremo male,
> Senza l' arco dorato, e senza il strale,
> Che m' ha fatto a me stesso peregrino?
> *Love.* Io vengo a pianger teco, e teco ascolto
> Il tuo dolore e la tua sorte dura,
> Che dall' abito mio sì m' ha rivolto.
> Tu sei tradito ed io dal più bel volto,
> Che al mondo dimostrasse mai Natura
> Questo a te il core, a me lo strale ha tolto.

Seeing no prospect of relief from his distresses by any of these means, the poet next has recourse to the expedient of not complaining at all; and, relying on his lady's generosity, he professes himself ready to die of grief in silence, lest his death should be imputed to her. VENTURI has not published this sonnet.

> Se cosa bella sempre fu gentile,
> Nè mai menti pietade a gentilezza,
> Ancor sarà che giù ponga l' asprezza
> Quel magnanimo core e signorile.
> Sdegno regal si placa al servo umile,[k]
> E in picciol tempo si dilegua e spezza;

---

[k] The Homeric kings were very different persons, and had

> L' ira crudel e l' odio e la durezza
> Non han ricetto, fuor che in alma vile.
>   Ma se pur forsi il Ciel novo destino
> Fatto ha per me, nè vuol ch' io mi conforte
> Di aver mercè dal mio viso divino;
>   Tacito porterò la dura sorte,
> E sol piangendo mi morrò meschino,
> Per non incolpar lei della mia morte.

If we could suppose that these poems were written exactly in the order in which they are now arranged, we might conclude that the means last adopted by the poet had the desired effect, since to the sonnet just quoted the following succeeds:

> Datemi a piene mani e rose e gigli
> Spargete intorno a me viole e fiori,
> Ciascun, che meco pianse i miei dolori,
> Di mia letizia meco il frutto pigli.
>   Datemi fiori candidi e vermigli,
> Confanno a questo giorno i bei colori,
> Spargete intorno di amorosi odori,
> Che il loco alla mia voglia s' assomigli.
>   Perdon m' ha dato, ed hammi dato pace
> La dolce mia nemica, e vuol ch' io campi
> Lei che sol di pietà si pregia e vanta.
>   Non vi maravigliate perchè io avvampi,
> Chè maraviglia è più che non si sface
> Il cor in tutto d' allegrezza tanta.

It once happened that the object of the poet's affections was absent from the place, where he was accustomed to see her, and he expresses his grief in several poems, of which some are here

none of the chivalrous generosity which BOJARDO here supposes inseparable from royalty. They could conceal their anger, but never pardoned an inferior, and were softened only by revenge. *Iliad*. i. 80.

inserted, as specimens of his melancholy style. The following is addressed to the balcony where he had seen her.

>Leggiadro verroncello, ov' è colei
>Che di sua luce alluminar ti suole?
>Ben vedo che il tuo danno a te non duole;
>Ma quanto meco lamentar ti dei,
>   Chè, senza sua vaghezza, nulla sei!
>Deserti i fiori, secche le viole,
>Al veder nostro il giorno non ha sole,
>La notte non ha stelle senza lei.
>   Pur mi rimembra che ti vidi adorno,
>Tra' bianchi marmi e il colorito fiore
>D' una fiorita, candida persona.
>   A' tuoi balconi allor si stava Amore,
>Che or te soletto e misero abbandona,
>Perchè a quella gentil dimora intorno.

On another occasion, he addresses some flowers, which had been taken care of by his lady, and which now, being neglected, felt the effects of her absence. This sonnet is in the form of a dialogue.

>*Bojardo.*   Fior scoloriti e pallide viole,
>   Che sì suavemente il vento move,
>   Vostra madonna dov' è gita? e dove
>   È gito il Sol che alluminar vi suole?
>*The flowers.*   Nostra madonna se ne gì col Sole,
>   Che ognor ci apriva di bellezze nuove,
>   E poi che tanto bene è gito altrove,
>   Mostriamo aperto quanto ce ne duole.
>*Bojardo.*   Fior sfortunati e viole infelici,
>   Abbandonati dal divino ardore
>   Che v' infondeva vista sì serena!
>*Flowers.*   Tu dici il vero: e noi nelle radici
>   Sentiamo il danno, e tu senti nel core
>   La perdita che nosco al fin ti mena.

Another occasion for expressing his melancholy feelings, at being compelled to live separated from her whom he loved, was given to the Poet when he was obliged to go to Rome in 1471. When he was on the point of departing, he wrote this sonnet:

> Chi piangerà con teco il tuo dolore,
> Amante sventurato, e le tue pene,
> Poichè lasciar t' è forza ogni tuo bene,
> (Dispietata fortuna!) e il tuo Signore?
>   Partir convienti, e quì lasciar il core;
> Lasciar il core, e partir ti conviene;
> Miser chi signoria d' altri sostiene!
> Ma più chi serve, altrui servando amore.
>   Ahimè dolente! ahimè! di che ragiono?
> Pur so che certo mi convien partire,
> E la vita crudel non abbandono?
>   Ben credo a quel che ho già sentito dire,
> Ed a mio grave costo certo sono,
> Che doglia immensa non ci fa morire.

During his absence he wrote, amongst others, the following sonnets. The first of them is a dialogue between the poet and a kind of sylph.

> Qual anima divina o cuor presago
> Ridir mi può che fa la luce mia?—
> Stassi soletta, e con malenconia
> Piangendo, ha fatto de' begli occhi un lago.—
>   Quel viso adunque e la gentil imago,
> Misero me! più mai qual [fu] non fia?—
> Non dir cosi; chè quale esser solia
> Farassi al tuo ritorno, e ancor più vago.—
>   Viso gentil, che negli occhi mi stai;
> Negli occhi, nella mente, e in mezzo al core,
> Quando sarà ch' io ti riveggia mai?

Temo, nè è senza causa il mio timore;
Chè per cagioni e per ragioni assai
In terra è mal sicuro un sì bel fiore.

Dolce sostegno de la vita mia,
Che sì lontana ancora mi conforti,
E quel che il mio cor lasso più desia
Nel dolce sogno dolcemente apporti,
   Deh! qual tanta pietade a me t' invia?
Qual celeste bontà tuoi passi ha scorti?
Chè per tua vista l' alma che moria
Rattiene i spirti sbigottiti e morti.
   Non mi lasciar, o Sogno fuggitivo,
Che io mi contento d' ingannar me stesso,
Godendomi quel ben di ch' io son privo.
   E se più meco star non puoi adesso,
Sembianza di colei che mi tien vivo,
Ritorna almanco a rivedermi spesso.

The lady appears to have been no less distressed than he was at his departure, as we learn from these two sonnets:

Io vidi quel bel viso impallidire
Per la crudel partita, come suole
Da sera o da mattino avvanti il Sole
La luce un nuvoletto ricoprire.
   Vidi il color di rose rivenire
Di bianchi gigli e pallide viole,
E vidi (e quel veder mi giova e duole)
Cristallo e perle da quegli occhi uscire.
   Dolci parole e dolce lacrimare,
Che dolcemente m' addolcite il core,
E di dolcezza il fate lamentare;
   Con voi piangendo sospirava Amore,
Tanto suave, che nel rammentare
Non mi par doglia ancor il mio dolore.

Quanto fur dolci l' ultime parole
Misero me che tennero il mio core,
Quando lasciarlo a Lei che il trasse fuore
Tanto mi dolse, che oggi ancor mi duole!
   Ciò che si scrive, e ciò che dir si suole
Soavemente a un dipartir d' amore,
Sarebbe un rivo apposto al mar maggiore,
Una piccola stella appresso al Sole.
   Que' begli occhi eran fisi in tanto affetto,
Che sembrava indi un' altra voce uscire,
Dicente: ora m' è tolto ogni diletto!
   Deh! perchè allora non puote' io morire,
Tanto contento in quell' ultimo aspetto?
Chè da quel viso al Ciel potea salire.

We have hitherto quoted BOJARDO's sonnets only, as they are the most numerous of his lyrical compositions; but he also wrote *Madrigals*, and *Choruses* (as he calls them), and *Sestine* and *Canzoni*, teeming with beauties of every description. No apology need be offered for giving specimens from some of these productions of an author, so utterly unknown, and so unjustly neglected. The first is a *Canzone* in which the Poet, indulging his splendid and luxurious fancy, endeavours, in a series of comparisons, to describe the beauties of his lady. It is entitled

Cantus Comparativus.

Chi troverà parole e voce eguale,
Che giungan nel parlar al pensier mio?
Chi darà piume al mio intelletto ed ale,
Si che volando segui il gran desio?
Se lui per sè non sale,
Nè giunge mia favella

Al loco ov' io la invio,
Chi cantarà giammai de la mia stella?
Lei sopra l' altre cose belle è bella,
Nè col pensier s' arriva a sua bellezza,
Perchè a lo ingegno umano il ciel la cella, *(cela)*
Nè vuole che salisca a la sua altezza,
Se forsi Amor non degna darci aita,
Acciocchè la vaghezza
Sia del suo regno quì tra noi sentita.

    Porgimi aita, Amor, se non comprende
Il debil mio pensier la nobiltade,
Che a questo tempo tanta grazia rende,
Che gloriosa n' è la nostra etade.
Siccome più risplende,
Allor che il giorno è spento,
Intra le stelle rade,
La luna di color di puro argento,
Quand' ha di fiamme il bianco viso cento *(cinto)*
E le sue corna ha più di lume piene;
Solo a sua vista è nostro guardo intento,
Chè da lei sola a noi la luce viene;
Così splende quaggiù questa lumiera,
E lei sola contiene,
Valor, beltade e gentilezza intera.

    Come in la notte liquida e serena
Vien la stella d' Amore innante il giorno
Di raggi d' oro e di splendor sì piena,
Che l' orizzonte è di sua luce adorno;
Ed ella a tergo mena
L' altre stelle minore
Che a lei d' intorno intorno
Cedon parte del cielo e fangli onore;
Indi rorando splendido liquore
Da l' umida sua chioma, onde si bagna
La verde erbetta e il colorito fiore,
Fa rugiadosa tutta la campagna;
Così costei de l' altre il pregio acquista,
Perchè amor l' accompagna
E fa sparir ogni altra bella vista.

Chi mai vide al mattin nascer l' aurora
Di rose coronata e di iacinto,
Che fuor del mare 'l dì non esce ancora,
E del suo lampeggiare è il ciel dipinto:
E lei più s' incolora
D' una luce vermiglia,
Da la qual fora vinto
Qual ostro più tra noi gli rassomiglia;
E 'l rozzo pastorel si maraviglia
Del vago rosseggiar de l' oriente,
Che a poco a poco su nel ciel si appiglia,
E com' più mira, più si fa lucente;
Vedrà cosi ne lo angelico viso,
Se alcun fia che possente
Si trovi a riguardarla in vista fiso.

  Qual fuor de l' oceàn di raggi acceso
Risurge il Sol al giorno mattutino;
E siccome tra l' onde e 'l ciel sospeso
Va tremolando sopra il suol marino;
E poi che il freno ha preso
De' corsier focosi,
Con le rote d' or fino
Ad erto drizza i corsi luminosi;
Vista non è che a mirar fermo l' osi,
Chè di vermiglio e d' oro ha un color misto,
Che abbaglia gli occhi nostri tenebrosi,
E fa l' uman veder più corto e tristo;
Tale è a mirar questo mirabil volto,
Che dagli occhi miei visto
Ogni altro rimirar a loro ha tolto.

  Vago pensier, che con Amor tant' alto
Volando vai, e del bel viso canti,
Che ti fa nel pensare il cor di smalto,
Membrando di sua forma e dei sembianti,
Rimanti da la impresa sì soprana:
Però che tanto avanti
Non va la possa di natura umana.

A month after he had departed for Rome,

Bojardo wrote the following *Canzone* to his lady:

> Apri le candide ali e vieni in terra
> A pianger meco, Amore,
> Che nel mio sommo ben meco cantavi:
> Non può, senza tua aita, aprir il core
> Sue pene tanto gravi,
> Chè un tropp' alto dolor la voce serra.
> Ben ho da lamentarmi in tanta guerra,
> Che il Ciel mi face a torto
> E la sventura mia,
> Tenendomi lontano al mio conforto.
> Perduto ho Lei, di cui viver solia,
> E non m' uccide la fortuna ria?
>
> Da poi che mi partii da quel bel volto
> Non ebbi ora serena,
> Nè spero aver più mai, s' io non ritorno.
> Sempre in sospiri, lamentando, in pena
> Mi sto la notte e il giorno;
> Nè altro che doglie nel mio petto ascolto.
> Fiorito viso mio, chi te m' ha tolto?
> Chi m' ha da te partito
> Perchè vivendo io mora?
> Com' uom di venenato stral ferito,
> Che di morir aspetti d' ora in ora,
> Vieppiù che morte lo aspettar accora.
>
> Io mi credea con tempo e con fatica
> Spiccar dal core insano
> Il gran dolor ch' io presi al dipartire;
> Or vedo lo sperar fallace e vano,
> Ch' io non posso fuggire
> Il duol che meco viene e il cor m' intrica.
> Ei per l' alpe deserte si nutrica
> Del mio crudele affanno,
> Né per tempo s' abbassa;
> Chè, se me stesso forse non inganno,
> Oggi compitamente il mese passa,
> Ch' io mi partiva e il mio duol non mi lassa.

Non mi lassa il dolor, ma più s' accende,
Qualor più s' allontana
A la cagion, che rimembrando il move:
Chè or de' begli occhi, or della faccia umana,
Or d' altre viste nuove
Il dolce immaginar spesso m' offende;
E l' alma addolorata non intende
Quanto il pensier soave,
Che seco é in ogni loco,
Faccia la pena più molesta e grave:
Come l' onda la febbre acqueta un poco,
E in piccol tempo rende maggior foco.

Ma s' io dovessi ben morir, pensando
Di voi, Donna gentile,
Non fia che tal pensier mi tragga mai.
Ben fora l' alma timidetta e vile,
Se la vita con guai
Cercassi, e dolce morte avessi in bando.
Di voi non penserò allora quando
Sarò sotterra in polve;
Nè vi porrò in oblio,
Se un' altra morte l' anima non solve,
Ma se disciolta puote aver desio
Eterno fia con vosco il pensier mio.

Felice mia Canzon! tu, che gir puoi
Là dove il Ciel mi vieta
Al mio paese divo,
Quanto gir debbi graziosa e lieta!
Vanne dicendo: io lasciai un che è privo
D' ogni suo spirto, e sospirando è vivo.

These compositions of BOJARDO are selected, as we have already mentioned, from about one hundred and eighty pieces, amongst which many more are to be found equal to these, and none greatly inferior. In choosing the foregoing, care has been taken to give specimens of a variety of feelings, which the poet has endeavoured to express; and his merit will appear so remarkable that no comment will be requisite. Whether we consider the images or the style, we cannot withhold our admiration from the poet. In a very few instances, his diction may seem not so refined as might be wished, but his apparent *vulgarisms* will certainly be less offensive, after reading the notes to the *Orlando Innamorato*, in which these peculiarities will be explained. The novelty and delicacy of the images, as well as the charming elegance and simplicity with which they are expressed, must strike every reader who can appreciate Italian poetry. Of all the lyrical poets of his age, BOJARDO is undoubtedly the most simple and pathetic. The depth of his feelings is transfused into his impassioned lines, which touch every reader's heart, because they speak the genuine language of a poet, pouring forth the warm affection of a lover; not the conceited phraseology of a would-be poet, mistaking the wild, frantic, incoherent ravings of a madman, for inspirations of love.

The imitators of PETRARCA have been guilty of servilely copying their model, spoiling his beauties, and increasing his faults; and from a wish to refine their diction as well as their images, they have become enervated and affected. BOJARDO's poetry, on the contrary, although in the manner of PETRARCA, has all the marks of originality. His images and style, as well as his diction, are his own; and he resembles more the character of the predecessors of the BARD OF LAURA, than that of his successors. His poetry was not written to be read, but to be sung, and was submitted to those musical, as well as metrical laws, by which that of Petrarca had been governed. In his days, music was still subject to poetry; and the inanimate instruments were designed to support, not to drown the human voice. Hence it is, that lyrical compositions, written since that period, and not intended to be accompanied by such music, are no longer possessed of the same melodious harmony. The lines of Petrarca, with those of Dante, Guido Cavalcanti, and a few others of the same stamp, as well as those of Bojardo, breathe a strain of sweet, majestic, rich, and glowing melody, which has seldom, if ever, been seized by even the happiest imitators of Petrarca. These imitators put forth their skill, and succeeded to a wonderful degree, in substituting a metrical harmony for melody. The distribution of accents, or pauses in the lines of the old bards, was determined by the musical time; and when the sister art ceased to be the inseparable companion of poetry, a spurious and artificial jingle was affected, whilst pure melody was no longer one of the principal elements of poetry. Hence, it is as difficult to understand by what means the lyrical effusions of those ancient poets read so peculiarly, and at the same time so simply musical, as it is impossible to emulate their exquisite beauty in this respect. We may safely affirm that there has not been in Italy, during the last two centuries, a man capable of writing one single *canzone*, possessing the melody of those, which were left by the poets of the fourteenth and fifteenth centuries. It seems that the art of writing lines, in which so much simplicity smoothness and strength were united to so delicate a proportion of sounds, is lost; and the reason is, that in our days *canzoni* and *sonnets* have nothing but the name of a song. It is this melody, in my opinion, that constitutes the inexpressible charm, which we admire in the old Italian lyrical pieces, as well as in those of BOJARDO.

Neither VENTURI, nor myself, have been able to discover any traces of BOJARDO's love subsequently to his marriage in 1472. What became of the object of his affection is not known. It seems she was married to a very ugly man, if we are to believe the poet, who gives the following portrait of him in one of his Italian eclogues:

> . . Ormai si scopra
> Quel volto, onde Natura si vergogna
> D' aver prodotta al mondo cotal opra.
> Occhi di gatta, e voce d' uom che sogna,
> Rari i capelli e bianchi come stoppa,
> Il busto eguale, e gambe di cicogna.
> Vedete che l' un labbro l' altro poppa,
> Sè donneando che di fresco è raso,
> Nel nuovo manto tutto si raggroppa.
>
> *Eglog.* VIII.

In this eclogue, the lady is mentioned under the name of Nisa. Now, in the eclogue immediately preceding, Menalca complains of the death of Nisa. And in the second, as well as the third of the Latin eclogues, the death of Philiroe is lamented, in the following lines, among others:

> Fleverunt mestæ crudelia funera Nymphæ,
> Philiroes tumulum lachrymis sparsere rosisque,
> Et ferrugineas violas, et candida circum
> Lilia; purpureosque piæ posuere hyacinthos.

It is, therefore, probable that the object of Bojardo's affection died soon after, or, perhaps, before his return from Rome, and that he determined to marry in consequence.

The Latin verses of Bojardo appear worthy of the praises bestowed upon them by Tiraboschi. We must remember that they were written before the elegance of the Latin tongue had been revived by Poliziano; and, if we compare the lines of Bojardo with those of any of his contemporaries, except the one just mentioned, he will not lose in the comparison. His Latin poems consist of ten eclogues and a few epigrams; which latter are satirical compositions, pointed at Niccolò of Este, who attempted to seize upon Ferrara and failed. He was taken and beheaded. The subject cannot afford any theme for mirth, and the epigrams, which are very few, are also very poor. But the eclogues every reader of taste must admire; the more especially when the time at which they were written is kept in view. A few lines will be chosen from one, which has the great disadvantage of being an imitation of the fourth eclogue of Virgil.

> Exultant hilares per flumina læta Napeæ,
> Grataque tergeminas comitatur nympha sorores,
> Hîc varios inter flores, serpilla, rosasque
> Indulgent choreis & dulcia carmina ludunt.

Non nimbus lædet segetes; non horrida vitem
Vastabit glacies; non turgida flumina campum;
Desuescet mortale genus sentire feroces
Pugnantum strepitus et tristia signa tubarum.
. . . .
Tunc cervos laqueis, volucres tunc fallere visco,
Desistet mortale genus: verum aurea saecla
Aurea progenies iterum: non fortia tauri
Colla jugo subdent, sed passim libera campis
Armenta & pecudes viridantia gramina carpent,
Non pardum fugient lepores, non damma leonem,
Et celeres picta jungentur tygride cervi. *Eclog.* IV.

The following lines occur in the ninth eclogue:

Mollis Amor blanda perfusus membra quiete
Accubat et placidus suspirat naribus ignem;
Spicula nequicquam, nullo custode, sub alta
Fixa jacent pinu; celeres properate Napeæ,
Ite simul, roseæ Dryades, rapite arma, suisque
Prælia temnentem puerum configite telis.

Besides his ten Latin eclogues, BOJARDO, also wrote an equal number of similar compositions in Italian, nine of which have been published, for the first time, by VENTURI, who, for very good reasons, has omitted to print the remaining one. The most remarkable of those published, is the sixth which is in *sdruccioli*.[1] It is well

---

[1] A word is called *sdrucciolo*, which has the accent on the last syllable but two, such as *sèntono, crèdono, àmano,* &c. A *sdrucciolo* verse, is that ending with one of such words. Two words do not rhyme, except when the accent falls on the same syllable in both, and all the following letters, vowels as well as consonants, are alike. *Crèdere* and *vedère* do not rhyme together, the former being *sdrucciolo*, which is not the case with the latter. The number of *sdruccioli* words being very limited, to find rhymes in this metre is conse-

known that the eclogues in the *Arcadia* of IACOPO SANNAZZARO are in a similar metre, and it was thought that he had the merit of having been the first to employ this kind of verse in a long composition; but now it seems that this merit belongs to the author of *Orlando Innamorato*. In his eclogue two shepherds, Damone and Gorgo, sing alternately, and Corinna, who is to judge of their

quently difficult. *Parole piane* are those which have the accent on the last syllable but one; and they are the most numerous. Two of them rhyme together, when the vowel on which the accent falls, as well as all the other letters, are alike in both: *vedère* and *temère* are rhymes. *Parole tronche* are those which have the accent on the last syllable; and provided the syllable is alike in both, two of them rhyme together. *Sènti* and *sentì* are not rhymes; *sentì* and *patì* are rhymes. *Gèl* and *fedèl* are rhymes, although *gèlo* and *fedèle* cannot rhyme. These few words will not be considered out of place by those who happen to know the first principles of Italian poetry, when they reflect that English critics of the very first order have fallen into absurdities, owing to their ignorance of these elements of Italian versification. WARTON says: 'Spenser, in chusing his stanza, did not sufficiently consider the genius of the English language, which does not easily fall into a frequent repetition of the same termination; a circumstance natural to the Italian, which deals largely in identical cadences.' *Obser. on* SPENSER'S F. Q. sect. iv. The Italian deals largely in identical cadences for foreigners, who find no difference of cadence between *cànto* and *cantò*, *cèdere* and *sedère*, *rèduce* and *ridùce*, *lèvati* and *levàti*, whilst an Italian considers them widely distinct. English rhymes, I am satisfied, are far more numerous. No Italian could make *sanctuary*, *diversly*, and *privacy* rhyme together, nor *misery* and *die*, and many others of this kind, which occur at every stanza of SPENSER, or BYRON.

comparative merit, concludes the poem with these lines:

> S' io non m' inganno al prato della rovere
> Oggi li fauni e driadi si aggirano,
> Là dove a fregi d'oro amor suol piovere.
> Tutte le ninfe a quella festa aspirano,
> Chè là vanno a danzare; e se non danzano
> Sono da altrui mirate, od altri mirano.
> Quelle che ascose stan poco si avvanzano;
> Ed io vi voglio andar, e fin vo' ponere
> A' vostri versi, che di par bilanzano. *(bilanciano)*
> Vostra bontade prego che mi esonere
> Dal giudicar chi tanto si appareggia,
> Che l' uno all' altro non sapria preponere.
> E pure, acciò che alcun merto si veggia,
> Ambi a le fronti vi cingo di bacchera.
> Ma già nel ballo il mio pensier vaneggia,
> Più non starei; chè udir mi par la nacchera.

The following string of verses, sung six by six, alternately, by Dafnide and Aristeo, will give an idea of the merit of BOJARDO's other eclogues. This extract is from the third of them:

> *Arist.* Per me non splenda raggio nè scintilla
> Di celeste fulgòr, chè non ho mai
> Nè mai son per aver ora tranquilla.
> Di poi che 'l mio diletto abbandonai,
> Non ebbi nè aver vo' vita serena,
> Ma sempre in pianti consumarmi e in guai.
> *Dafni.* Quella stagion che al buon tempo rimena
> Rami fronzuti e i fiori in tra le fronde,
> Dona altrui gioja e me ripone in pena.
> E quando io miro i pesci in tra quest' onde,
> Sì son d' ogni altra sorte invidioso,[m]
> Che il lor vago solazzo mi confonde.

[m] See DANTE, *Inf.* III. 48.

Arist. Quant' è più il verno torbido e guazzoso,
E pioggia il ciel riversa e freddo vento,
Nè luce appare, e il sol ci sta nascoso,
Ne la cruda stagione, io mi contento ;
Parendomi al languir non esser solo,
Chè compagnia racqueta ogni lamento.

Dafni. S' io vedo uccelli andar insieme a volo,
Se l' armento de' cervi in selva accolto,
Di cotal vista più mi accresce il duolo;
Chè ogni animal va libero e disciolto,
E si accompagna a quel che lo diletta;
Ma a me star seco, o pur vederla, è tolto.

Arist. La tortorella che si sta soletta
Cantando, anzi piangendo il suo consorte,
Per mezzo il cor di doglia mi saetta ;
E mi rammenta mia misera sorte,
Che son rimasto solo e sconsolato,
Com' io sono e sarò sino a la morte.

Dafni. Verde cipresso, nobile e beato
Per la cara memoria di colei,
Che ha il suo bel nome in tua scorza segnato ;
Ben tra le piante gloriar ti dei,
Avendo un tal tesor che è teco unito ;
Ma doler mi debb' io che lo perdei.

Arist. Il dolce nome tuo non fia partito
Mai dal mio petto ; Amor con la sua mano
Con stral d' oro ve l' ha dentro scolpito.
Ma rimembrando quanto io son lontano
Al tuo bel viso, per l' angoscia moro :
Se a te non torno, ogni altro ajuto è vano.

. . . .

Dafni. Splendeva il sole a la mia valle aprica,
Le viti carche e l' uva era matura,
Compiuto il grano ed arida la spica :
Cade tempesta e grandine sì dura,
Che essendo già vicino a tanto acquisto
Ogni speranza da le man mi fura.

Arist. Lasso, dolente, sventurato e tristo !
Ch' ebbi nel prato un arboscello inserto ;
Più vago tronco il mondo non ha visto:

    De le sue fronde standomi coperto,
    E già godendo il suo frutto soave,
    Lo abbandonai ed è per me deserto.
Dafni. Mai non averà in terra, e mai non have
    Fiera tanto gentile e mansueta,
    Che in monte pasca, o nel fiume si lave;
     Quanto la cerva mia candida e lieta,
    Che ogni mia noja il suo guardo acquetava;
    Or tolta m' è; nè val ch' io la ripeta.
Arist.   Danno insperato, e perdita mi grava:
    Ebbi in tal modo una colomba avezza,
    Che aprendo il becco in bocca mi baciava.
     E poi l' abbandonai per mia sciocchezza,
    E se non torno a lei, credo morire;
    Chè ogni altra gioia l' anima disprezza.

  The above lines are not inferior to those of any contemporary poet. His *sdruccioli* run with ease, and that difficult rhyme is managed in a masterly style. The diction is plain and correct, and the verse flows smoothly and softly. The images are pretty, and adapted to the persons; nor can they be accused of being unnaturally affected, or excessively refined. They are simple and lively, as also neat and elegant. What is still more to be praised is, that the ideas are original, and, on the whole, more *pastoral* than is the case even in the most renowned poets, who have treated similar subjects.

  The affection of BOJARDO for the Duke Hercules seems to have been very warm and sincere. He not only dedicated to him all his works, (not excepting the most solid monument of his fame, the *Innamorato*,) but he wrote of him in a strain of enthusiasm when celebrating his gallant deeds, and with deep sorrow when recording his sickness or his misfortunes. When he was at Rome with the Duke Borso, and consequently before Hercules had become his sovereign, he wrote the following most delicate lines, from which it seems he felt as much grief on being separated from this prince, whom he calls his lord, as he felt for being at a distance from his love. This affection of the poet is the more honorable to both parties, as it was very doubtful whether Hercules would succeed his brother Borso in the Dukedom of Ferrara, whilst the power and rank of BOJARDO were so considerable, that it seems to have been more likely at this time that Hercules would stand in need of the support of the poet, than that a proud and powerful nobleman should have any motive for flattering a prince, whose future greatness was, at most, very problematical. We must conclude, therefore, that Hercules's private desert and character rendered him worthy of BOJARDO's affection and attachment. The lines, before alluded to, are the following, and have the title of

Chorus Simplex.

In quel fiorito e vago paradiso
Là dove regna Amore,
Lasciai, piangendo, alla mia donna il core:
E vivo pur ancor da lui diviso?
  In un sol punto mi fu tolta allora
Ogni mia cara cosa e preziosa;
Restò la vita, ch' ebbi sempre a vile.
  Due cose fur mia speme, e sono ancora:
Ercole l' una il mio Signor gentile,
L' altra il bel volto, ov' anco il cor si posa.

> E questa e quella a un tempo m' è nascosa,
> Nè m' uccide il dolore?
> Chè forsi torneria, di vita fuore,
> Al mio dolce Signore ed al bel viso.

In the ninth of the Latin eclogues, which, as VENTURI has observed, seems to have been written about 1465, when, I think, Hercules returned to Modena, of which he was governor, two shepherds Tityrus, (that is the poet himself,) and Corydon, meet for the purpose of going to do homage to that prince. Corydon says, amongst other things:

> Herculis adventu fugientia gramina campo
> Creverunt, placidæ placidisque in montibus umbræ.
> . . . .
> Tityre, tunc madido frondebunt cana Decembri
> Lilia, tunc gelidis rorabit nubibus ardens
> Syrius, et tardi properabunt plaustra Bootæ,
> Cum meus ille meo labetur pectore Princeps.
>
> *Tit.* Si libet, hunc igitur pariter cantabimus: ille
> Me quoque consimili juvenem devinxit amore,
> Quantum non hederæ vitem, non vitis amicam
> Brachia fundentem quæ circum amplectitur ulmum.
> . . . .
> Plaudite, Hamadryades, viridique ex arbore sertum
> Implicet errantes per candida colla capillos,
> Nam meus Alcides patrias remeavit ad arcas;
> Plaudite: jucundo resonent sua littora plausu.
> . . . .
> Sed procul ad veteris videor mihi compita quercus
> Cernere equos equitesque: en aspicis? Ille superbum
> Cornipedem vexans, cui splendet proxima Phæbo
> Candida cæsaries, cui dulcia lumina fulgent,
> Ille Sigismundus Domini germanus. At ecce
> Lux mea progreditur, ceu sydere purior omni
> Lucifer acurato depellit nubila vultu.
> En vicinus adest: pariter properemus ad illum.

Prince Sigismondo, Hercules's brother, was then governor of Reggio, and the *compitum* here alluded to, is, perhaps, that formed by the *Strada maestra*, which is crossed by the *Rua grande*, at the north end of which is the ducal palace of Modena. It was also mentioned in the first eclogue.

Hercules of Este is very highly praised by historians for his splendour, and even for his classical knowledge by some, whilst others deny that he even knew the Latin language. TIRABOSCHI has confuted this opinion, and the confutation certainly appears to receive great strength from the circumstance of the Latin eclogues of BOJARDO being addressed to Hercules, who in almost all of them is highly praised. The first verses of the tenth eclogue, before quoted, in my opinion, settle the question.

> Si mea lascivis, Princeps invicte, Thalia
> Carminibus stridens castas offenderit aures,
> Da veniam; primis tibi talia ludimus annis,
> Dum faciles versus et mollia verba canentem
> Oblectant, blando dum mens torquetur amore.

Now, to address, in this manner, a person who did not understand Latin would have been insulting, and would at the same time imply such meanness in the poet, as we are not warranted in supposing him capable of.

The magnificence of this duke, seems, however, to be more unquestionably ascertained than his learning. His praises on the occasion of some of his grand undertakings, are thus celebrated by the poet TITO VESPASIANO STROZZI, brother of BOJARDO's mother, as we have observed.

> Ponere templa Deis, circumdare mœnibus urbem
>   Regia deposito tecta novare situ.
> Egregiam magnis absolvere sumptibus arcem,
>   Cum certo immensum fine careret opus:
> Tot veteri ornamenta foro præbere, novumque
>   Addere, et innumeras edificare domos:
> Sternere nostra vias ad commoda; cingere muro
>   Pascentes intus lata per arva feras:
> Claudere victurum spatioso gurgite piscem,
>   Abdita susceptas qua via ducit aquas;
> Aggeribus montes planum simulare per æquor;
>   Siccatos junctis bobus arare lacus;
> Plaudenti populo fontes aperire salubres,
>   Quos operosa vagi vena liquoris agit:
> Magnum èt difficile est moliri tanta repente,
>   Totque animum curis implicuisse simul;
> Hæc et pulchra tamen nostri admiranda peregit
>   (Oh rem incredibilem!) tam cito cura Ducis.
> Nunc hortos etiam Alcippi et pomaria Cyri
>   Exuperant una natá vireta die.
>   *Ælosticon*, lib. ii. eleg. ult.

Without stopping to inquire how far a sovereign deserves to be praised, who levies taxes on his people, to be spent in objects, scarcely any of which will ever be beneficial to them, we must add, that to the mania of building lasting edifices, this prince added that of having occasional theatres erected for the performance, at enormous expence, of some of the Latin comedies, which were translated for this purpose. The *Menæchmi* of PLAUTUS, seems to have been the first which was represented, translated, as some have supposed, by the Duke Hercules himself; but it is more probable that it was rendered into Italian by BATTISTA GUARINO, the elder, who has left us a description of the great sensation which the performance excited, and of the admiration with which it was received throughout Italy.

> Et remis puppim, et velo sine fluctibus actam
>   Vidimus in portus nare Epidamne tuos.
> Vidimus effictam cœlsis cum mœnibus urbem,
>   Structaque per latos tecta superba vias.
> Ardua creverunt gradibus spectacula multis,
>   Velaruntque omnes stragula picta foros.
> Græcia vix tales habuit vel Roma paratus,
>   Dum regerent longis finibus imperium.
> Venit et ad magnos populosa Bononia ludos,
>   Et cum finitimis Mantua Principibus.
> Euganeis junctæ properarunt collibus urbes,
>   Quique bibunt lymphas, Arne vadose, tuas.
> Hinc plebs, hinc equites plauserunt, inde Senatus;
>   Hinc cum vigineo nupta caterva choro.
>   *Carmin.* lib. iv.

An old chronicler speaks of the representation in much the same terms, and relates, that this '*facezia* di Plauto che si chiamava il *Menechio*' cost more than one thousand Ducats.[n] This performance took place about the end of January 1486; but it was repeated afterwards, and it seems from a MS. Chronicle,[o] that the comedy had been also represented on the first day of that month. To this ' commedia dei *Menichini*,' as the chronicler calls it, in which, as he adds, they disputed much, ' qual de loro fosse il vero *Menichino*' succeeded a display of fire works, 'to the great delight, and with the utmost approbation of more than ten thousand persons, who had listened to the comedy in the deepest silence.'

[n] Ap. MURATORI, *Rer. Ital. Scrip.* vol. xxiv. col. 278.
[o] ZENO, *not. al* FONTANINI, vol. i. class. iiii. cap. iii.

The representations at Ferrara are undoubtedly among the oldest, if not the very oldest, of regular comedies performed on a princely scale. Bojardo did not translate any of the Latin comedies then represented, as far as we know, but he wrote, at the request of his Duke,[p] the comedy ' Il Timone,' which, Ginguené says, ' peut être regardè comme la première comédie qui ait été écrite en langue vulgaire.'[q] This assertion goes, perhaps, too far, inasmuch as we do not know exactly at what period ' Il Timone' was written. It was certainly written before 1494, since Bojardo died in that year; but as other poets wrote at the request of the same prince, before 1494, and their comedies were represented at Ferrara, it is impossible to say with certainty that *Il Timone* was the first of all Italian comedies, although there is no doubt it was among the earliest.

Although Bojardo has modestly said that his comedy is translated from Lucian, yet it is

[p] This we learn from the title of the work itself: ' Il Timone, Commedia del magnifico Conte Matteo Maria Bojardo, Conte di Scandiano, tradotta da un Dialogo di Luciano, a compiacenza dello illustrissimo Principe Signore Ercole Estense Duca di Ferrara, ecc.' And in the *Prologo*, the poet, Luciano, addresses himself to the spectators, saying:

> Io che fui Greco ed abitai Soria
> E son detto per nome Luciano
> Usata ho sol sin quì la lingua mia;
> Ma la benignità di quel sovrano
> Che quivi regna, per darvi diletto,
> Di Greco oggi mi fece Italïano.

[q] *Hist. Lit. d'Ital.* prem. part. c. xxii.

not so, strictly speaking. Among many other additions, the whole of the fifth act is BOJARDO's. And as it is characteristic in its conclusion, a few words will be said concerning it, and a few extracts given.

After Timone has got rid of all those who flocked about him on hearing that he had become rich once more, *Lo Ausilio* (that is *Help*) appears on the stage, and says that Timone vainly thinks of finding happiness in solitude, since man, whatever be his condition, is made for society, and cannot do without the assistance of his fellow-creatures. Timone had concealed a treasure in the tomb of Timocrate, who died very rich, but who, foreseeing that his son, Filocoro, would soon throw away his fortune, buried a large treasure in the tomb, unknown to every one; and, on dying, left a letter to his son, with a strong injunction that he should not open it before ten years from his death, when he ordered him to send the letter to the tomb. Filocoro having squandered all his fortune, was in prison for debt, when the period for opening the letter arrived. He sent, therefore, Parmeno, a freedman of his, to the sepulchre with the letter. Parmeno and Siro went together towards the place, and there they found Timone watching, as he was in fear of being robbed of the money which he had deposited in the tomb. The letter was addressed to *Pluto*, but still at the instigation of Siro, Parmeno, having opened it, learned that they would find in the sepulchre some vases full of money. They attempted in vain to approach the place unobserved. Being prevented by Timone's presence, they determined to conceal themselves till his departure, and then to open Timocrate's tomb. They hid themselves accordingly, and then Timone, being on the stage alone, takes leave of the spectators in the following manner:

>   Pur ho scacciate queste due formiche
> Che raspavano l' oro alla mia buca;
> Or vadan pur, che Dio le maledìche.
>   Cotal fortuna a casa li conduca,
> Che lor fiacchi le gambe al primo passo,
> E nel secondo l' osso della nuca.
>   Voi altri, che ascoltate giuso al basso,
> Chiedete, se volete alcuna cosa,
> Prima ch' io parta, perchè mo vi lasso.
>   Benchè abbia l' alma irata e disdegnosa,
> Da ingiusti oltraggi combattuta e vinta,
> A voi già non l' avrò tanto ritrosa.
>   In me non è pietade al tutto estinta:
> Faccia di voi la prova chi gli pare,
> Sino alla corda, che mi trovo cinta,
>   Gli presterò, volendosi impiccare.

After having made this kind offer to the spectators, Timone leaves the stage, and then *Lo Ausilio* comes forth once more, and addresses the audience, as follows:

>   Forse che attenti ancora riguardate,
> Che li due servi a voi tornino avanti:
> Ma più non usciran: non li aspettate.
>   Tra voi è gente onesta ne' sembianti:
> Pur ne la sera che le strade oscurano
> Mal si potria fidare di cotanti.
>   Siro e Parmeno già non s' assicurano
> Di scoprir quel tesor senza bisbiglio,
> Nè d' aver vostra compagnia si curano.

Instead, therefore, of seeing the conclusion of the affair, the spectators are told of it. It is shortly this; Parmeno and Siro open the tomb and find both Timone's and Filocoro's treasure. They share the first between themselves, honestly deliver to Filocoro his own, and all become rich and live happily. No more is said of Timone, who we may suppose applied to his own use the cord, of which he had made so courteous an offer to the audience. Some critics may perhaps find it worth while to inquire into the merits of the conclusion of this comedy. I shall, however, refrain from entering on such discussion.

Such are the minor poetical works of BOJARDO, and, had he written no other than these, he would have deserved a distinguished place among the Italian poets. It is not, however, as a poet only that his name ought to be remembered with respect and gratitude. As a scholar, he was one of the most distinguished that Italy has produced; and before entering into an examination of his most solid and everlasting monument of glory, the *Orlando Innamorato*, his learned prose works must be noticed.

These prose works consist chiefly of translations from Latin and Greek authors of the first class. Several of these translations have never been printed, and even those which have had a better fortune are now scarce, not having been republished for about three hundred years. I never saw any of them, and consequently cannot give an opinion concerning their degree of excellence. We may, however, believe that the merits of BOJARDO as a translator are of a very high order, when we consider the time at which he wrote. His interpretation will probably be erroneous in many instances, and he may perhaps have fallen into mistakes, of which at our own days an inferior scholar would not be guilty; but, when we consider the gigantic strides which since BOJARDO's days have been made in these studies, we shall have more reason to wonder at the ungenerous triumph with which these faults are brought forward as a reproach against the COUNT of SCANDIANO, than that he should have committed them. If a biographer of this great man were disposed to treat critics with the same rigour, with which they have treated BOJARDO, he might call upon them to enter into particulars, and instead of a dogmatical general accusation against the translator, to point out the passages which render him liable to criticism. It would then, probably, be found that they are both fewer in number and of less importance than we are led to believe by the general imputation cast on BOJARDO. But even admitting him to be as faulty as these rigid disciples of Aristarchus would have us believe, still his glory as a scholar will be splendid, and his place in the literary republic higher than that of his ill-natured adversaries. The published translations of BOJARDO are:

APULEJO *dell' Asino d' Oro:* first printed in 1516 (or, as GAMBA says, in 1518).

ERODOTO ALICARNASSEO *Istorie:* first printed in 1533.

L'Asino d' Oro di LUCIANO: first printed in 1523.

It will not have escaped the reader's attention, that all these editions are posterior to BOJARDO's death; and that he has, therefore, to answer not only for his own mistakes, but even for the blunders of his editors.[r]

From the dedication of ERODOTO to Ercole, Duke of Ferrara, it appears that it was at his request that BOJARDO undertook this translation,[s] and probably the others also, which have been mentioned, and which we shall have occasion to allude to hereafter. In that dedication, as quoted by ZENO, BOJARDO tells the Duke that it is to him that the Italian language is indebted for the privilege of expressing the sentiments not only of HERODOTUS but of DIODORUS also; the first six books of whose history had been in fact translated at Ferrara by an anonymous writer. It is remarkable that no mention is made in this dedication, so far at least as we may judge from ZENO's extract, of the translation of XENOPHON's *Cyropædia,* which was accomplished by BOJARDO, and which still exists in MS. but has never been printed. If there were any reason for supposing

[r] GAMBA, *Testi di Ling.* n. 923, observes, that the translation of HERODOTUS has been disfigured by the ignorant editor, but in speaking of APULEIUS, he uses the following terms of praise: In questa rozza e curiosa opera si trovano voci e modi di dire pieni di vivezza e di proprietà.

[s] ZENO, *not. al* FONTANINI, *Eloq. Ital.* class. vi. cap. viii.

that the translation of Diodorus was the work of Bojardo, it would be rather remarkable that he should have selected for translation three Greek works, which some years before, another illustrious scholar, Poggio Bracciolini had translated into Latin.[t] These are the History of Diodorus, the *Cyropædia*, and Lucian's *Asino d' Oro*. It seems that Poggio made very free with his original of Xenophon, shortening it, and substituting even a new division of books of the *Cyropædia*, which, in his version, are reduced from eight to six. Those, who have an opportunity of comparing the MS. of Bojardo's Italian translation with the Latin of Poggio, may judge whether the former derived any assistance from the labour of the latter.

Besides the *Cyropædia*, there exists in MS. a version which has never been published, entitled: Emilio Probo *degli Uomini Illustri di Grecia*. It is, probably, nothing but a translation of the Lives of C. Nepos, a work which for a long time was attributed to Æmilius Probus. There have been writers who have asserted that Bojardo translated Homer, but no evidence whatever exists in support of this assertion. Doni says that Bojardo wrote also a book called *Testamento dell' Anima;* but as this work is mentioned only by this barefaced impostor, we may be certain that it never existed, and that the title was a forgery of the impudent priest. We are, moreover, as-

---

[t] The name of Poggio is well known to the English public from the excellent Life of him by the Rev. W. Shepherd.

sured that a copy of PETRARCA once existed with notes in BOJARDO's hand-writing: which is not, however, a matter of any interest except to book-collectors, it being undoubted that the COUNT OF SCANDIANO was familiar with the lyrical poems of the BARD OF LAURA. To the works of BOJARDO already mentioned, are to be added a large number of letters, which exist in the archives of Modena, containing his official correspondence with the Duke, respecting matters connected with the government of the places intrusted to BOJARDO's care. These letters, we are told by TIRABOSCHI, who has seen them, contain nothing of importance.

Among the prose works of BOJARDO, I have hitherto purposely omitted to speak of one more known than all the others, which deserves to be noticed at some length. It is the *Istoria Imperiale*, which BOJARDO professes to have translated from RICOBALDO. MURATORI, the father of Italian history, a man to whom Italy and the history of the middle ages owe more than to any other person, has published this work of BOJARDO in the ninth volume of his *Rerum Italicarum Scriptores*, the most splendid monument of patriotism ever erected by an individual, to preserve the records of the past glory of his country. He has prefixed a preface to the work, in which, with his usual critical acuteness, the illustrious editor enters into an investigation of the authorship of the book, and arrives at the conclusion that BOJARDO was not the mere translator, but the original author of the *Istoria Imperiale*. BAROTTI denied the correctness of this conclusion, whilst TIRABOSCHI assented to it. This point would not have been here minutely discussed, were it not that the *Istoria Imperiale* is an invaluable fund of information concerning the narrative romanesque poems of Italy, and that it throws considerable light on the subject of the *Orlando Innamorato*.

RICOBALDO was a native of Ferrara: he lived till about the year 1300, and wrote a Latin historical work, which he entitled *Pomerium (Pomarium.) Ravennatis Ecclesiæ sive Historia Universalis*.[u] The whole of this work, which is rather bulky, and full of very strange stories, has never been printed. MURATORI and ECCARDUS have edited only part of it, under the title of *Historia Imperatorum*, from about the year 700 to 1297, and along with it they have published a *Compilatio Historica*, from the beginning of the world to the year 1313. The edition of the *Pomarium* by MURATORI, was collated by him with a MS. in the Library of Modena, and is superior to that of ECCARDUS, published in his collection, *Scriptores Medii Ævi*.

[u] The reasons for calling this book *Pomarium* are given in the following words, probably of RICOBALDO himself: Pomerium (that is *Pomarium*) vero dicitur hoc opus duabus de causis. Una quia sicut pomerium quando conseritur, ex plantis ex aliis pomeriis acceptis plantatur, ita hoc opus ex multis scriptis aliorum librorum conscriptum est. Secunda causa, quia sicut pomeria fiunt ad oblectamenta visus et gustus, ita hoc opus editum ad oblectationem animi per fructus exemplorum historiæ, et ad jocunditatem et refectionem animi per fructus exemplorum rerum gestarum. Nam jocundum est scire res gestas, et fructuosum est instrui per illas.

MURATORI, having been informed that there was another historical work of RICOBALDO, which had been translated into Italian by BOJARDO, took great pains to procure a copy of this translation, and at last succeeded. He, however, immediately suspected it was an original work of BOJARDO; the more so, as he could find no mention of its existence before BOJARDO's time; nor was any trace to be discovered of the original Latin work, from which that of BOJARDO was said to be translated. This was a further reason for MURATORI to publish the book, full as it was of stories and fables, with which, however, much truth was mixed up. It would be tedious to enter into details explaining why MURATORI came to the conclusion, that the work of BOJARDO was an original composition of that poet, rather than a translation of RICOBALDO. We may, however, be allowed to express a doubt, whether MURATORI did not go too far in supposing that RICOBALDO never dreamt of writing such a book, and that BOJARDO wilfully intended to palm on the public a forgery, containing impudent falsehoods, which he published as truths, knowing them to be utterly groundless, and adding to them the weight of RICOBALDO's name, the better to conceal his fraud.

The difference between RICOBALDO's *Pomarium* and the *Istoria Imperiale* of BOJARDO consists of additions made by the latter to the narrative of the former. But, although these additions contain many assertions which are incorrect, their untruth does not seem to have been suspected by BOJARDO. They, as far as we know, are taken from authors who wrote unfounded stories, no doubt, but whose credibility was never called into question in BOJARDO's time;[v] as MURATORI, also observes in his preface to the *Istoria Imperiale:* 'Neque enim,' he says, ' ea confinxit, sed a vetustioribus accepit Chronici bujus Auctor.' His additions are more particularly concerning the Crusades, and the narrative of the wars of the Saracens and Normans in Sicily, which are so much connected with the history of the *Orlando Innamorato.* But, so far from wishing to pass off his own inventions for true history, the author of the *Istoria Imperiale* mentions several writers from whom he drew his information, many of whom are now unknown; but some of them have been discovered by Mu-

[v] TURPIN's history is quoted with the greatest confidence both by RICOBALDO and BOJARDO, who even mentions his work in the preface to the *Istoria Imperiale.* But it seems that the history, then known under the name of TURPIN'S, was different from that which is now extant. Under the reign of Ludovic I. RICOBALDO relates the story of a young damsel, who lived without food for several years; and of a large piece of ice which fell in summer, fifteen feet in length, six in breadth, and two in thickness. In the *Istoria Imperiale,* the narration is repeated on the authority of TURPIN, who is not mentioned in the *Pomarium;* but the Italian writer, far from wishing to give credit to the stories, says, before relating them: Le quali cose maravigliose, come da Turpino Vescovo rimase scritte le avemo trovate, cosi le ponemo. Col. 300. Now, although there be not one word of this in TURPIN, we find, however, the narrative, with respect to the long fast of the young woman, told twice over in NITHARD's *Ann.* ad An. 823 & 828, and once concerning the piece of ice which fell in summer, although its dimensions are not so precisely given as by RICOBALDO.

RATORI himself; among others, BERNARDUS THE-SAURARIUS.[w] He sometimes, in citing his authorities, falls into mistakes with respect to the names of the writers; but this is no proof that he meant to impose on the public. RICOBALDO in the *Pomarium*, speaking of Charlemagne says: ' Ut Alcuinus ejus Doctor scribit de eo.' The writer of the *Istoria Imperiale* follows RICOBALDO even in this, attributing to ALCUIN, the life of Charlemagne, written by EGINHART, of which only a line or two are quoted by RICOBALDO, whilst half a dozen columns are inserted in the Italian *Istoria Imperiale*.[x]

There is a story related by RICOBALDO in the *Pomarium*, and repeated in good earnest in the *Istoria Imperiale*, which will serve to illustrate what has been said elsewhere,[y] and show at the same time that the *Istoria Imperiale* was honestly meant as a history, as much so as the *Pomarium*. The Emperor Lothaire I. retired to a convent after renouncing the throne, and died in 855. RICOBALDO, whose words from the *Pomarium* are

[w] Speaking of the Emperor Frederic I. the author of the *Istoria Imperiale* says: Così perì il magnanimo trionfatore Federico, di cui abbiamo scritto Istoria tanto lunga da diverse parti raccolta. Col. 393. Of him RICOBALDO in the *Pomarium* says but little.

[x] See what has been said concerning ALCUIN's life of Charlemagne, vol. 1, p. 147, note i. I ought, perhaps, to have mentioned, that a fragment of a poem, *De Carolo M. Rege et Leonis Papæ ad eundem adventu*, is probably part of a life of Charlemagne by ALCUIN. See DUCHESNE, *Scrip. Franc.* vol. ii. page 188.

[y] See vol. 1, page 210, & seq.

transcribed in the note,[z] as well as the *Istoria Imperiale*, relates, that on his death ' there was a serious dispute between angels and devils about his soul, so that all the monks saw his body pulled about; and some of a holier life could clearly distinguish the good from the bad angels. At length, however, owing to the prayers of the monks, he was received into paradise.' No historian mentions this event, nor do we see what peculiar pretensions the devil could have to the soul of this Lothaire. But as we know that it is historically true that Lothaire the younger, or, as others call him, of Lorraine, was the object of peculiar dislike to the priesthood; that he was excommunicated, and re-admitted to communion only after the most terrible imprecations on his head from the pope, if he were guilty; and finally, that he, as well as most of those who were admitted to the communion on that occasion, died soon after, we are justified in thinking that, what was related in mistake by RICOBALDO respecting the soul of Lothaire I., was originally affirmed of the younger prince of that name, whose death the clergy believed to be an evident proof of his guilt. But we cannot suspect the historians of being guilty of a deliberate falsehood, or of a wilful imposition in recording the above-

---

[z] Lotharius ... anno Imperii xv. renunciavit seculo, et in Prumia monasterio, suscepto habitu monachali, obdormivit in Christo. De cujus anima maxima inter Angelos et Dæmones altercatio fuit, ita ut cunctis assistentibus corpus distrahi videretur; sed orationibus Monachorum Dæmones fugati sunt. Col. 115.

mentioned story of the devils' battle with the angels.

Muratori, among the other historical blunders committed by the writer of the *Istoria Imperiale*, which nearly determined him not to publish the book, alludes particularly to the extravagant stories which the author tells as having happened under the reign of Charles the Bald; and points out the gross genealogical mistakes into which he falls, especially in confounding together Charles the Fat and Charles the Simple. With regard to the events, which are said to have taken place under Charles the Bald, we shall have occasion to say something more hereafter. At present we shall merely observe, that these narrations relate to the wars of Charles the Bald against the Saracens in the south of Italy, which wars are not mentioned by other historians, but are attributed by the ròmancers to Charlemagne. It is a curious coincidence, as has been fully demonstrated elsewhere,[a] that of all the sovereigns of the name of Charles, whose actions romancers have attributed to Charlemagne, Charles the Bald is the one whom they have chiefly mistaken for his more famous namesake and grandfather. With respect to the error of the writer of the *Istoria Imperiale* in confounding Charles the Fat and Charles the Simple, it need only be observed that he is not even so wrong as Ricobaldo, who in the *Pomarium*, deliberately amalgamates the two sovereigns into one, mentioned under the

---

[a] See vol. i. page 118, & seq.

name of Charles the Fat or the Simple.[b] Whilst, therefore, this error does not warrant us in mistrusting the *Istoria Imperiale* more than other chronicles, it serves to place beyond doubt the truth of the assertion made in the first volume of this work : that it was impossible for romancers or historians to distinguish between the different princes of the name of Charles, belonging to the Carlovingian race, and that the Charlemagne of romance was a fusion of the several Charleses, who had been united together, as we here see historians uniting two different sovereigns of that name into one.

It cannot be denied that the opinion of MURATORI is substantially correct, that such a history was never written by RICOBALDO, and that most of the events related by BOJARDO, were never recorded by that historian. It appears clear that the *Istoria Imperiale* is the *Pomarium* of RICOBALDO translated, taking this word in the sense in which BOJARDO took it, when he said that his tragedy, *Il Timone*, was *translated* from LUCIAN. BOJARDO took the *Pomarium* as his text book ; and, in turning it from Latin into Italian, made such additions to it, as he conscientiously thought necessary to render that history more complete. Yet so far was he from having any improper motive, or wishing to take the merit to himself of having written a history, which he well knew was only 'a translation with notes,' that he modestly called it a version from RICOBALDO,

---

[b] Karulus Tertius dictus Grossus vel Simplex. Col. 116.

being rather disposed to add glory to that name, than to borrow any for his own.

The *Istoria Imperiale* is better written than many histories which have received greater renown, and contain as many mistatements as that of Bojardo; with this difference, that whilst the latter is chargeable only with being mistaken, some more famous historians, both ancient and modern, are guilty of the most deliberate and gross falsehoods, set forth to serve their private views, and for the purpose of deceiving future generations. The importance of this history, in relation to the poem of Bojardo, cannot be estimated, till this poem itself be known; and I shall therefore proceed to examine the *Orlando Innamorato*.

The epoch when this poem was begun is not known. In the first of his Latin eclogues, *Tityrus*, a name taken by the poet himself, is recorded as attempting to sing of war;[c] and the same allusion occurs in the fifth eclogue also.[d] In the first eclogue, the line in which an epic poem is mentioned, occurs immediately after an allusion to the poet's journey to Rome, and taking all circumstances into consideration, it seems probable that Bojardo began to write, or at least thought

[c] Dum tamen horrentes acies et prælia tentat
Dicere, deseruit calamos.

[d] Tityrus . . . .
. . . . hamadryades et florida rura Licæi
Deseruit, celsasque vagus delatus ad arces,
Ardentes acies et regum prælia tentat.

of writing the *Orlando Innamorato* about 1472. The allusion to his visit to 'princely palaces.' in the fifth eclogue, is probably connected with his journey to Naples, and thence to Ferrara to escort Eleonora. The two first books of the poem were printed at Venice in 1486, nearly as we now read them.[e] The first book is composed of the same number of cantos as at present; the second book is divided into two. From canto I to canto XXII is entitled the second book; then from canto XXII to canto XXXI, seems to be meant as a third book, as canto XXII begins with the title, *Book the third;* but the cantos have no numbers. The war between the Venetians and the Duke of Ferrara, which broke out in 1482, and in which BOJARDO undoubtedly took part, prevented his proceeding in the work. Peace being concluded in 1484, he returned to his poem. He begins the first canto of what, at present, forms the third book, saying, that now war having ceased, he will proceed in his history 'which he had woven long before.'[f] He wrote nine cantos of this book, but his voice was once more stilled by the unprincipled descent of Charles VIII. of France into Italy. He said, that seeing Italy in flames, he was obliged to leave off singing, adding, however, that he hoped to continue his story at some future period. Charles VIII. arrived at Asti in Piedmont, the 9th of September, 1494; and at Florence about the middle of November follow-

[e] VENTURI, page 284.
[f] La bella istoria che ho gran tempo ordita.

ing. The poet died, as we have seen, in December of that year; so that he seems to have laboured at his poem, till within a few weeks of his death. Nearly at the same time died Pico dalla Mirandola, Angelo Poliziano, and Ermolào Barbaro. Within four years of that epoch, Marsiglio Ficino departed this life, and to the death of Lorenzo de' Medici, which happened in 1492, were probably owing the misfortunes of Italy which then began, and have never since ceased. Most of the great men just mentioned were carried off in the flower of their age; not one among them was very old at his death. But they are to be envied rather than pitied; for their early death prevented them from seeing their country disgraced and enslaved by foreigners. It is from that time, that the heaviest of all curses which can fall on a nation, a foreign yoke, has blasted Italy. They might have witnessed some of its blighting effects, had they lived a few years longer; and, trifling as these effects may appear to the Italians of the present day, who are doomed to suffer the utmost that foreign tyranny can inflict, the evils of their country would have been too bitter for the proud hearts of men, unaccustomed to such degradation. There is no doubt but that all of them were warm friends of their country; Bojardo, more particularly, who speaks of her with enthusiasm, and would, therefore, have been more keenly touched by her misfortunes. [g]

---

[g] Festinatæ mortis grande solatium tulit evasisse postremum illud tempus . . . . Non vidit Agricola obsessam curiam

The first complete edition of the *Orlando Innamorato* was made at Scandiano after the death of the poet, in 1495. The poem, as it was then printed, and as it has been ever since published, was divided into three books, and each book divided into cantos, the first book containing twenty-nine cantos, the second thirty-one, and the third only nine. Each book was to comprise a particular portion of the general subject. Thus, as we find in VENTURI, the first book relates, according to the edition of 1486, ' the different adventures and causes of Orlando's love.'[h] The second book, according to all editions, is ' concerning the African attack on Charlemagne, and the discovery of Ruggero, third Paladin, ancestor of the magnificent house of Este.'[i] The third book is declared to contain ' the bravery of Mandricardo and other knights, with the liberation of Orlando and other paladins, the genealogy of Ruggero, the siege of Paris, and the vain love of Fiordispina for Brandamante.'[k] In the third

et clausum armis Senatum . . . . Tu vero felix, Agricola, non vitæ tantum claritate sed etiam opportunitate mortis.

[h] *Libro primo de Orlando Innamorato: nel quale se contiene le diverse aventure e le cagione di esso inamoramento.* VENTURI, loc. cit.

[i] *Libro secondo de Orlando Inamorato nel quale, sequendo la comentiata historia se trata de l'impresa Africana contra Carlomano, et la inuentione de Ruggiero terzo Paladino progenitore de l'inclita casa da Este.* The poet, in fact in the 4th stanza of the first canto of the 2nd book, engages especially to sing of Ruggero.

[k] *Libro terzo d' Orlando Inamorato nel quale se contiene le prodeze de Mandricardo et altri cavalieri con la liberatione*

stanza of the first canto of this book, we are told not only what is the subject of the nine cantos of which that book now consists, but we are also informed what was to be the contents of the whole book, if it had been completed. The stanza is as follows:

> Le gran battaglie e il trionfal onore
> Vi conterò di Carlo Re di Franza,
> E le prodezze fatte per amore
> Dal Conte Orlando, e sua strema possanza,
> Come Ruggier che fu nel mondo un fiore
> Fosse tradito da Gan di Maganza:
> Pien d' ogni fellonia, pien d' ogni fiele
> L'occise a torto, il perfido crudele.

The whole poem consists, therefore, of sixty-nine cantos, distributed as above. Modern editors of the *Orlando Innamorato* remade (as it is called) by BERNI have been pleased to number the cantos in a continued progression, from one to sixty-nine; a system not only followed in the edition of BERNI in the *Classici Italiani* (one of the worst of that bad collection), but even in the only critical edition of the INNAMORATO by BERNI ever made; that in two volumes printed at Florence by Molini.[1] This is an improper licence, because the division is not that adopted by BOJARDO, and because it renders some passages unintelligible. BOJARDO concludes the last canto of the second book with the following lines:

de Orlando et altri paladini, genealogie de Rugiero, assedio de Parigi et amore uano de Fiordispina con Bradamante.

[1] In the preface to that edition, we are told that it was in the edition of Leghorn 1781, that this numeration of cantos was first adopted.

> A Dio amanti, e dame peregrine,
> A vostro onor di questo libro è il fine.

If the work be not divided into *books*, the expression *questo libro* is not easily intelligible. In like manner BERNI says, lib. i. c. xxix. st. 57.

> Sì che, signor, nell' altro Libro aspetto
> Le grazïose orecchie e menti vostre
> A dar favore alle fatiche nòstre;

and he alludes to the subject of the thirty one following cantos, which form one book, *l'altro libro*. In fact he ends the thirty first canto of this second book, like BOJARDO:

> A voi leggiadri amanti, e peregrine
> Dame, ha principio questo Libro e fine[1]

In the 5th st. c. i. book 3rd. BERNI writes:

> Nel principio del Libro che è passato
> Da voce di grandissimo terrore
> Da mezzodì fui in Africa chiamato;

How can we understand what he means if the *Libro* disappear? I have therefore thought it my duty to follow the division and subdivision, which the poet was pleased to adopt.

BOJARDO received the traditions respecting Charlemagne as a foundation for his poem, but introduced at the same time a very important novelty by enlivening them with love, which is constantly banished from them in their primitive state. He went farther; he took for his principal hero, Orlando; and for the subject of his

---

[1] *Aver principio a una persona* is a very strange expression.

poem, the love of that hero, whilst the romancers agree, in saying that Orlando was never so foolish (or so noble-hearted) as to fall in love. The boldness of this innovation cannot now be fully appreciated, when the romantic traditions are matter of curious inquiry for the learned, instead of being the subject of popular belief, as they were in Bojardo's time. His daring to alter the stories generally received, is a sufficient proof of the self-confidence, as well as sound taste of the poet. He had perceived the charms, which love spread over the romantic traditions respecting Arthur and his court, and it was from the romances of the Round Table, as we shall see by Bojardo's own words, that he borrowed the idea of embellishing his poetical effusions with love and the ladies.

He had the merit of being the first of the romanesque poets, who, faithful to the title which he gave to the work, wrote on the subject, as he had promised his readers he would do. From the stanza quoted above, in which the principal subjects of the third book of the poem are enumerated, we see that the murder of Ruggero was to occupy a prominent part of it, and there is no doubt that his love with Brandamante was to be likewise the object of the poet's particular attention. Yet in the same stanza we see, that the glorious deeds of Orlando, performed through love, were to have a distinguished place in the book. How the love of Ruggero and his death were to be connected with the exploits and love of Orlando, we cannot say; but from the able manner in which Bojardo has made the various parts of his poem depend on that love of Orlando, we may be certain that he would have succeeded in performing what he promised.

It will be necessary, both to prove this, and for the better understanding of the poem, to introduce a short analysis of the principal action of the *Orlando Innamorato*, to show the connection of the events, and how they are dependent on the Love of Orlando, which receives an epic importance from this connection, whilst the facts themselves are thus rendered more interesting, and are at the same time cemented together by that hero and his passion. The following is a sketch of the principal action of the *Innamorato*.

Whilst Charlemagne is holding a court plenar at Paris, at which twenty-two thousand and thirty guests were entertained at dinner; a lady presents herself before him, accompanied by four giants and a knight, who defies all the warriors to a joust. She was so remarkably beautiful, that every one fell in love with her, Orlando and Rinaldo among others. Malagigi, a great enchanter, conjured a fiend to know who this lady was, and he learned that she was called Angelica, and that the knight Argalia is her brother; that they were sent by their father Galaphron king of Catay, in order that they should partly by allurements, partly by force, bring as many as they could of the Paladins prisoners to him; that besides her beauty, Angelica had a ring, which defended the wearer, on whose finger it was from all spells, while, if concealed in the mouth, it rendered the person invisible. As for the knight, he was brave; had a suit of enchanted armour, which could not possibly be broken or pierced; and a lance of gold so charmed, that no one could stand against it. Any person touched by this lance immediately fell to the ground. Malagigi went to the lady, who was sleeping, intending to kill her; but, softened by her beauty, changed his mind: he was taken prisoner and carried to Catai or Catay by some devils, acting by the orders of Angelica, who had taken possession of his spell-book. Ferraù eventually killed Argalia, and Astolfo got possession of the enchanted lance. Angelica determined to return home, and was pursued by Orlando and Rinaldo, who were both smitten with her. On the way, she stopped to drink of an enchanted fountain, which caused any one who tasted its waters, to love; whilst Rinaldo drank the water of another fountain, which inspired hatred. Angelica consequently fell madly in love with him, while he, detesting her, and ashamed of his former affection for her, returned to Paris.

Charles had received sad news. Gradasso, a king of Sericana, had conceived a desire to obtain possession of Bajardo, Rinaldo's horse, and of Durindana, Orlando's sword. But as he knew the proprietors would sell their wares rather dear, he determined to invade France, and accordingly set off with one hundred and fifty thousand cavalry, and plenty of giants, invading Spain, on his way to France. Marsilius, King of Spain, was very soon reduced to extremities, and asked Charles' assistance, who sent to him a strong army commanded by Rinaldo, as his lieutenant.

Angelica, having returned to her own country, restored to Malagigi his liberty and his book, on condition that he should persuade Rinaldo, his brother, to go to her. Malagigi, finding more difficulty than he could possibly have anticipated in performing this task, ensnared Rinaldo into a ship, which, against his will, took him to an island far distant, than which, however, no pleasanter spot could be imagined. Gradasso being then unopposed by Rinaldo, obliged Marsilio to become his vassal, and both together attacked France, and in a pitched battle took prisoner Charles with all his Paladins. Bajardo, Rinaldo's horse, having been brought back from Spain to Paris by the French soldiers, Gradasso very generously offered to liberate Charles and all his peers, provided that this horse should be delivered to him immediately, and that the Emperor should pledge his word to send Orlando's sword as soon as this renowned Paladin returned to Paris.

Charles accepted these proposals very readily; but Astolfo, who commanded in Paris, refused, to the great sorrow of the Emperor, to give up Bajardo, for which refusal he was considered crazy; and indeed with good reason. Instead of giving up the horse, Astolfo challenged Gradasso to a duel, on condition that if he were dismounted, he should give up Paris and all; but that if, on the other hand, he unhorsed Gradasso, Charles and the other prisoners should be set at liberty, and Gradasso return to his own country. The golden lance worked its usual wonders, and the King of Sericana was unseated. But Astolfo, dissatisfied with Charlemagne, left France in search of his cousins, Orlando and Rinaldo.

Agricane King of Tartary had been an unsuccessful lover of Angelica, and determining to conquer her by force, laid siege to Albracca, a fortress where she was shut up, and to which Astolfo went, in the hope of finding Orlando. He was not there, but he soon came, having been delivered by Angelica from a strangely enchanted palace, in which he had been detained. When he arrived, he fought as usual, and killed Agricane in a duel. Rinaldo, on the other hand, hearing that the island where he was belonged to Angelica, fled from it. After many adventures; being informed of the siege of Albracca, he went thither, through hatred of Angelica, and expecting to find Orlando with her. The two cousins quarrelled and fought desperately. Angelica, who loved Rinaldo as much as ever, fearing the issue of the contest, sent Orlando on a perilous and distant expedition, which suspended the duel.

King Trojano had been killed in France by Orlando sixteen years before, and his son determined to revenge his death, with which design he invaded France. It was, however, predicted by some astrologer, that the invasion could not succeed, if the assistance of Ruggero were not procured, who was kept by his master Atlante, a famous enchanter, in a castle whence he could be delivered only by Angelica's magic ring, which a dwarfish thief, called Brunello, succeeded in stealing, and by means of which Ruggero was in fact delivered. After this they all started for France. But Rodamonte King of Algieri, and the bravest amongst Agramante's vassals, having lost patience, would not wait for any one, and sailed alone for Europe, where he landed, after a terrible storm, on the coast of Provence. At the same time Marsiglio King of Spain, through the treacherous suggestions of Gano, attacked France from the Pyrenees.

Orlando, who had been sent by Angelica on the perilous quest already mentioned, accomplished it, and, after sundry adventures, met with Rinaldo, who had set off to fight him. They became friends, however, and a messenger dispatched by Charles, summoned them to the assistance of the empire, threatened as we have seen above. Rinaldo obeyed the summons, but Orlando returned to Angelica, then besieged in Albracca by a terrible Indian queen, called Marfisa, who had sworn never to raise the siege till she had taken her. When Orlando told Angelica that Rinaldo had returned to France, she, on the plea that Albracca would soon be obliged to surrender through famine, persuaded him that they had better all proceed to France, which was done, and they safely reached that country.

Rinaldo had arrived there long before, and had bravely fought against Rodamonte and Marsiglio. Happening one day to be thirsty, he went to drink at the Fountain of Love, and there remembered his cold behaviour to Angelica, at which he was so ashamed, that he determined on going to India immediately to beg her pardon. But it was not necessary to go so far; he soon met her, who had that very moment drunk of the Fountain of Disdain. She fled, while he engaged Orlando who accompanied her. Charles, however, and the Paladins interfering, put an end to the duel, entrusting the lady, who was the cause of it, to the care of the old Duke of Bavaria. The Emperor gave both the lovers to understand that he would bestow the lady on him who should fight best against the Saracens.[u] Their assist-

[u] GINGUENÉ says: Charlemagne remet Angélique entre les mains du vieux Naismes et promet aux deux rivaux qu'il trouvera les moyen de les accorder, sans qu' aucun des deux puisse avoir à se plaindre de sa justice. Then he adds the following note. L' extrait du *Roland amoureux* dans la *Bibliothèque des Romans*, porte que Charlesmagne promit alors Angélique à celui des deux paladins qui ferait les plus grands exploits dans la bataille qu'il allait livrer aux Sarrazins. L' Arioste le dit positivement ainsi au comencement de son *Roland Furieux*, c. i. st. 9.; et, ce qu'il y a de plus singulier, la table des matières, placèe en tête du *Roland amoureux*, le dit aussi; cependant il n' y a pas autre chose que ce je mets ici, soit dans le texte du BOJARDO, soit même dans *L'Orlando rifatto* du BERNI. Le BOJARDO dit, l. ii. c. xxi. 51, 21.

>Promettendo a ciascun di terminare
>La cosa, con tal fine e tal effetto,
>Che ogni uom giudicarebbe veramente
>Lui esser giusto, ed uom saggio e prudente.

Le BERNI, ibid, st. 24.

>Promette a tutti due Carlo di fare
>La cosa riuscire a tal effetto,

ance was very much wanted. Agramante had already made good his descent upon France;

> Che vedran quanto porta loro amore,
> E come è saggio e giusto partitore.

This is all very true; but it is not the whole truth. In the xxiii canto of that same book, the following two stanzas by BOJARDO are to be found:

> Re Carlo ne venia per la campagna,
> Ed avea seco il fior de' Cristïani
> Dell' Ungheria, di Francia e de la Magna,
> E la sua Corte, quei baron soprani:
> Ma quando vide la gente di Spagna,
> Tutta assembrata per calar ai piani,
> Chiamò Ranaldo, ed ebbe a lui promesso
> Non dar la Dama a Orlando per espresso,
>   Purchè facesse quel giorno col brando
> Si fatta prova e dimostrazione,
> Che più di lui non meritasse Orlando.
> Da l' altra parte il figlio di Milone
> Fece chiamar da parte, e ragionando
> Con lui, gli diè secreta intenzïone,
> Che mai la Dama non avrà Ranaldo,
> Purchè combatta il giorno al campo saldo.
>   Ciascun di lor quel giorno se destina
> Di non parer de l' altro mai peggiore.
>   St. 14, 15, & 16.

In BERNI these stanzas are as follows:

> Carlo è quel che ne vien per la campagna
> Con tutto il fior raccolto de' Cristiani,
> De l' Ungheria, di Francia, e d' Alemagna,
> E della Corte i primi capitani;
> Il qual, veduta la gente di Spagna
> In ordin tutta per calare a' piani,
> A sè chiamò Rinaldo, e gli promesse
> Angelica di dar, se la volesse;

Mandricardo and Gradasso, moreover, marched to attack that country from another part. Mandricardo was son of Agricane, killed, as we have said, by Orlando, and he intended to revenge his father's death; whilst Gradasso came for the same reason for which he had before entered France, namely, the acquisition of Bajardo and Durindana. A great battle took place, which was lost by the Christians, because Orlando at the commencement would not fight, in order to oblige them to beg his assistance, and was afterwards allured into an enchanted castle. Rinaldo fought with Ferraù, then with Ruggero, and was at last obliged to run after his horse, Bajardo, into a wood where it escaped. In this wood Rinaldo is left by the poet: Brandamante, his brave sister, fell in love with Ruggero, and then withdrew from the field of battle wounded. Charles was forced to retire into Paris, where Agramante, Ruggero, Marsilio,

---

       Cioè, se far volesse il dì col brando
    Prova sì chiara, e tal dimostrazione,
    Che più di lui non meritasse Orlando;
    Poi d' altra parte il figliuol di Milone
    Chiamò da canto, e seco ragionando,
    Gli diè segreta e certa intenzïone,
    Che mai la donna non arà Rinaldo,
    Se a combatter quel giorno egli sta saldo.
       Onde disponsi ciascuno e destina
    Di non parer del suo Cugin minore.

Many of the events which follow would be unintelligible but for this emulation of the two cousins, excited in them by Charlemagne's promise. Of this more will be said elsewhere.

Ferraù, Mandricardo, Rodamonte, Gradasso, in fact, the bravest of the Saracens besieged him. He made a desperate sally, which was supported by Orlando and Brandimarte, and here the poem is interrupted.

Considering the succession of events, all tending to show the love of Orlando for Angelica, and the mischief done by her beauty among the Christians, we cannot doubt this love to be the main action of the poem. The love of Orlando is the chief subject of the *Innamorato*, as the anger of Achilles is that of the *Iliad*. The events proceed and grow out of one another without interruption. Had not Orlando been in love with Angelica, he would not have followed her to India; and thus he would have defended his king and his country from the invaders. Every event is attached to the first coming of Angelica into France, not only indirectly, but, in some cases, in the most direct manner. The Christians are beaten by the Saracens on account of Orlando's absence, just as the Greeks are by the Trojans, on account of the absence of Achilles; the absence in both cases is produced by the passions, which are sung by the poets; in BOJARDO, love; in HOMER, anger. The loss of the Christians, as well as that of the Greeks, is *indirectly* the effect of this love, and of this anger. But when we see Mandricardo come to join Agramante, and the other enemies of Charles, it is a *direct* consequence of Orlando's love for Angelica. Mandricardo joins the besiegers of

Paris, because Orlando has slain his father Agricane; and he slew him in support of Angelica, whose defence he undertook, because he was in love with her. When, however, Mandricardo, together with the other Saracens, beats the Christians, on account, as we perceive, of Orlando's absence, this also is indirectly produced by his love for Angelica.

The successive course of events which in this manner grow out of one another, has been, as far as possible, stripped of all episodes. Yet the episodes in the *Innamorato* are very numerous. It was impossible to avoid entering into some; for instance, the alternate love and disdain of Rinaldo and Angelica. This episode arises out of the presence of Angelica in France, and the consequences are the quarrels between Rinaldo and Orlando. It is Angelica's journey to France which causes Rinaldo to follow her; from this proceeds, not only his antipathy towards her, but also the love which she feels for him, out of which grow Marsiglio's defection, and his alliance with Agramante against Charles; whilst, on the other hand, by means of this alternate disdain and love, the poet contrives to keep Rinaldo out of the way; one of Charles' misfortunes and causes of ruin. By this, also, Rinaldo's importance is increased in the eye of the reader; for, next to Orlando, he is the bravest of the Paladins. He is the Diomedes of the Christian army. There is no instance of the Christians being beaten, when Orlando takes the field; but they are beaten when Rinaldo is fighting among them; although his presence and valour save them from utter ruin.

It has been observed before[x] that the popularity of Charlemagne in Italy was owing to his successful wars against the Saracens, and that the interest respecting him and his warriors resulted, in a great measure, from their being identified with the prosperity of the Christian religion. These were powerful reasons for rendering the stories concerning Charlemagne important to Christians in general, but more particularly to the Italian contemporaries of BOJARDO. In his time a crusade was seriously thought of (as FOSCOLO observes), the power of the Turks having struck terror into the Christians, and especially into the Italians. The poet was about twenty-four years of age, when ENEA SILVIO PICCOLOMINI was raised to the Pontificate, and took the name of PIO II. This illustrious prelate, both before and after his elevation, exerted himself with all his power to bring about a general alliance of the Christians against the Turks. In describing the wars against Charlemagne, BOJARDO directed himself to the passions and sympathies of his audience and readers, and excited an interest which must have powerfully contributed to the favorable reception of his poem. He himself must have felt strongly on this subject, and have been deeply affected in describing those imaginary dangers, which he might consider that his nation and himself would soon have really to encounter and overcome.

[x] See vol. i. p. 50.

The apprehensions which the Italians entertained, lest the Turks should carry their arms against the Christians, were far from unfounded. Mahomet II., to the eternal disgrace of the European monarchs, had taken Constantinople in 1453; in 1460 he conquered the empire of Trebisonda, and in 1462, the island of Metelino. In 1470, he took Negroponte from the Venetians, and three years afterwards he defeated the King of Persia. He wrested Caffa from the Genoese in 1475, and in 1477 the Venetians were forced to surrender to him Calcide and Scutari, and were, moreover, obliged to pay him an annual tribute. It is asserted, that he cousidered himself the *legitimate* sovereign of Italy, having succeeded to the *rights* of the Emperors of Constantinople, who fancied themselves monarchs of that country. Mahomet having in vain attacked Rodi, urged, it has been supposed, by the Venetians, as well as by LORENZO DE' MEDICI,[y] took an opportunity of quarrelling with the King of Naples, because he had sent some assistance to the knights of Rodi, and directed his generals to attack the kingdom of Naples, in consequence of which Otranto was taken by the barbarians in 1480. More than ten thousand inhabitants were put to the sword, and the cruel conquerors abandoned themselves to those horrible and flagitious excesses for which the Ma-

[y] The conduct of the Venetians looks rather suspicious; but Mr. ROSCOE completely exculpates LORENZO from so treacherous an act as that of inviting the Turks to invade Italy.

hometans have always been famous, whenever a Christian city has fallen into their hands. The capture of Otranto spread terror throughout Italy. The Pope, it is affirmed, thought at one time of flying to France, fearing lest Rome should be attacked. He wrote, in the most pressing and pathetic terms, to all the Christian powers, craving for assistance against Mahomet. An alliance was formed to oppose this inveterate and powerful enemy of Christendom, in which the Kings of Naples and Hungary, the Dukes of Milan and Ferrara, the Marquisses of Mantua and Monferrato, the republics of Florence, Genoa, Siena, and Lucca, as well as the Pope, joined. The Venetians refused to accede to this confederacy, and perhaps little would have been effected by the allies, had not Mahomet died about this time, and a quarrel arisen between two of his sons respecting the throne. The Turk, who commanded in Otranto, pressed hard by sea and by land, made a desperate defence, but was finally obliged to capitulate, the troops which were coming to his relief having been recalled to the interior of the empire, where a civil war was raging. Alfonso, son of Ferdinand King of Naples, commanded the forces which besieged Otranto, and the city surrendered into his hands. This prince was brother to Eleonora, the wife of the Duke of Ferrara, and is highly praised by BOJARDO in his Italian eclogues, where particular mention is made of the delivery of Otranto from the hands of the Moslems by his valour.[z] These facts will be sufficient to show that the minds of the Italians in BOJARDO's time must have been strongly excited against the Turks, and that to celebrate their defeat was to celebrate the most acceptable of triumphs. The nobles, for whom the work was most probably written, were flattered by its subject.

It seems evident that BOJARDO composed his poem, and read it at the court of Ferrara. He often addresses himself to his hearers; and in a very explicit manner he alludes to that court in the second stanza of the last canto of his poem.[a] VENTURI observes, that the poet ad-

[z] Là dov' è il nome di nuova cittade *(Naples)*
Vedo levar un' incredibil luce.
. . . .
Ben n' ha l' Italia vera esperienza
Che già ripiena di spietati Turchi
Per lui purgata fia di tal semenza.
Eglog. I.

Ma che dico io? quei Barbari non curo
Chè già di salto a l' alte torri in cima,
E già d' Otranto il veggio sopra il muro.
Saette, foco e folgori non stima,
Nè quella gente orribile e leggera
Tra la qual Marte sua sede ebbe in prima.
Eglog. IX.

[a] Come nanti l' aurora al primo albore
Splendono stelle chiare e mattutine,
Tal questa Corte luce in tant' onore
Di Cavalieri e dame peregrine,
Che tu puoi ben dal Ciel scendere, Amore,
Tra queste genti angeliche e divine;
Se tu vien tra costoro, io ti so dire,
Che starai nosco e non vorrai partire.

dresses also his readers; but this probably occurs only in one instance, and we may readily believe that he must have made alterations and additions to his poem, before publishing it. The passage alluded to by VENTURI may be comprised among those which he added.[b]

After what has been said in the first volume respecting several of the most famous Christian heroes, nothing will be here added concerning them. It has been asserted that BOJARDO took the names of some of his Saracen warriors from his vassals at Scandiano.[c] VALLISNIERI has added to this assertion, that he gave the names of the places of his poem to some spots on and about his estates.[d] It is to be regretted that this great naturalist has thoughtlessly hazarded such loose assertions. The one respecting the names of the heroes being taken from those of vassals of BOJARDO, originated with CASTELVETRO; and VALLISNIERI added that some of these names are still common at Scandiano. I can affirm that this is not the fact in our own days, and I dare say it was not in VALLISNIERI's time. A woman is called in ridicule a

---

    Quà troverai un altro Paradiso;
    Or vieni adunque e spirami di graccia *(grazia)*
    El tuo dolce diletto e 'l dolce riso
    Sì che cantando a questi soddisfaccia.

He speaks of the court, to whom he sings his poem, also c. viii. l. ii. and c. i. l. iii. in princ.; and in the last passage he mentions the cessation of hostilities between the Italians and the Duke of Ferrara, to whose court he alludes.

    [b] See c. xii. l. i. in fin.

    [c] CASTELVETRO *Esposit. della Poet. d'* ARISTOTILE. p. 212. MAZZUCCHELLI, *Artic.* BOJARDO.

    [d] CALOGERÀ, *Racc. d' Opuscoli*, vol. iii. p. 368.

Marfisa in that country, as a bravo may be called a *Gradasso*, and the word *Gradassata* is used there in the sense of *Rodomontade*, which has the same origin; but no *Mandricardo*, or *Sacripante*, or *Agramante*, or *Rodamonte* occurs as a family name in Scandiano, or the neighbourhood. The names *Marfisa, Gradasso*, &c. are not taken from the people by the poet, but they are given to them. Thus the names *Marfisa* and *Bradamante* were given to two Princesses of Este; thus *Tristano, Meliadus, Ginevra, Isotta*, &c. were names chosen by some princes and princesses[e] as those of their children, because the romances had rendered popular the heroes known by such names. Luigi Gonzaga was surnamed *Rodomonte* on account of his valour; and in the *Lettere de' Principi* I remember having seen a Captain *Morgante* mentioned. But this was since *Morgante* and *Rodomonte* had been celebrated by BOJARDO and PULCI.[f] Most of the Saracen names mentioned by BOJARDO occur in the *Reali di Francia*, or in the other old books of this description. Some have a meaning, such as *Brandiamante* (swords-lover), *Ferracuto* (sharp-iron); and are either made by BOJARDO, or to be met with in ancient romances. BARETTI praised BOJARDO so much for having used those names, because that critic thought them to be all the poet's own invention, which is very seldom the case.

[e] FONTANINI and ZENO disapprove of it very much. See *Eloq. Ital.* vol. ii p. 216. Parma edit.

[f] A dwarf in the service of Cardinal Ippolito de' Medici was nicknamed *Gradasso*. See BERNI, *Capitolo in lode di Gradasso*.

The name of one of the most celebrated heroes of BOJARDO, *Ruggero*, or *Ruggieri*, or *Ruggiero*, or *Ruggeri*, is not invented by the poet. Of this famous warrior I refrained from speaking before, promising to enter on his history in this place,[g] and I now proceed to fulfil my promise. The historical and critical researches which have hitherto engaged our attention would be incomplete, were not the romanesque and real history of *Ruggero* traced as far back as possible. I hope to be able to satisfy the reader that this character is not less founded on reality, than those of his famous companions, Orlando and Rinaldo.

Ruggeri or *Roger* was a hero known in the old romances. In the *Excommunication du Ribaud*, the extract of which was published by LE GRAND, all those are excommunicated who do not welcome the minstrel, singing of *Roger*, Olivier, and Roland.[h] In the romance of *Sir Triamour*, a worthy old knight is mentioned of the name of Sir Roger,

<blockquote>That was both courteous and kind,</blockquote>

who was murdered in defending his relation, Queen Margaret of Aragon, from a band of assassins.[i] It seems certain that, originally, *Ruggeri* and *Riccieri*, or *Rizieri*, so much praised in the

---

[g] Vol. i. p. 130, note f.

[h] J' excommunie... gentilhomme qui ferme sa porte aux Mènètriers quand ils viennent chez lui chanter Roger, Oliver et Rolhand. *Fab. & Cont.* iii. 388.

[i] *Eng. Met. Rom.* by ELLIS, iii. 182.

Reali di Francia, was the same individual.[k] The genealogy of Ruggero, on the paternal side, has been already given. On the maternal side, it was not less noble, since he was descended from the Emperor Alexander, as we are told by BOJARDO.[l] The descendants of Alexander conquered Africa, and, after several generations, Agolante succeeded to the African throne.[m] He was the father of Trojano, Almonte and Galaciella, a heroine. The father of Agolante, who was called Bramante or Brabante, had been formerly killed by Charlemagne,[n] and one of his sons, Guernieri, fell by the hand of Milone, the father of Orlando, and one of Charlemagne's bravest knights. Agolante, and his sons and daughter determined upon invading Christendom, with the intention of revenging the death of Brabante and Guernieri; and, as the first step towards the accomplishment of this object, they attacked Italy. Being satisfied that the most terrible warrior they would have to engage with was Ruggeri di Risa or Reggio, in Calabria,[o] they resolved to besiege

[k] See the genealogical table of the Paladins in the first volume, and notes 5 and 6.

[l] *Orl. Inn.* c. i. l. ii. Of this, more will be said in the notes to that canto.

[m] This is the *Aigolander* mentioned by TURPIN.

[n] I do not think it necessary to refer to the precise passages of the old romances from which my account is drawn. I have followed the *Reali di Francia*, the *Orlando Innamorato* and *Furioso*, and the *Prime Imprese d' Orlando*, by DOLCE.

[o] How Reggio came to be called Risa by romancers, I cannot say. Reggio is called *Rigio* in the Neapolitan dialect, and in MURATORI, *Ann. d' Ital.* ad An. 1137, we find mentioned 'Castellum Rigian,' which does not, however, seem to be

that city, where the gallant knight, who was called after it *Rugger di Risa*, lived with his father *Rampallo* or *Rampaldo*. Milone, a natural brother of Ruggero, and very brave, together with Beltrame, the eldest brother, a thorough villain, dwelt also in that place. In single combat Ruggero thrice smote down Galaciella in the most graceful manner possible. He was very loath to do so, but as the lady insisted upon fighting, he could not help knocking her down as often as she wished: when she was tired, he told her she was his prisoner. Never did knight gain a fairer prize. As he was one of the handsomest cavaliers that ever wielded a sword, some malicious persons suspected at the time that the battle was not fairly fought, but that the lady did her best to be taken prisoner. There are circumstances which would almost induce a belief that such was the case. For, it so happened, that as soon as he advised her to become a Christian, she yielded to his request, which was not supported by weighty theological arguments; nor is there any reason for believing that she was influenced by supernatural agency. Her conversion was followed by her marriage with Ruggero, to the great disappointment of

Reggio: or *Rigian*, and *Risa* would be equally good; as archi*bugio* and archi*buso*. DOLCE's etymology is absurd. Hannibal, who founded Risa, called it so, he says, because
nel felice piano
Trovò un tesor non più veduto avante,
E perchè lo cavò con festa e risa,
Per ciò nomò quella città poi Risa.
Prim. Imp. d' Orl. vi. 57.

Beltrame, who aspired to her hand. But Galaciella said, that she would marry no one except her conqueror. The traitor Beltrame availing himself of the opportunity of being alone with the lady, had the assurance to claim a share in her affection; a proposal which she received and answered, as was becoming a young bride and a heroine. She disdainfully told him that his request was insulting; and as he would not cease to annoy her, she gave him a sound drubbing to teach him good manners. The villain then betrayed the city, Risa, into the hands of Almonte, who was besieging it; on that occasion Rampallo, Milone, and Ruggero were murdered, and Galaciella was taken prisoner. It was then discovered that Beltrame, to induce Almonte to agree to the treachery, gave him to understand that Rampallo was unjustly partial to Ruggero, and would have left to him the dominions, to the prejudice of Beltrame, who, as the eldest brother, had a better right to them. As this, however, proved to be a falsehood, Almonte, who regretted having been ensnared into an unworthy action, gave Galaciella leave to pass a sentence on the traitor, proportionate to his enormities, and he was therefore put to death. Almonte next strongly urged Galaciella to return to Africa, and apostatise, which she did not intend to do. But thinking this to be the only means of escaping from his hands, she pretended to consent, and was shipped off. On the high seas, this brave heroine made a sudden assault on the sailors, part of whom she threw overboard, and did not cease till she had got rid of every one of them, by some means or other. Thus remaining the only person alive in the ship, she was driven by the wind to a solitary place, where Ruggero and Marfisa were born, and where also she died. Atlante, an enchanter, then took care of the children, whose exploits and vicissitudes I shall not relate, as the reader will find them more pleasantly told by BOJARDO and ARIOSTO.

Doubtless, there were ancient traditions something to this effect; but it is impossible to say what was their precise tenor. I do not think any book is published in which they are recorded; yet it seems to me almost certain that old ballads or stories embodying these tales are extant in the dusty corner of some Italian library. It is probable also that, in Calabria and Sicily, these traditions are still lurking among the common people. The only written trace of them which has been preserved, is to be found in the *Istoria Imperiale*. The following is a sketch of the events as related in that work.

Charles the Second or the Bald, raised to the throne in 871, sent twelve Count Paladins, which he had just created, into Italy with forty thousand foot and fourteen thousand horse. Before they arrived in that country, the Emperor fought against the Saracens at Sossa,[p] and killed eighteen

---

[p] I do not know what city is meant by this name; it is perhaps Soissons. Robert, Count of Paris, who was crowned King in opposition to Charles the Simple, was pierced by a lance at Soissons in 923, in a battle which was there fought. Some asserted that he was killed by Charles him-

thousand of them. Italy had been invaded by the Saracens during the reign of Ludovic II., but they were beaten. The Saracens driven from all their possessions but Naples, and being unable to obtain assistance from Egypt, had recourse to Agolante, King of Africa, whom they chose for their lord, and who came into Italy with two hundred thousand cavalry,[q] intending to settle in that country. He was, however, attacked so vigorously by the twelve Counts, who were most brave and handsome men, that he was obliged to retire into the mountains of Calabria, where the Christians had the advantage, owing to the superior numbers of their infantry. Agolante was killed, as well as his eldest son, Almone (Almonte?) together with one hundred and forty thousand of those barbarians, while twenty-four thousand more were made prisoners. They retained possession of the sea towns, only by means of their fleet; but under Charles the Third, who succeeded the other Charles, this navy was destroyed partly by the Venetians, near Ancona, and partly by the Greeks on the coasts of Sicily, so that they lost almost all their conquests.

Under Ludovic III., who succeeded to the Empire in 896, the Normans determined upon con-

---

self against whom he had revolted. SISMONDI, *Hist. des Fran.* p. ii. cap. xv.

[q] BOJARDO says *cavalieri*, which generally means *knights;* but this immense army could not be of knights. Thus, when he says, in the *Orlando Innamorato*, that Gradasso invaded Spain at the head of
  Cento cinquanta mila cavalieri
he meant one hundred and fifty thousand horse.

quering Italy.[r] Robert, Duke of Normandy, left his dominions to Guiscard, his eldest son, and gave ten thousand horse and six thousand infantry to his second son, Tancred, for that conquest. Tancred went and settled in Romagna without opposition, the holy church being entirely engaged in making war on the Saracens. Pandolfo, Prince of Capua, being at war with Guaimaro, Prince of Salerno, called the Normans to his assistance, who for the most part proceeded to Terra di Lavoro. Those who remained behind established themselves in the Marca d' Ancona. A year after they had gone to the aid of Pandolfo, Tancred and his Normans joined Guaimaro against Pandolfo himself, who consequently lost Capua. Guaimaro then sent the Normans to the assistance of the Greeks against the Saracens, who dwelt in Sicily. The Greeks behaved ill to their new allies, and the latter turned against them. They conquered great part of Puglia, built *Melfi*, and afterwards defeated the Emperor Michel, who came to deprive them of their conquests.

About the beginning of the tenth century, Tancred died and was succeeded by his son Cogone, in whose time Sabala and Abel Caitho, two African Admirals, sailed from Barbary at the head of an immense army, on board of seventeen hundred vessels, and landed in Italy with fifty thousand cavalry and thirty thousand foot, who, in spite of all the resistance of the Normans,

[r] Misera patria, la quale solea dominare le altrui nazioni, ora, siccome una preda, parea esposta a chiunque guadagnare se la volesse! *Ist. Imper.* col. 306.

Greeks, and Italians, rendered themselves masters of the coast from Gaeta to Reggio. Finally, in 914, John X. being elected Pope, succeeded in establishing a good understanding between the Italian princes, and made them promise to march against the Saracens, with white banners bearing red crosses. Meanwhile Abelcayto (or Abel Caitho) was bold enough to attack Rome, but he and nearly all his army were slain in a battle, which took place on the 3rd of May, 917, against the combined armies of the Emperor Berengario II. and of Alberic, Marquess of Piedmont. Sabala, the other Admiral, was beaten fifty-two days afterwards. He escaped with less than one third of his army, which had consisted of thirty thousand horse and ten thousand foot. Having taken shelter in a fortified place in Campania, he asked assistance from Africa; but was joined only by seventeen thousand cavalry and fourteen thousand infantry. The Pope having granted an indulgence to all those who should march against these infidels, not only Italians, but Frenchmen, Germans, Englishmen, and people from the most distant islands, were about to profit by that occasion of settling their accounts with Heaven in taking up arms, when the Saracens, after having devastated all the country within their reach, retired into Sicily in 924.

Under Berengario III. about the year 930, whilst the Genoese were cruising in search of the Saracens, the latter landed at Genoa, coming from Africa in seventy ships, and, after having plundered the city, they set fire to it and carried away the inhabitants. Being met by the Genoese fleet on their way home, they were beaten and the Christian prisoners set free. About 970, the Greeks and Normans had implored assistance from the Saracens against the Emperor Otho II. This Sovereign, having made peace with those Christian powers, turned his arms against the Saracens, who were driven out of Italy, where they had been reintroduced on that occasion.

The German writers, Albert and Alexander, relate that two daughters of the Emperor Henry III. eloped with two knights. One of them retired into a wood, where she long lived concealed with her husband and her family, which increased at last to the number of seven children. The knight supported them by cutting wood and making charcoal, which he sold in the neighbouring villages. The other daughter had a better fate, and became the mother of Boniface, father of the great Countess Matilda. ' The Emperor, having discovered his sons-in-law in a manner which would be too long to narrate, and not very easy to believe,'[*] conferred the title of Marquesses on his seven grand-sons by the former daughter. It was in the time of this Emperor that Robert Guiscard lorded it over Puglia, which he afterwards bestowed on his brother William, when he turned his arms against the Greeks, who

[*] Con modo lungo da narrare e male verisimile a credere ..... questo è scritto dagli autori sopranominati. *Ist. Imper.* col. 328. I quote these words to show that BOJARDO added to the *Istoria Imperiale* whatever he thought true, not all stories indiscriminately.

then possessed Calabria. The Greek governors or *Diofori* resided at Reggio, which city was well fortified. Robert was accompanied by his younger brother Ruggeri, the hardiest, bravest, and most famous knight of his times, who, having by his gallantry succeeded in possessing himself of Reggio, the city was bestowed upon him; and from that time Ruggeri took his surname thence. The fame of the valour, strength, courtesy, prudence and liberality of Ruggero had reached Sicily; so that he was much liked, not only in that country, but even in Africa. Bethumi, a Saracen, who commanded in Sicily, went himself to offer the dominion of that island to the Count of Reggio, either because he admired Ruggeri or because he was afraid of a rebellion. The offer was accepted, and, assisted by his brothers, Ruggero soon possessed himself of the island. On the death of Robert Guiscard, who was succeeded by his son Ruggeri in his estates, Ruggeri of Reggio was the only Lord of Sicily.

Ruggeri, son of Robert, was succeeded by his son Guglielmo who, in hopes of marrying the rich daughter of the Emperor of Constantinople, proceeded to make war upon the Wallachians, then attacking the Greek Empire on the Bulgarian frontier. This Guglielmo left his estates under the protection of the Pope; but, as soon as he was gone, Ruggeri, son of Ruggeri of Reggio, tried to seize his cousin's dominions. Guglielmo soon returned to Salerno defeated, without a wife, and, what was worse, without money. He soon died, upon which Ruggeri possessed himself of

Calabria and Puglia, and no longer satisfied with the name of Count of Sicily, took the glorious title of King of Italy, which brought him into some difficulties with the Pope. The Emperor Lothaire III. made war upon Ruggeri, and wrested from him almost all his newly acquired dominions, except Reggio. Ruggeri eventually recovered all his estates, (a circumstance which the *Istoria Imperiale* does not mention), and in the time of Frederic II. another Ruggeri of Sicily is recorded, as living about 1167, who was killed in a battle at Rome against that Emperor. No farther mention is made either of Ruggeri, the Normans, or the Saracens in the *Istoria Imperiale*.

Any one conversant with history will be surprised in seeing how erroneous is the chronology of these events, and yet, how the events themselves are, in the main, correct. The number of warriors is exaggerated, but the circumstances are not otherwise incredible, on the whole. Of the incorrectness of this chronology, and of its causes and effects, enough has been already said.[t] The chronological errors occuring in what was seriously intended as a history, must render those less surprising which we meet with in romances and poems, and will at the same time serve to convince us that, however disguised it may be, there is always a foundation of truth in the stories of romancers. To discover the real facts and personages, which are concealed under the poetical fictions, or disfigured by the historical

[t] See vol. i. page xiii. and 103.

blunders of BOJARDO, a short sketch of the history of the Saracens and of the Normans in the south of Italy, will be necessary, and, perhaps, not unacceptable. I shall only touch upon such circumstances, as are connected with the immediate object of my researches, nor must it be expected that I am going to give a history of the kingdoms of Naples and Sicily, during several centuries.

The Saracens, who conquered Sicily, also occupied part of the kingdom of Naples. The Emperor Ludovic II. marched against them and was beaten; but on his calling in the assistance of his brother Lothaire of Lorraine, who sent an army, if he did not go personally as some pretend,[u] the Saracens were conquered, and their king, Seodam, was taken prisoner[v] at Bari. In 872 an army of about thirty thousand men sailed from Africa for Salerno, which they besieged; but were beaten by a nephew of the Emperor, Count Guntario, who lost his life on that occasion. It does not seem, however, that they raised the siege, as we find them in 873 still attacking that city, from which they retired, only when the Emperor had advanced as far as Capua. The Saracens then forced their Emir to withdraw into Calabria, which was laid waste by them in so

---

[u] MURATORI, *Annal. d' Ital.* ad an. 867. He observes that there is much confusion in the narrative, owing to the incorrect chronology of the historical documents of the time.

[v] I have followed chiefly MURATORI and GIANNONE and the *Art de verifier les Dates*, as my authorities in these historical researches, consulting, however, as many of the ancient chronicles as were within my reach.

frightful a manner, that a contemporary historian says, that the province was in the same state, as it must have been in after the deluge. They finally left the peninsula and sailed either for Africa or Sicily; but a storm seriously damaged their ships.

Under *Charles-le-Gros* in 881, the Saracens reappeared, and would not grant peace to the people of Salerno or Benevento, except on condition that the inhabitants would join them in marching against Rome. Pope John VIII. implored help from the Emperor against these enemies, and obtained some succours; but his condition was still very bad. He put himself at the head of an army (a fatal example for ambitious and unholy pontiffs in after times) to attack them, and was not unsuccessful, particularly in having prevailed upon some of the Christian lords to separate from the alliance entered into with the Moslems. Atanasio, Duke as well as Bishop of Naples, to avoid the fury of the barbarians, joined them against the other Christians and especially against Rome. The Pope excommunicated Naples and its bishop, and asked assistance from Charles the Bald, then Emperor, in the strongest terms; entreating him so warmly, and, at the same time describing the horrors which were committed by the Saracens in such frightful colours, that we wonder at the little good produced by the victories of the Emperor Ludovic a few years before. This monarch very justly remarked, that effectually to deliver the kingdom of Naples from these barbarians, it would have been necessary to drive them out of Sicily; and in a famous letter, which he wrote to the Emperor of Constantinople, he avowed his intention of carrying the war into Sicily, after having conquered Calabria. But this was not done, and Italy was left to herself. Afterwards, owing to the weakness and dissension of the Franks, the wars of the Saracens in the south of Italy are a subject belonging either to the Greek or to the Italian history, but are not connected with the traditions which form the subject of this inquiry.

We shall, therefore, pass over this period to speak of the Normans' settlement in Italy. It is not requisite here to detail how a few of these bold adventurers, by their bravery, cunning and good management, after having gone to that country as pilgrims,[w] became masters of a considerable part of it. Robert Guiscard, son of Tancredi of Altavilla, having succeeded his brother Humphrey in the county of Puglia, directed all his energies to drive the Greeks from Calabria. He was powerfully assisted by Count Ruggero, the youngest of his brothers, who was

[w] The first Normans, who went to Salerno, were induced to do so by some of their countrymen, who happening to be in that city about the beginning of the eleventh century, when the Saracens presented themselves to obtain tribute, persuaded the inhabitants to resist the Moslems. This they did; and, owing to the assistance of the Normans themselves, the Saracens were defeated. On their return to Normandy, these warriors prevailed upon some of their brethren, at the request of the Prince of Salerno, to assist him against the Saracens. Robert Guiscard and some of his gentlemen crossed upper Italy to go to the south disguised as pilgrims, for fear of being stopped. Sub specie peregrinorum, ferulas et baculos portantes (ne caperentur a Romanis) in Apuliam abierunt. ORDERIC. VITAL. lib. iii.

to succeed him.[x] After having conquered many cities, Robert at last took possession of Reggio, and from that time he assumed the title of duke, some say owing to the glory of the conquest of that important city. His brother Ruggero having highly distinguished himself in those wars, Robert bestowed that province on him, retaining Puglia to himself.

An Emir from Sicily, called Benhumena, took shelter in Reggio with Ruggero, to escape the vengeance of one of the Saracen princes of that island, called Bennamet,[y] and represented that country as an easy conquest. Accompanied by only one hundred and sixty horsemen, Ruggero crossed the straight to examine the strength of the Saracens, took and plundered Messina on that occasion, and having happily returned to Calabria, he prepared himself for the conquest of Sicily, which he effected with the assistance of his brother Robert. All historians agree in affirming that Ruggero displayed extraordinary valour in the various combats, in which he was engaged. He was not only able to master the island, but even assisted his brother in conquering Bari ; an undertaking in which Robert would have failed, without this powerful ally. Ruggero took the title of Count of Sicily, with his brother's consent.

On his death, Robert was succeeded by his son, called also Ruggero, and surnamed *Bursa*,

---

[x] The succession passed to the eldest surviving brother, not to the eldest son, among the earliest Normans.

[y] These names are spelt according to the Italian authors.

whom he appointed his heir, to the prejudice of Boemond, who afterwards became so famous as one of the heroes of the first crusade, and Prince of Antioch. Ruggero of Reggio kept, however, possession of Sicily, and on his death, his son, called likewise Ruggero, became Count of that island. Ruggero Bursa dying, William, his son, succeeded him. Historians highly praise the valour and gallantry of this Ruggero also. His son William governed his dominions for sixteen years, and then died in 1127; and Ruggero, son of Ruggero of Reggio, Count of Puglia, was his successor.

The grand Count of Sicily, as Ruggero was called, as soon as he heard of the death of his relation, Prince William, went to Salerno, took the title of Prince of Salerno, and then proceeded to Reggio, where he was proclaimed Duke of Puglia and Calabria. Yielding neither in valour nor in talents to his ancestors, he resisted the pretensions of the Popes, by whom he was thrice excommunicated; and took one of them, Innocent II., prisoner. He lost nearly all his continental possessions in the wars waged against him by the Emperor Lothaire II., but he reconquered them, and thus was enabled to support the splendid title of King of Italy, assumed by him, after having conquered the city and duchy of Naples, which had hitherto preserved its independence from the Normans.

Ruggero did not assist the other Christian powers in their wars in Palestine, because Baldwin, King of Jerusalem, had used his mother Adelaide most villanously, marrying her when he had a former wife living. Adelaide, on discovering this, returned to Sicily, and all the Sicilian court felt keenly the insult offered to them in the person of that lady, who died of grief at it. But the King of Sicily was no less an enemy of the Saracens, nor did he consider it less meritorious, than his ancestors or the crusaders had done, to fight against the enemies of Christianity. He carried the war into Africa, and after having conquered most of the principal towns on the coast, forced the Moslems to pay him tribute. Hence he wrote on his sword

Apulus, & Calaber, Siculus mihi servit, et Afer.

The Emperor of Constantinople having imprisoned the ambassador whom Ruggero had sent to him, that King declared war against the Greek monarch, and laid waste the Morea, Achaia and Thebes, as well as Negroponte and Beotia. It was on this occasion that the art of spinning silk was introduced by him into Sicily, whither he carried the workmen who were engaged in that manufacture in the different parts of Greece, which he had seized. He died about the beginning of the year 1154, full of glory, and left his dominions to William, Duke of Puglia, the only one of his legitimate sons who survived him. Fortunate as this King was in his wars, and as a monarch, he was subject to heavy domestic calamities. In 1149 he lost his eldest son, called likewise Ruggero, then thirty years of age, who had distinguished himself in various military undertakings, and whose loss was much regretted by his father and by the nation, owing to his good qualities.[z] As for King Ruggero himself, he was brave, kind to his friends, and terrible to his enemies, with whom he dealt mercilessly. He was handsome, fierce, proud and parsimonious. He occupies a distinguished rank in history, not only as a conqueror, but also as a legislator. It was he, who established the fundamental laws, by which Sicily was governed till the end of last century, when the late King of Naples, the most faithless monarch who ever disgraced a throne, destroyed even the ancient constitution of Sicily, which, on his accession to the crown, he had sworn to maintain. But his very oath was, perhaps, the greatest inducement he had to trample upon that constitution. This unworthy and despicable sovereign seems only to have kept one oath; that of breaking all promises, and keeping no faith either to God or to man.

From this short and very imperfect sketch of the history of the wars against the Saracens in the south of Italy, and of the Normans who conquered those provinces, as well as Sicily, the reader will have perceived that the Ruggero of BOJARDO is undoubtedly drawn from Ruggero, King of Sicily. He is said to be the *third* Paladin, and son of Ruggero of Risa. It is almost needless to observe, that the first King of Sicily was, in fact, Ruggero the third, and son of the Count of Reggio of the same name. There is, however, little

[z] Vir speciosus, et miles strenuus, pius, benignus, misericors, et a suo Populo multum dilectus. ROMOALD. ap. MURATORI, ad an.

doubt, that the Romancers conferred upon Ruggero the glory of many of the most gallant exploits of the several heroes of that name, and even of some warriors of the sovereign house of Puglia and Sicily, who bore a different name. We may, likewise, be assured, that to the formation of the Ruggero of romance, not only these princes, but also some minor lords, called Ruggero, whose deeds are not passed unnoticed by the old chroniclers, had contributed. Nor shall we wonder at this, when we consider the great difficulty which, notwithstanding the labours of DUCHESNE, PELLEGRINI, MURATORI, and GIANNONE, still exists in keeping separate the history of the several heroes called Ruggero, more particularly of those belonging to the sovereign house of Puglia, Calabria and Sicily.

Both according to the romancers, and to the *Istoria Imperiale,* Risa or Reggio was a place of the highest importance, in the neighbourhood of which great and tremendous battles were fought. That it was of very considerable importance in the middle ages cannot be doubted. The Greeks, who had, from time to time, been deprived of their dominions in Italy, were at length driven to the last corner of the peninsula, and proudly calling the small possessions still remaining to them, Italy; Reggio, which was the residence of the Greek *Catapani,* or Governors, was raised to the rank of a metropolis. Her archbishopric was likewise considered of the first order in those days; and this tended not a little to exalt Reggio in the estimation of the people. We have already seen that it was only after the conquest of Reggio that Robert took the title of Duke; and it was at Reggio that Ruggero assumed the title of King of Sicily and Puglia. It is remarkable in the history of these poems, that Reggio was taken and destroyed by a certain *Nico* (whom MURATORI suspects to mean *Andronico*), in 1027; and that on that occasion a very ancient chronicle mentions an *Agramonte*, without saying who or what he was.[a] The name only deserves attention from its similarity to *Agramante*, so famous in BOJARDO's and ARIOSTO's poems. These old chronicles, moreover, countenance, and perhaps were the foundation of, the stories of romancers concerning the immense number of persons who were killed in the battles which they mention. In the chronicle just referred to, we are assured that forty thousand Normans were slain in January, 1070, in attempting to take Brindisi. According to the same document, when Robert Guiscard beat the Emperor Alexius at Durazzo, (the fact of which battle is perfectly true,) more than sixty thousand men were killed.[b]

[a] *Raccolta di varie cron. appart. alla Stor. di Napoli,* vol. i. page 10. The chronicle of LUPUS PROTOSPATA, quoted by MURATORI in his Annals, ad an. 1026, expresses itself exactly like the one just mentioned, except that PROTOSPATA does not name Agramonte.

[b] *Raccol. di Cronic.* l. c. cit. pag. 15 and 17. It seems that, even in DANTE's time, the memory of the slaughter committed by the Normans in their battles was famous. He alludes to it in the *Inf.* c. xxviii. v. 13. The conquest of Bari is probably the action referred to by the poet in this place. The historical blunders committed by commentators, both ancient

In the history of King Ruggero and his father, there are many of the elements which constitute the Italian romanesque poems, and give them that religious interest and epic importance, to which allusion has been made more than once. The wars of these two sovereigns in Sicily and Africa were enough to render their very name venerable to the people of their days. What more glorious and more romantic title could any monarch take, than that of King of Africa, which Ruggero King of Sicily probably assumed after having conquered the Moors in their own country?[c] Ruggero di Reggio went to Sicily with the title, given afterwards by romancers to Orlando, of standard-bearer to the Pope.[d] The conquest

modern, in their notes on this passage are numberless, as well as amusing, on account of their absurdity. The *Ottimo Commento* is valuable, inasmuch as it shows how the chronology of the Normans was confused in those days. It gravely tells us that Robert Guiscard, who died in 1085, conquered Alexius Comnenus in 1107. It also confers upon Robert the title of King, thus uniting with his history that of Ruggero I. King of Sicily, his nephew. Finally, according to this commentator, Costanza, daughter of Ruggeri, King of Sicily, was sister of this sovereign, and Robert was their father. Costanza died in 1198; that is 113 years after her supposed father, Robert Guiscard.

[c] There are no documents in which Ruggero himself assumes the title; but as we see that in some documents he takes one title, in some another, it is not too much to suppose that he used the title of King of Africa on some occasion, since we see that his son William entitled himself King of Sicily, Italy, and Africa. GREGORIO, *Consideraz. sopra la Stor. di Sicilia*, vol. ii. *Prov. ed Annot.* pag. 84, quotes two documents in which this occurs.

[d] GIANNONE, *Ist. di Napoli*, lib. x. cap. 2. The same

of that island was undertaken in the spirit of a crusade, as has been most ably proved by GREGORIO.[e] It was for this reason that Ruggero sent as trophies and proofs of victory in that holy undertaking, some of the spoils which he took from the Saracens in Sicily.[f] It was asserted that at the battle of Cerami, only one hundred and thirty-six Normans beat thirty-five thousand Saracens; and that a knight, dressed in bright armour, and with a white banner, had come to assist the Christians,[g] in the same manner that, on several trying occasions, he went to assist the crusaders in Palestine. The saint, generally supposed to have come so kindly to the aid of the Christians, was St. George, who, as he had slain a dragon, might well find pleasure in destroying Moslems, who in the eyes of Christians were more terrible and more dangerous than any fire-breathing dragons. Among the spoils of the battle of Cerami were four camels, (the *Istoria Imperiale* says forty,) which Ruggero sent to the Pope. Owing to these victories the Count of Sicily was every where celebrated as the champion of Christianity,[h] and most assuredly his gallant deeds were

---

title had likewise been conferred on Robert Guiscard. Ibid. cap. i.

[e] Oper. cit. vol. i. p. xxx.
[f] GREGORIO, l. c.
[g] MURATORI, *Annal. d'Ital.* ad ann. 1063.
[h] Nam contra Siculos divini nominis hostes
    Semper pugnavit, sanctam qua vivimus omnes
    Exaltare fidem cupiens.

GUL. APPULUS, ap. GREGORIO, l. c.

the subject of popular ballads. It was with reference to his glorious undertakings against the Saracens that Ruggero King of Sicily, took the titles of ' Adiutor Christianorum et Clypeus.'[i]

A distinguished friend of mine, who has presented the English public with a very exact and lively analysis of the *Orlando Innamorato*, to which he has prefixed an *Introduction*, wherein he displays as much knowledge of the subject as elegance of taste,[k] has very properly observed, that the stories of BOJARDO were not the growth of his century. ' No author of that age' he adds, in confirmation of his theory, ' could have imagined the friendly ties of alliance and consanguinity between Christians and Paynims; though such fictions are justified by facts.'. Some of the facts here alluded to, that are connected with the conquest of Sicily, and that show the correctness of Mr. ROSE's observation, it will be proper to mention. The Arabian historians pretend that the conqueror of Sicily subjected the Saracens to hardships; but it is to be remembered that he may only have taken some severe precautions against any attempt at revolt, when he had scarcely conquered the island; nor are we to forget that the historians just mentioned are far from unimpeachable authorities. We have proofs that the Saracens were always allowed the free

---

[i] GIANNONE, lib. x. c. 4.

[k] *The Orlando Innamorato, translated into prose from the Italian of Berni*, by W. S. ROSE. This little volume ought to be perused by all those, who wish to understand thoroughly not only BOJARDO but ARIOSTO.

exercise of their religion, and the Arabian historians themselves admit, that the king, Ruggero, would not permit the Moslems to be ill-used; nay, that for some offices he even preferred them to the Christians.[1] The conqueror of Sicily left to a Saracen, by name Becumen, the government of Catania; and he was so pleased with a book presented to him by one Esserif, that he permitted him to retain his castle, and requested him to live at court.[m] The Saracens were allowed by Ruggero to have notaries of their own nation; to carry arms; and to preserve all their honors, rank, and privileges.[n] Such, indeed, was the confidence which the Norman sovereigns placed on the fidelity of the Saracens, that great numbers of them were admitted into their army. It is affirmed that when Ruggero Count of Sicily went to the assistance of his nephew, Ruggero Duke of Puglia, to besiege Amalfi, he had twenty thousand Saracens in his army.[o] We may from these facts also infer, that the traditions on which the poem of BOJARDO is founded, are of the times of the Count of Sicily, and of his son and successor.

Erroneous as the chronology of the *Istoria Imperiale* is, it seems, however, to prove, that when BOJARDO in his poem supposed Ruggero a contemporary of Charlemagne, he said what he knew to be historically incorrect. But since in the *Istoria*

---

[1] ABULFEDA and NOVAIRUS, quoted by GREGORIO, l. c.
[m] GREGORIO, lib. i. c. i. *Prov. ed Annot.* num. 10.
[n] GREGORIO, l. c.
[o] GIANNONE, lib. x. c. vii.

Imperiale he believed that one Ruggero was a contemporary with some sovereign of the name of Charles, it is also evident that Charlemagne has been mistaken for another sovereign called Charles, and the poetical Ruggero formed of different heroes of that name. It was the more easy to create this confusion, as many circumstances were common both to the reign of Charlemagne and to that of several of his successors, as well as consistent with the historical facts recorded of the Ruggeri of Naples. It is not only the circumstance of a sovereign of the Franks, near the time of Charlemagne, having fought against the Saracens in the kingdom of Naples, which tends to assimilate the several ages—that of Charlemagne, of some of his successors, and of the Normans in Sicily; but there are a great many minor points common to these various epochs, which suit the narratives of the romancers, concerning Charlemagne. One Sergio was Duke of Naples in 876, when the Pope asked, and received assistance from Charles the Bald against the Saracens; and another Sergio was Duke of Naples when the Normans obtained the first of their settlements in Italy, and built Aversa.[p] One Lambert acted treacherously in Britanny,[q] and two Lamberts are recorded as traitors at Benevento about the same time.[r] The tale of the two daughters of Henry

---

[p] GIANNONE, l. vii. c. i. and lib. ix. c. i.
[q] See vol. i. p. 74, 106 and 114.
[r] MURATORI, *Annal. d'Ital.* ad. an. 871. To what has been said in the first volume, concerning Lambert, Wenilo,

III. (who reigned about the middle of the eleventh century,)[s] who elope with two knights, and particularly of one of them who lives in the woods, &c. resembles the story of Berta and Milo,[t] and belongs to the heroical age of the Normans. Count Orlando was a warrior, nephew of the Emperor, who died fighting against the Saracens, according to romancers; and it is historically true, that *Guntario*, the nephew of the Emperor Ludovic II. died in

and Gano, I have to add, that Wenilo is called also Guenilo in ancient documents: Synodo præsidentibus Hincmaro Remorum, *Guenilone* (if the French *Guennes* is *Gano* in Italian, why may it not be said that *Guenilone* is *Ganelone* ?) Senonum, Amalrico Turonum Metropolitanis. Then he is immediately afterwards called *Wenilo*. Postmodum venerabilis Wenilonis Senonicæ urbis Metropolitani Episcopi suffraganeus Herimannus, &c. *Synod. Suesson.* ap. DUCHESNE, *Scrip. Franc.* vol. ii. p. 412. I may also observe here, that Solomon, King of Britanny, was famous as a gallant warrior; which I omitted to say, vol. i. p. 120. Solomon erat vir strenuus et bellicosus, et tam forma quam animo ad regnum gubernandum aptus. *Annal. Meten.* ad. an. 866. Gherardo of Vienna, who is mentioned, vol. i. p. 420, note 35, is historically recorded as a rebel, whose city, Vienne, was taken from him by Charles the Bald. *Ann. Bertin.* ad. ann. 870 and 71. And in the same annals, about that time, as well as in the *Annal. Metenses*, we find mentioned a revolt of *Carloman* against Charles the Bald, who had the cruelty to put out his son's eyes. This is probably the origin of the tradition respecting Carloto and Olderigi being put to death. See vol. i. p. 109 and 417, note 24 and 25. These facts tend to strengthen what was said, vol. i. p. 118, respecting the confusion between Charlemagne and Charles the Bald.

[s] The chronology of the *Istoria Imperiale* seems rather incorrect here also. There were, however, three Emperors of the name of Henry, contemporaries with the Normans.

[t] See vol. i. p. 57.

battle against the Saracens at Capua.[u] The Normans, who went to the south of Italy in the dress of pilgrims, are undoubtedly the originals from which the idea has been taken of making knights travel disguised as palmers.

The descent of Ruggero from the royal family of Troy,[v] and his consequent relationship with Charlemagne, require a few words. Although the descent of Charlemagne from the Trojan family be formally denied in the *Reali di Francia*,[w] it was, however, an opinion very prevalent, and received by the chroniclers of the middle ages.[x] Hence, it is said, in the royal Carlovingian family were preserved the names of Anchises and Priamus in the most ancient days.[y] We have no proof that any of the Norman Princes, called Ruggeri, claimed this descent; but we have evidence that a noble and powerful baron called Ruggero, living, it seems, in the time of Pepin, married a lady descended from one Hector, who had as good a claim as any other to a connexion with the royal family of Troy,[z] since he took the name of the most famous member of it.

[u] MURATORI, *An. d'It.* ad. an. 872. See above; p. xci.

[v] See the genealogical table of the Paladins in the first volume.

[w] See vol. i. p. 147.

[x] *De Majorib. Dom. Reg. Libel.* ap. DUCHESNE, *Script. Fran.* vol. ii. in prin.

[y] *Gesta Franc.* RORICON. MON. ap. DUCHESNE, vol. i. p. 800. *De Caroli M. Reg. Major. Frag. ex Lib.* PAULI WARNEFRIDI LONGOBAR. DUCHESNE, *Scrip. Fr.* ii. 201.

[z] *Ex Vit. et Pass. Sanct. Austrenom.* ap. DUCHESNE, v. iii. p. 380.

The Normans who went to Italy, had, probably, already received the tradition that they descended from Troy, and the respect for that tradition was very high in the south of the peninsula. The history of that province furnishes a proof of what has been asserted,[a] that the Greeks of the Lower Empire themselves spread traditions favourable to the Trojans, and injurious to the character of the ancient Greeks. In 1022, a Greek *Catapano*, or Governor, of the name of Bagiano, built a city in Capitanata, which became soon after famous, and which, in remembrance of ancient Troy, he called Troia.[b]

The origin of Ruggero's claim to the White Eagle must not be passed over in silence. To this day the Duke of Modena, who takes the name of Este (being the son of the only daughter of Ercole III. Duke of Modena, the last male descendant from the Italian branch of that family), bears on his coat of arms a white eagle on an azure field. Romancers say that this escutcheon was adopted by the house of Este, through Ruggero, to whom it belonged, as being a legitimate descendant from Hector, whose coat of arms was a silver eagle on an azure ground. In support of this last fact, it was alleged that the eagle had been adopted by the Romans, because they descended from Hector. In the *Istoria Imperiale*

[a] Vol. i. p. 144.

[b] GIANNONE, lib. x. c. i. This city was sometimes called *Troja la minore*, to distinguish it from the ancient and famous city of Troy. It is called so by BOJARDO in his last Italian eclogue.

a most distinguished hero is recorded, said to belong to the house of Este, and who was the leader of the Guelph, or anti-imperial party in Italy.[c] Many gallant deeds are attributed to him in that *Istoria*, and it is to Rinaldo that the Milanese are said to have been indebted for having effectually resisted the Emperor Frederic, when he first attacked their city. It is asserted, that in contempt for the Emperor and his black eagle, Rinaldo bore on his banner a white eagle.[d] To transfer this glorious escutcheon to Ruggero, when he was supposed to belong to the family of Este as well as Rinaldo, was easy for a poet. Not only King Ruggero I., but even Prince Ruggero, nephew of King William of Sicily, who is said to have been slain in a battle near Rome,[e] might have been contemporaries of this Rinaldo. The Norman descendants of Robert Guiscard were, however, related to the house of Este. As early as 1077, a daughter of this Norman chief was married to Ugo, son of Azzo II., Marquess of Este. It is a curious coincidence that this marriage was celebrated in the city of Troia, in the kingdom of Naples, which has just been mentioned.

To all these different historical and popular traditions mixed with the British, Armorican and *Francic* (which have been inquired into in the first volume), as well as with the northern stories

[c] This is the same hero whom TASSO has immortalized, supposing him the bravest of all warriors at the first crusade.
[d] *Istor. Imper.* col. 361.
[e] Ibid. col. 372.

which the Normans inherited from their Danish ancestors, and with the classical recollections which must have been floating among the common people in the south of Italy: to all these different sources, as I have already said,[f] I think that we are indebted for the peculiar character and features of the most remarkable stories and heroes which distinguish the romanesque narrative poems of BOJARDO, and consequently of ARIOSTO. Before concluding the life of BOJARDO, I think it requisite to assign the motives which have determined me to print a poem which, however praised, has not been published in its original form for about three hundred years.

As we have seen, BOJARDO did not live long enough to complete this poem; and it is well known that ARIOSTO wrote his *Orlando Furioso* in continuation of the *Orlando Innamorato*. The splendid merits of the *Orlando Furioso*, and particularly the manner in which IL DIVIN LUDOVICO managed his language; the elegant and lively spirit which runs through the performance; and the magnificent pieces of lofty and pathetic poetry, as well as of fanciful and bewildering adventures, with which that matchless bard has embellished the *Furioso*, soon caused all other romanesque compositions of this class to be forgotten.

The *Orlando Innamorato* was known only by name; it had never been well edited; it was a

[f] Vol. i. p. 160, note c.

scarce book; and who would think of reading it after the *Furioso?* Yet these two poems were in fact but one, although written by two different persons, nor could the *Furioso* be thoroughly understood unless the reader were acquainted with the *Innamorato*.[g] It has been read separately, both because some of the stories of Bojardo were known through the *Rifacimento* of Berni, and because the beauties of the *Furioso* are so numerous, that even though part of them were lost, owing to a want of knowledge of the *Innamorato*, it was still a delightful book. Desirous that the *Orlando Furioso* should be fully appreciated and enjoyed, I determined upon publishing the *Innamorato* along with it. It is inexplicable why this was not done by others long ago; an omission certainly not occasioned by Berni's *Rifacimento*, of which I shall proceed to give some account,[h] after a short sketch of the life of its author.

[g] Questa condizione dell' integrità si desidera nell' Orlando Innamorato del Bojardo, nè si trova nel Furioso dell' Ariosto: manca all' Innamorato il fine, al Furioso il principio . . . . . Molte volte i lettori nella cognizione di queste favole anderebbono al bujo, se dall' Innamorato non togliessero ciò che alla loro cognizione è necessario. Ma si dee considerare l'Orlando Innamorato, e il Furioso, non come due libri distinti, ma come un poema; ma solo cominciato dall' uno, e colle medesime fila, benchè meglio annodate, e meglio colorite, dall' altro poeta condotto al fine. Torq. Tasso, *Dell' Arte Poetica*, Discorso ii. Opp. v. 5. p. 500. Ediz. Ven.

[h] Of the continuators of Bojardo, more particularly of Agostini, I shall speak in the life of Ariosto, which I intend to prefix to his poem.

FRANCESCO BERNI was born at Lamporecchio,

> Che è celebre castel per quel Masetto,[i]

about 1490, as MAZZUCHELLI has shown.[j] He went to Rome in his nineteenth year, and entered the service of his relation, Cardinal Bibiena,

> Che non gli fece mai nè ben nè male,

as he himself says. On the death of his Eminence, he repaired to a nephew of the cardinal, called Angelo Divizio Bibiena,

> Dal qual trattato fu come dal zio.

He was liked by him, but was obliged to leave Rome owing to some love affair. He afterwards returned to Rome, and succeeded SANGA as secretary of Giberti, who was *Datario* (a kind of secretary who *dates* the answers to the memorials presented to the sovereign pontiff), with whom he lived partly at Rome, partly at Verona, of which city Giberti was bishop. When Rome was taken and plundered by the Colonna party in 1526 (not by the Imperialists, as FOSCOLO supposed, an event which happened in 1527), BERNI was robbed of every thing,[k] and he has recorded the horrors

---

[i] BERNI, *Orl. Innam.* iii. vii. 37. The allusion to Masetto da Lamporecchio will be easily understood by those who have read the *Decameron.*

[j] *Scritt. d'Ital.* Art. BERNI.

[k] *Lettera di* GIROLAMO NEGRO in the *Let. de' Principi,* vol. i. p. 235.

which were committed on that occasion.¹ At Verona he *re-made* part of the poem of BOJARDO, as he himself tells us.ᵐ He was at Florence in 1533, and seems never afterwards to have left that city, where he died in 1536. The accounts of his being requested by the Cardinal Ippolito de' Medici to poison the Duke Alexander, or *vice versâ*, as well as the assertion that he was poisoned by order of the Cardinal, or of the Duke, or of both, are proved not only to be unsupported, but are wholly inconsistent with well ascertained facts and dates. They are shown to be so perfectly absurd, that I need not enter into particulars for their refutation.ⁿ

We have a very good and lively picture of BERNI drawn by himself, in the seventh canto of the third book of the *Orlando Innamorato*. A fairy, according to BOJARDO, had a palace under a river,° where people were kept happily and

¹ *Orl. Innam.* i. xiv. 27.

ᵐ *Orl. Innam.* l. ii. c. i. in princ.

ⁿ It is unpardonable in GINGUENÉ not to have contradicted these stories, which he must have seen fully disproved by MAZZUCCHELLI. He must have known them to be altogether unfounded; but where is the foreigner who, writing of Italy, would let an occasion pass of relating a tragical story of poison, murder, or some such horror? The truth or falsehood of the event, is but of little importance either to the writer or to the reader. One cannot but feel indignant at GINGUENÉ's repetition of the story about BERNI, as there is no doubt he knew it to be false.

° We shall see, in the proper place, whence originated those sub-aquatic palaces, so frequently to be met with in romances.

merrily, amusing themselves and passing their lives in indolence. It was called the *River of Laughter*. BERNI in his *Rifacimento* supposes that, among other persons who dwelt in it, there was a boon companion from Lamporecchio, that is himself, and a friend of his, Master Peter Buffet; a French cook in the service of Giberti, with whom BERNI seems to have been on very intimate terms.[p] The stanzas in which BERNI's picture is given, and a description of the life which

---

[p] He addressed to this cook his two burlesque *Capitoli*, containing the *Eulogy of the Plague*, and that on ARISTOTLE. The manner in which he connects such subjects with the person written to, is very quaint. In the second *Capitolo* on the *Plague*, he says that, perhaps, this visitation is of the race of *hawks*, for certain reasons, sufficiently absurd, which he brings forward. Then he turns to Master Peter, saying,

> Questo problema debbi tu sapere
> Che sei maestro, e intenditi di carne
> Più che cuoco del mondo, al mio parere;
>   E però lascio a te sentenza darne.

In the *Capitolo* on ARISTOTLE, in which there is more knowledge displayed of the STAGIRITE's works than might be expected in a burlesque composition, BERNI breaks forth at once with the following exclamation:

> Oh Dio! che crudeltà, che non compose
> Un' operetta sopra la cucina
> Fra l' infinite sue miracolose!
>   Credo ch' ella sarebbe altra dottrina,
> Che quel tuo ricettario babbuasso
> Dov' hai imparato a far la gelatina.
>   Che t' arebbe insegnato qualche passo
> Più che non seppe Apizio mai, nè Esopo,
> D' arrosto e lesso, di magro e di grasso.

he and Mr. Peter led in that palace, have been translated into English by W. S. ROSE, Esq., and given by him in his *Introduction* to the *Analysis of the Innamorato*, mentioned above. I am happy to insert here this spirited version, with some alterations which the author has thought proper to make.

    A boon companion to increase this crew
By chance, a gentle Florentine was led :
A Florentine, altho' the father who
Begot him, in the Casentine was bred ;
Who nigh become a burgher of his new
Domicile, there was well content to wed ;
And so in Bibbiena wived, which ranks
Among the pleasant towns on Arno's banks.

    At Lamporecchio, he of whom I write
Was born, for dumb Masetto famed of yore,
Thence roam'd to Florence ; and in piteous plight
There sojourned till nineteen, like pilgrim poor ;
And shifted thence to Rome, with second flight,
Hoping some succour from a kinsman's store ;
A cardinal allied to him by blood,
And one that neither did him harm nor good.

    He to the nephew passed, this patron dead,
Who the same measure as his uncle meted ;
And then again in search of better bread,
With empty bowels from his house retreated ;
And hearing, for his name and fame were spread,
The praise of one who serv'd the pope repeated,
And in the Roman court *Datario* hight,
Engaged himself with him to read and write.

    This trade the unhappy man believed he knew :
But this belief was like the rest a bubble,
Since he could never please the patron, who
Fed him, nor ever once was out of trouble :

The worse he did, the more he had to do,
And only made his pain and penance double;
And thus, with sleeve and bosom stuffed with papers,
Wasted his wits, and lived oppressed with vapours.

Add for his mischief, (whether 'twas his little
Merit, misfortune, or his want of skill)
Some cures he farmed produced him not a tittle,
And only were a source of plague and ill.
Fire, water, storm, or devil, sacked vine and victual,
Whether the luckless wretch would tythe or till.
Some pensions too, which he possessed, were nought,
And, like the rest, produced him not a groat.

This notwithstanding, he his miseries slighted,
Like happy man, who not too deeply feels;
And all, but most the Roman lords, delighted,
Content in spite of tempests, writs, or seals,
And oftentimes, to make them mirth, recited
Strange chapters upon urinals and eels:
And other mad vagaries would rehearse,
That he had hitched, Heaven help him! into verse.

His mood was choleric, and his tongue was vicious,
But he was praised for singleness of heart;
Not taxed as avaricious or ambitious;
Affectionate, and frank, and void of art;
A lover of his friends, and unsuspicious;
But where he hated, knew no middle part;
And men his malice by his love might rate:
But then he was more prone to love than hate.

To paint his person, this was thin and dry;
Well sorting it, his legs were spare and lean;
Broad was his visage, and his nose was high,
While narrow was the space that was between
His eye-brows; sharp and blue his hollow eye,
Which buried in his beard, had not been seen,
But that the master kept this thicket clear'd,
At mortal war with moustache and with beard.

No one did ever servitude detest
Like him; though servitude was still his dole:
Since Fortune or the Devil did their best
To keep him evermore beneath controul.
While, whatsoever was his patron's hest,
To execute it went against his soul:
His service would he freely yield, unasked;
But lost all heart and hope on being tasked.

Nor music, hunting-match, nor mirthful measure,
Nor play, nor other pastime moved him aught;
And if 'twas true that horses gave him pleasure,
The simple sight of them was all he sought,
Too poor to purchase; and his only treasure
His naked bed: his pastime to do nought
But tumble there, and stretch his weary length,
And so recruit his spirits and his strength.

Worn with the trade he long was used to slave in,
So heartless and so broken down was he;
He deemed he could not find a readier haven,
Or safer port from that tempestuous sea;
Nor better cordial to recruit his craven
And jaded spirit, when he once was free,
Than to betake himself to bed, and do
Nothing, and mind and matter so renew.

On this, as on an art, he would dilate,
In good set terms; and styled his bed a vest,
Which, as the wearer pleased, was small or great,
And of whatever fashion liked him best;
A simple mantle, or a robe of state;
With that a gown of comfort and of rest:
Since whosoever slipt his daily clothes
For this, put off with them all worldly woes.

He by the noise and lights and music jaded
Of that long revel, and the tramp and tread,
(Since every guest in his desires was aided,
And knaves performed their will as soon as said,)

Found out a chamber which was uninvaded,
And bade those varlets there prepare a bed,
Garnished with bolsters and with pillows fair
At its four borders, and exactly square.

This was six yards across by mensuration,
With sheets and curtains bleached by wave and breeze,
With a silk quilt for farther consolation,
And all things fitting else: though hard to please,
Six souls therein had found accommodation;
But this man sighed for elbow-room and ease,
And here as in a sea was fain to swim,
Extending at his pleasure length and limb.

By chance with him, to join the fairy's train,
A Frenchman and a cook was thither brought;
One that had served in court with little gain,
Though he with sovereign care and cunning wrought.
For him, prepared with sheet and counterpane,
Another bed was, like his fellow's, sought:
And 'twixt the two, sufficient space was seen
For a fair table to be placed between.

Upon this table, for the pair to dine,
Were savoury viands piled, prepared with art;
All ordered by this master-cook divine;
Boiled, roast, ragouts and jellies, paste and tart;
But soup and syrup pleased the Florentine,
Who loathed fatigue like death, and for his part,
Brought neither teeth nor fingers into play;
But made two varlets feed him as he lay.

Here couchant, nothing but his head was spied,
Sheeted and quilted to the very chin;
And needful food a serving man supplied
Through pipe of silver, placed the mouth within:
Meantime the sluggard moved no part beside,
Holding all motion else mere shame and sin;
And (so his spirits and his health were broke)
Not to fatigue this organ, seldom spoke.

  The cook was Master Peter hight, and he
Had tales at will to while away the day;
To him the Florentine: ' Those fools, pardie,
' Have little wit, who dance that endless Hay;'
And Peter in return, ' I think with thee.'
Then with some merry story backed the say;
Swallowed a mouthful and turned round in bed;
And so, by starts, talked, turned, and slept, and fed.

  'Twas thus the time these careless comrades cheated,
And still, without a change, ate, drank, and slept;
Nor by the calendar their seasons meeted;
Nor register of days or sennights kept:
No dial told the passing hours, which fleeted;
Nor bell was heard; nor servant overstept
The threshold (so the pair proclaimed their will)
To bring them tale or tidings, good or ill.

  Above all other curses, pen and ink
Were by the Tuscan held in hate and scorn;
Who, worse than any loathsome sight or stink,
Detested pen and paper, ink and horn:
So deeply did a deadly venom sink,
So festered in his flesh a rankling thorn;
While, night and day, with heart and garments rent,
Seven weary years the wretch in writing spent.

  Of all their ways to baffle time and tide,
This seems the strangest of their waking dreams.
Couched on their back, the two the rafters eyed,
And taxed their drowsy wits to count the beams.
'Tis thus they mark at leisure, which is wide,
Which short, or which of due proportion seems;
And which worm-eaten are, and which are sound,
And if the total sum is odd or round.

  This passage is a fair specimen of BERNI's humour, and of the burlesque style for which he is famous. That he was the inventor of this style, is saying too much; but that he gave new life and vigour to it; that he created a kind of burlesque, peculiarly his own, which was very properly from him called *Bernesco*, is indisputable. The great merit of BERNI, in this respect, can scarcely be appreciated as fully as he deserves. His wit is not refined and delicate; nay, his humour is occasionally licentious and coarse. Yet BERNI is not a buffoon, as Mr. ROSE has observed with as much acuteness of taste, as knowledge of the Italian language. Nor is he a popular author on the whole: that is, such an author as a man without education can enjoy. The very reverse is the case in many instances. To feel the point of his allusions and the acuteness of his wit, frequently requires extensive information, as well as a mind accustomed to take a full and comprehensive view of the most distant objects: the point often consists in an allusion to a passage of some Latin or Italian classic.[a] The ingenuity with which he finds a resemblance between distant objects, and the rapidity with which he suddenly connects the most remote ideas; the solemn manner in which he either alludes to ludicrous events, or utters an absurdity; the air of innocence and *naïveté* with which he presents remarks full of shrewdness

---

[a] To the latter class belong the beginning of the sonnet,

> Chi vuol veder quantunque può natura;
> Nel far una fantastica befana;

And the other,

> Dal più profondo e tenebroso centro
> Ove Dante ha locato i Bruti e i Cassi.

and knowledge of the world; that peculiar *bonhommie* with which he seems to look kindly and at the same time unwillingly on human errors or wickedness; the keen irony which he uses with so much appearance of simplicity and aversion to bitterness; the seeming singleness of heart with which he appears anxious to excuse men and actions, the very moment he is most inveterate in exposing them; these are the chief elements of BERNI's poetry. Add to this the style—the loftiness of the verse, contrasting with the frivolity of the argument; the gravest conception expressed in the most homely manner; the seasonable use of strange metaphors, and of similes sometimes sublime, and for this very reason the more laughable, when considered with relation to the subject which they are intended to illustrate, form the most remarkable features of his style. As to the language of BERNI, 'certainly few, very few,' as is well observed by Mr. ROSE, 'are capable of appreciating his skill, or even making out his track. There is indeed, I believe, no poet of any country who has attempted so difficult a flight; a flight of unwearied wing, struck out with courage, and maintained only by the most incessant exertion and care. Traces of this are to be seen in what may be called the charts, on which he has pricked out his course'; and these are his MSS.[r]

---

[r] FOSCOLO fell into a strange mistake, when he repeatedly asserted that the MS. of the *Orlando Innamorato* by BERNI exists at Brescia. It not only does not exist, but nobody ever knew where or when it existed. FOSCOLO probably was misled by having read in MAZZUCHELLI, that certain MSS. of BERNI

which contained every line written and re-written more than once.[s]

One of his best compositions is his *Capitolo* to FRACASTORO. He describes a journey to a village in the neighbourhood of Verona, whither he went with the bishop to accompany a friar,

> Con un branco di bestie e di persone.
> Fu a sette d' Agosto, *idest* di state ;

and, as there was no room for the whole party where the bishop was staying, BERNI and another

existed at one time somewhere; and he easily supposed that they were in the hands of MAZZUCHELLI himself, who had a splendid collection of MSS. at Brescia, among which were some letters of BERNI. The MS. mentioned by MAZZUCHELLI was of the burlesque poems. MAGLIABECCHI, in whose possession this precious autograph existed, gave it to RAPHAEL DUFRESNE, to have an edition of these poems printed at Paris DUFRESNE could not attend to this edition immediately; he died, and it is not known what became of the MS.

[s] Yet BERNI boasted, that he wrote, as it were *stans pede in uno,* his burlesque poems. In the *Dialogo de' Poeti*, the following words occur. MARCO. Tu, compar Berni, che hai fatto le Anguille, e le Pesche, e la Primiera non sei poeta? (These are the titles of some of BERNI'S *Capitoli,* and to some of them allusion is made in the stanzas translated by Mr. ROSE.) BERNI. Il dissi prima che tu venissi, compare; e confessai che era stato poeta, rendendomene in colpa come dolente e pentito, e proponendo a esser altrettanto ostinato contrario : cosi il ridico adesso, e confermo che mi spoeto, e se quelle baie che tu di' (nelle quali non credere che abbia durato una fatica al mondo, perchè mi sono venute fatte) si debbeno chiamare poesia, da ora io le renunzio. This is another fact showing the reliance which is to be placed on the assertion of poets, who, like BERNI, tell us that their poems cost them no trouble.

gentleman, called ADAMO, were prevailed upon by the parson of the village to go to his house, which he had praised as comfortable beyond measure. There they arrived at last, after a long mile's walk, and on seeing the wretched appearance of the place, BERNI says:

> Io stava come l' uom che pensa e guata
> Quel ch' egli ha fatto, e quel che far conviene,
> Poichè gli è stata data una cannata.

He then describes the house; and amongst other things his sleeping apartment, which was the granary

> Dove i topi facevano una giostra,

and was full of corn; which at that time of the year made the room, as it may be supposed, tolerably hot. He then tells us what kind of bed he had from

> Il prete grazioso, almo e gentile

and afterwards continues to describe his miserable condition in the following lines.

> Qual è colui, ch' a perder va la vita,
> Che s'intrattiene, e mette tempo in mezzo,
> E pensa, e guarda pur s' altri l' aita;
> Tal io schifando a quello orrendo lezzo:
> Pur fu forza il gran calice inghiottirsi,
> E cosi mi trovai nel letto al rezzo.
> O Muse, o Febo, o Bacco, o Agatirsi!
> Correte quà, che cosa sì crudele,
> Senza l' ajuto vostro non può dirsi.
> Narrate voi le dure mie querele,
> Raccontate l' abisso che s' aperse,
> Poichè furon levate le candele.

Non menò tanta gente in Grecia Serse,
Nè tanto il popol fu de' Mirmidoni,
Quanto sopra di me se ne scoperse,
　Una turba crudel di cimicioni,
Da la qual poveretto io mi schermia
Alternando in me stesso i mostaccioni.
　Altra rissa, altra zuffa era la mia
Di quella tua, che tu, Properzio, scrivi,
Io non so in qual del secondo Elegia.
　Altro che la tua Cinzia avev' io quivi :
Era un torso di pera diventato,
O un di questi bachi mezzi vivi,
　Che di formiche addosso abbia un mercato;
Tante bocche m' avevan, tanti denti,
Trafitto, morso, punto e scorticato.
　Credo, che v' era ancor de l'altre genti ;
Come dir pulci, piattole e pidocchi,
Non men di quelle animose e valenti.
　Io non poteva valermi de gli occhi,
Perch' era al bujo, ma usava il naso
A conoscer le spade da gli stocchi.
　E come fece colle man Tommaso,
Cosi con quelle io mi certificai,
Che l' immaginazion non facea caso.
　Dio ve 'l dica per me s' io dormi' mai ;
L' esercizio fec' io tutta la notte,
Che fan per riscaldarsi i marinai.
　Non cosi spesso, quando l' anche ha rotte,
Dà le volte Tifeo, l'audace ed empio,
Scotendo d'Ischia le valli e le grotte.
　Notate quì, ch' io metto questo esempio
Levato da l'Eneida di peso,
E non vorrei però parere un scempio ;
　Perchè m'han detto, che Virgilio ha preso
Un granciporro in quel verso d'Omero,
Il qual non ha, con riverenza, inteso.
　E certo è strana cosa, s' egli è vero,
Che di due dizïoni una facesse :
Ma lasciam ire, e torniam dov' io ero.
　Eran nel palco certe assacce fesse

Sopra la testa mia fra trave e trave,
Onde calcina parea che cadesse:
   Avresti detto, ch' elle fussin fave,
Che rovinando in sul palco di sotto
Facevano una musica soave.
   Il qual palco era d'asse anch' egli, e rotto;
Onde il fumo, che quivi si stillava,
Passando, a gli occhi miei faceva motto.
   Un bambino era in culla, che gridava,
Ed una donna vecchia che tossiva,
E talor per dolcezza bestemmiava.
   S' a corteggiarmi un pipistrel veniva,
E a far la mattinata una civetta,
La festa mia del tutto si forniva.
   De la quale io non credo avervi detta
La millesima parte, è poi c' è quella
Del mio compagno, ch' ebbe anch' ei la stretta:
   Faretevela dir, poich' ell' è bella:
M' è stato detto, ch' ei ve n' ha già scritto,
O vuol scriverne in Greco una novella.
   Un poco più che durava il conflitto,
Io diventava il venerabil Beda,
Se l' epitaffio suo l' ha ben descritto.
   Mi levai ch' io pareva una lampreda,
Un' elitropia fina, una murena;
E chi non me 'l vuol creder, non me 'l creda.
   Di buchi aveva la persona piena,
Era di macchie rosse tutto tinto,
Pareva proprio una notte serena.
   Se avete visto un san Giulian dipinto
Uscir d' un pozzo fuor fino al bellico
D' aspidi sordi e d' altre serpi cinto:
   O un san Giobbe in qualche muro antico;
E se non basta antico, anche moderno,
O sant' Anton battuto dal nimico.
   Tale avevan di me fatto governo
Con morsi, graffi, stoccate e ferite
Quei veramente diavoli d'Inferno.

The allusion to PROPERTIUS is full of wit to the

scholar, who remembers the fifteenth elegy of the second book

> O me felicem; o nox mihi candida; o tu
> Lectule deliciis facte beate meis!
> Quam multa apposita narramus verba lucerna!
> Quantaque, sublato lumine, rixa fuit!

The line

> Che l' immaginazion non facea caso,

is more ludicrous, when we remember that it is an imitation of DANTE.

> Dal centro al cerchio e sì dal cerchio al centro
> Muovesi l' acqua in un rotondo vaso,
> Secondo ch' è percossa fuori o dentro.
> Nella mia mente fè subito caso
> Questo ch' io dico, sì come si tacque
> La gloriosa vita di Tommaso.[t]

The solemnity of the comparison taken from

---

[t] *Parad.* XIV. in princ. If commentators had observed the line of BERNI, they would have better explained the fourth verse of DANTE, and even MONTI, *Propos. di Cor. ed Agg. al Vocab. della Crus.* i. ii. 144. would not have obstinately insisted on finding fault with the *Crusca*, and in taking all the sublimity from a most splendid passage of the *Jerusalem Delivered*.

> Tartarei Numi di seder più degni
> Là sovra il ciel ond' è l' origin nostra,
> Che meco già dà più felici regni
> Spinse il gran caso in quest' orribil chiostra. IV. 9.

If we translate *caso* by *fall* the sublimity of the character of Pluto, who declares that not the power of the Almighty, but *chance* drove him and his companions into the abyss, is destroyed. And of what use is it to say that 'the great fall pushed the fiends downward?' It is clear enough, that if they fell, they went downward.

VIRGIL, and the earnestness, with which this is acknowledged, at the same time that an error of that poet is so quaintly alluded to, is another source of amusement for the scholar. VIRGIL said

> Tum sonitu Prochytæ alta tremit, durumque cubile
> Inarime Jovis imperiis imposta Typhæo.[u]

The error, into which VIRGIL is said to have fallen, is having strangely united the preposition *in*, ειν, to the word Αριμοις;[v] which is scarcely credible. To all these beauties are added those which any reader of taste, who is able to appreciate the language, cannot fail to discover in the whole passage; beauties of no inferior order, and requiring an educated mind to feel them.

Of his gentle irony, mixed with apparent simplicity, yet with the deepest knowledge of human affairs, an example is to be found in one of his sonnets. Clement VII. allowed himself to be lulled into a fatal confidence by the false Charles V. By *prudently* waiting, and procrastinating, and by leaving the issue of events in the hands of providence, instead of getting rid of all the adherents of his predecessor Pope Adrian VI., who was detested by the Italians, and by BERNI particularly, the poet saw that his Holiness was ruining himself. The miserable indecision of the Papal government of those days is pourtrayed by BERNI with great truth in this sonnet.

> Un Papato composto di rispetti,
> Di considerazioni e di discorsi,

---

[u] *Æneid.* ix. 715.   [v] *Iliad*, ii. 783.

Di più, di poi, di ma, di sì, di forsi,
Di pur, di assai parole senza effetti.
   Di pensier, di consigli, di concetti,
Di congetture magre per apporsi,
D' intrattenerti, pur che non si sborsi,
Con audïenze, risposte e bei detti.
   Di piè di piombo e di neutralità,
Di pazïenza, di dimostrazione,
Di fede, di speranza e carità.
   D' innocenza, di buona intenzïone,
Che è quasi come dir semplicità,
Per non le dare altra interpretazione.
            Sia con sopportazione,
Lo dirò pur, vedrete che pian piano,
Fará canonizzar Papa Adriano.

That BERNI was a man of learning and an accomplished scholar may be inferred from the circumstance of his occupations at Rome, in an age when to be an elegant scholar and a master of Latin literature was considered the very essence of a gentleman. GIOVIO said of him: Berna vero noster qui Hetruscis salibus jucundissimum adversus malos poetas opus publicavit, tantum in scribendo scitæ urbanitatis elegantiam consequitur, ut poetarum omniùm cum eruditione facetissimus habeatur.[w] His Latin elegies have deserved the highest praises of TIRABOSCHI, a critic whose judgment is always to be respected.[x]

---

[w] *Dialog. De Vir. Lit. Illus.* The work here alluded to is the *Dialogo de' Poeti,* quoted above, which some have doubted whether it was written by BERNI; a doubt which this passage of GIOVIO proves to be wholly unfounded.

[x] Le elegie del Berni son le prime, a mio credere, nelle quali si vegga con molta felicità imitato lo stile Catulliano, a cui niuno forse nel corso di questo secolo si accostò più di

It was to this general elegance and refinement in literature that the *Rifacimento* of BERNI owed

esso. *Stor. della Let. Ital.* vii. iii. 3. 26. The following endecasyllables may serve as a specimen of BERNI's Latin verse.

> Gaudete, o lepidi mei sodales,
> Victori optimi, tuque Carnesecca,
> Et profundite tota gaudiorum
> Semina interioribus medullis
> Risu, et murmure et omnibus cachinnis;
> Gaudete et reliqui mei sodales,
> Quos gaudere bonis decet sodalis:
> Meus nam puer ille convalescit,
> Ille, inquam, puer ille convalescit
> Cui nos carmina mœsta dixeramus
> Nuper, quem mala febris occuparat
> Et contagia pestilentiarum.
> Ille, inquam, e manibus tenebricosis
> Orci, et pallidulis nimis tenebris,
> Vitæ ad lumina restitutus almæ est.
> Gaudete, o lepidi mei sodales,
> Quos gaudere bonis decet sodalis.

> *De Elyce.*
> Quid me istis, Elyce, enecas ocellis,
> Istis improbulis et ebriosis
> Istis improbulis ocelullis, qui
> Ignem tui iaculantur in medullas,
> Qui me urunt penitus medullitusque,
> Et cœcos animo movent furores?
> Nimirum furor est mihi impetusque
> In istos gravis involare ocellos,
> Istos improbulos, et ebriosos,
> Qui ignem mi iaculantur in medullas;
> Istos prehendere mordicus, meumque
> Inde exugere dentibus venenum.
> Nam quid est aliud nisi venenum
> Ossa quod labefacta percucurrit

its existence. The harmony of CICERO, the smoothness of VIRGIL, the elegance of HORACE, were justly, but too exclusively, admired by the learned Italians of the sixteenth century, who were so strict with regard to words, that LUCRETIUS, for instance, was not a favourite with them, because his versification and diction, which they regarded as the principal qualities in a poem, were not sufficiently refined and polished. Hence it is not a matter of surprise, that they should have been so enthusiastically fond of PETRARCA, as to contend, that no word could be used in a *canzone* or in a *sonetto* which had not had the good fortune of being employed by that poet. These rules of taste were most particularly laid down, and adhered to, by the literati attached to the court of Rome. BEMBO, true to his calling, (he became a cardinal in his old age, after having been a libertine of the very first order in his youth) spoke with contempt of DANTE;[y] of that DANTE, to whom the Italians owe their language and their literature. The contagion had spread throughout Italy. PIGNA, a literary man then living at Ferrara, not only preferred to DANTE

> Quod me urit penitus medullitusque
> Ab istis, Elyce, improbis ocellis?
> Quare, ne rabies furorque vecors
> In tantum me adigat scelus furentem,
> Ut istos violem improbos ocellos,
> Ne me istis, Elyce, enecas ocellis!

[y] Vediamo un poco se il nostro Dante è nulla, come il Bembo soleva dirmi. SPERONI, *Let. a F.* PACIOTTO; Opp. vol. v. p. 281.

men whose names are now altogether forgotten, but even went so far as to say, like BEMBO, ' that DANTE was not a poet.'[z] The question, which I am ashamed to mention, whether the Italians have a language of their own, or whether out of Florence they are all writing a foreign tongue, began to be agitated about this period; and BEMBO himself, the first who published a grammar of a language which he wrote with all the stiffness of a pedant, was ridiculed because he was a Venetian by birth. The study of empty words engrossed the general attention, and a work written in a language not so polished as 'this effeminate taste required, was deemed unworthy of public attention.

DANTE's times were altogether gone by; even their history became a matter of indifference to a degenerate race prostrated at the feet of tyrants who plundered the country which they ought to have governed, and who were themselves at the mercy of foreign potentates. The dwarfs, who laughed at the dead giant, were struck with terror at the sternness of his features. But the time of tournaments and jousts had not passed away; the *heteroclite* kind of love, which knights professed, was the only subject of the so much admired *Petrarchesque* poetry. The relaxation of morals, fostered and encouraged by

---

[z] This incredible piece of nonsense was literally uttered in the following words: Dante nè epico, nè in altro modo fu vero poeta. *Discors. sui Romanzi*, p. 53. One might fairly infer from this that the writer was crazy. As for BEMBO, he was a Roman prelate; which is enough.

the court of Rome (to which Italy owes all her misfortunes),[a] rendered indecent tales acceptable to the higher class of society, whilst their effeminacy was charmed with the gentleness of manners which chivalry tended to diffuse. Though the intellect was not improved by this kind of poetry, the imagination was most highly amused and excited by its fanciful extravagancies. No poet, either ancient or modern, was more popular than ARIOSTO, because he sùrpassed all others in dazzling and bewildering stories, as well as in richness, variety, elegance, propriety and neatness of style. It was to BOJARDO that the merit was due of having set ARIOSTO on the right path.[b]

[a] E perché sono alcuni d' opinione, che il ben essere delle cose d' Italia dipende dalla chiesa di Roma, voglio contro ad essa discorrere quelle ragioni che mi occorrono; e ne allegherò due potentissime, le quali, secondo me, non hanno repugnanza. La prima, è che per gli esempi rei di quella corte, questa provincia ha perduto ogni divozione ed ogni religione. . . . . . . Abbiamo dunque con la chiesa e coi preti noi Italiani questo primo obbligo: d' esser diventati senza religione e cattivi. . . . Di che noi altri Italiani abbiamo obbligo con la chiesa, e non con altri. E chi . . . . . mandasse ad abitare la corte Romana, con l' autorità che l' ha in Italia, in le terre de' Svizzeri (i quali oggi sono quelli soli popoli che vivono, e quanto alla religione e quanto agli ordini militari, secondo gli antichi) e' vedrebbe, che in poco tempo farebbero più disordine in quella provincia i costumi tristi di quella corte, che qualunque altro accidente che in qualunque tempo vi potesse surgere. MACHIAVELLI, *Discorsi su* T. LIVIO, lib. i. cap. 12.

[b] Il Conte Matteo, quantunque fosse un poco più rozzo che la bellezza del componimento non richiedeva, fu però il primo che messe il piede nella buona strada, ed insegnò agli altri di camminarci lodevolmente. GIRALDI, *dei Roman.* p. 144.

He had written when this refinement of language was not so much thought of; and having died before he could complete his work, the part already written had not received the finishing hand. The popularity of the romanesque poems caused them to be printed in the cheapest possible manner; and since the great number of readers cared not for typographical blunders, the printers were not over-anxious to avoid them. The consequence has been that every one of the editions of the original poem of BOJARDO, at least as far as I have seen, is shamefully incorrect. The language of BOJARDO could not satisfy the scruples of pedants; his versification seemed clumsy, and wanting rather in smoothness than in harmony, as no art had been employed to improve it;[c] but his *Lombardisms* were his greatest faults, since the reader was reminded at every verse that he was not a Florentine. BERNI undertook to reform or *re-make* the *Innamorato*, and perhaps he thought that his diction would surpass even that of the *Furioso*, written by a man who was from the very province of Italy, in which the author of the *Innamorato* was born. Comparing the dates, it will be seen that BERNI was engaged upon re-writing the *Innamorato* when ARIOSTO was already dead, and consequently, that

[c] L' arte senza la natura fa i versi cosi estenuati, che pare abbiano patito dieci anni la febbre etica; e la natura senza l' arte li fa tali, che pajon di questi villani grassi che sono di buon colore e di buona abitudine, ma con tutto ciò non hanno con esso loro cosa alcuna di gentile. GIRALDI, p. 109.

it is to this author that many of the beauties of the *Rifacimento* of the *Innamorato* are owing.

To judge fairly of this work, however, one principal piece of information is wanting. The first edition of the *Rifacimento* was published in 1541, the second in 1542,[d] and these two are said to be exactly the same.[e] The third edition is dated 1545; and in it the first eighty-two stanzas of the poem are very different from the corresponding eighty stanzas of the two preceding editions of 1541 and 1542. In the edition of 1545, the stanzas which follow the eighty-second as well as some in the succeeding canto, are suspected not to be BERNI's;[f] and in the editions of 1781, 1785, and 1806, the same suspicions are entertained with regard to the two last cantos of the third book of the *Innamorato*. MOLINI declares that the eighty-two stanzas of the edition of 1545 (which have been preferred in all subsequent editions) are much better than

[d] The first is dated October, 1541; the second is dedicated to Bellay, with a letter, dated Jan. 1st, 1542. I never saw the second; but I have the first before me, owing to the liberality of the Right Hon. T. GRENVILLE, who has favoured me with a copy of this most rare book.

[e] MOLINI, pref. to the edit. of 1827.

[f] The following words have been prefixed in the edition of 1545 to the 83d stanza: Queste poche stanze che seguono insino al fine del primo canto, e dubitiamo di alcune ancora del secondo, non sono del presente autore M. Francesco Berni, ma di chi presuntuosamente gli ha voluto fare tanta ingiuria. MAZZUCHELLI could not perceive in what the injury consisted, as he thought these stanzas not inferior to the rest of the *Rifacimento*.

the eighty which correspond to them in the first edition. The same editor also asserts that the stanzas which follow in that canto are not written by BERNI.[g] MAZZUCHELLI, on the contrary, thought that the eighty-two stanzas in the edition of 1545 possessed no more merit than the eighty of 1541.

One thing is clear from these details; that we have not an edition of BERNI on which we can fully rely. The editions of 1541 and 1542 have sonnets of ALBICANTE prefixed to them, whence we might conclude that he was the editor. ALBICANTE is chiefly known on account of his impudence; a quality which he possessed in so eminent a degree as to be a match for ARETINO. Such a man is the very last to whose honour and veracity we may trust; yet he is the only authority for believing that the copy, from which the first edition of the work was taken, was correct, and that it was faithfully followed. Not the least mention ever occurs of any autograph of the *Rifacimento*, as we have seen before. No publisher ever says that he used one, nor do we find that a MS. of BERNI's *Orlando Innamorato* was ever known. In the editions of 1541 and 1542 no doubt was expressed concerning the authenticity

---

[g] MOLINI's opinion deserves great respect, he being the only person who ever perused the *Rifacimento* of BERNI with a critical eye, as his edition of that work unquestionably shows. He has, moreover, the merit of being the first editor, who thought of consulting the original poem of BOJARDO to give a correct text of the *Rifacimento*.

of the stanzas 83, et seq. of the first canto. In the edition of 1545, GIUNTI, who had likewise published that of 1541, calls the authenticity of these stanzas into question. But no authority is alleged in support of this doubt, and the doubt itself is very hesitatingly hazarded, so that it seems rather to have been a conjecture, than an opinion deliberately formed on solid grounds. In 1781 it was doubted whether the last two cantos of the poem were written by BERNI; but this is likewise a mere conjecture. Yet from all this it results: 1st. that the *Rifacimento* was originally published by a man, on whose honesty we cannot rely: 2dly. that no authentic copy of this work is, or ever was known: and, 3dly. that, according to all opinions, this poem has been improperly altered.

To these facts, which have never been noticed before, some others must be added. Neither BERNI himself, nor any of his friends, as long as he lived, mentioned his *Rifacimento*, either as a work in progression or as complete; and when it was published, scarcely any notice was taken of it. Between 1542, when the second edition appeared, and 1545, when the third was published, an edition of the original BOJARDO was printed. In 1545 was published the first edition of the *Rifacimento* by DOMENICHI. From 1545 to 1725 no edition of BERNI's *Rifacimento* issued from the press, but that of DOMENICHI was printed several times. Whilst some have lately extolled the *Rifacimento* of BERNI, with respect to the diction and versification, a very competent judge, and a Florentine, who highly praises the poet for his burlesque compositions, seems at the same time to have but a low opinion of the *Rifacimento*, and uses severe expressions, on the supposition that BERNI meant to surpass ARIOSTO.[h] The *Rifacimento* of BERNI was unnoticed for a long period; even on occasions when it seems most extraordinary that it should not be named. When the controversy was carried on between the great TASSO and a crowd of knaves and pedants, with respect to the merits of the *Jerusalem Delivered*, the diction and versification of a great number of romanesque poems were the subject of discussion, and the merits of BOJARDO's poem came often under consideration; yet the *Rifacimento* by BERNI is not once mentioned.

The two works of BERNI and DOMENICHI are wildly different. BERNI altered the diction of almost every stanza of the poem, added comparisons, left out some passages, and introduced a few stanzas at the beginning of each canto, in imitation of ARIOSTO. DOMENICHI, who was a literary gentleman *by trade*, altered the poem rather freely at the beginning, but, as he advanced, his *emendations* were less frequent and unimportant, although sufficient to destroy the original character of the work, and to show the petulance of this scribbler. He neither added, nor omitted one single stanza, except in the first canto of the first book. His work was most probably intended only as a spe-

[h] If in remaking BOJARDO's poem, says VARCHI, BERNI ' credette di superare l' Ariosto, egli mostrò di non avere nè giudizio, nè ingegno, nè dottrina.' VENTURI, p. 290.

culation for the publisher; and we are confirmed in this opinion by the circumstance, that in the letter to the Lord of Sassuolo, to whom the first edition is dedicated, DOMENICHI does not mention the *Rifacimento* by BERNI. The verbal and orthographical alterations of DOMENICHI served to render the poem of BOJARDO more popular, by substituting common expressions for others, which were either obsolete or peculiar to BOJARDO; and presented the book more correctly printed and with an orthography less uncommon, than that of the original.

In explanation of the neglect of BERNI's work, it has been attributed to the licentious tales added by this poet to the original of BOJARDO, on which account the *Rifacimento* was prohibited by the court of Rome.[i] If this prohibition actually took place for such a reason, it was a gross injustice. GINGUENÉ observes that no story whatever has been added by BERNI, and he is right. He has further asserted that the *Rifacimento* was never prohibited.[k] Far from inserting any licentious passage of his own, BERNI has omitted some very fine stanzas, in which the poet indulges, on relating a meeting of Brandimarte and Fiordiligi, who had been long separated.

I agree with GINGUENÉ in his assertion that the *Orlando Innamorato* was never prohibited by the court of Rome. A small book was printed

---

[i] ZENO, *not. al* FONTANINI, clas. iii. cap. iv. MAZZUCHELLI, *Scrit. d' Ital*, art. BERNI. TIRABOSCHI, *St. della Let. Ital.* vol. vi. part iii. cap. iii. § 26.

[k] *Hist. Liter. d' Ital.* part ii. c. x.

by VERGERIO, in which were collected some very severe compositions against the court of Rome, and, among others, the eighteen stanzas, which BERNI has added, as an introduction to the twentieth canto of the first book of the *Innamorato*. This little volume was prohibited,[1] and hence it was, perhaps, supposed that the *Rifacimento* had been subject to the same fate.[m] The inquisitors were wroth against the eighteen stanzas above mentioned, because they were intended to expose the hypocrisy of friars, not because they were licentious. MAZZUCHELLI thought that the stanzas which were prohibited were the fifteen by BERNI, entitled *Caccia d'Amore*, which are truly licentious; but this is a mistake. No immoral books have ever been so pernicious in the eyes of the court of Rome, as those which expose the abuses of that court, and the vices of the clergy, more particularly of the friars. When a commission was appointed for the *correction*, as

[1] There is a very long *tirade* of FONTANINI on this subject in his *Eloq. Ital.* clas. v. c. i. See also PETRARCA, *Canzoniere*, printed at Rome by DE ROMANIS, 1821, 2 vols. 8vo. vol. i. p. 325. VERGERIO was bishop of Capo d'Istria, and for a time nuncio at the imperial court. He, however, embraced the Protestant creed, and was afterwards one of the bitterest enemies of the court of Rome, against which the little publication here alluded to, was directed. Nothing can be more disgusting than FONTANINI'S expressions on the subject.

[m] In the same volume VERGERIO reprinted the four sonnets of PETRARCA against Rome, which were consequently prohibited with the other poems contained in that little book; but this does not imply that the whole *Canzoniere*, or the whole *Rifacimento* were prohibited.

it was called, of the *Decameron*, in order that the book should be rendered fit to meet the eyes of the public, the most important instruction to the commissioners was, that 'no abbot, abbess, priest, friar, monk, nun, parish-priest, curate or bishop should be allowed to be mentioned disrespectfully in the corrected *Decameron*,' but that either the names should be changed, or some other remedy found. The greatest difficulty in this correction was caused, not by any immoral tale, but by the sixth tale of the first day, which turns on a severe answer given by a plain-spoken man to a miserly inquisitor, in ridicule of the hypocrisy of friars. The Right Rev. Prelate, who had been chiefly charged with this mighty commission, would not permit the insertion of that tale; and as the Florentine literati could not agree on another story to be substituted, the prelate insisted that it would be all the same whether the work consisted of ninety-nine or of one hundred stories. But not even *he*, shrewdly observes Foscolo, could persuade them that ninety-nine was equal to one hundred.[n]

There must therefore be some other motive for the oblivion into which the *Rifacimento* of Berni seems to have been suffered to fall, during nearly two centuries; a fact which is still more inexplicable, than that the original poem of Bo-

---

[n] Manni, *Ist. del Decameron*, part iii. cap. x. The preface of Foscolo to the *Decameron*, published at London by Pickering, 3 vols. 8vo., is full of new and interesting information, and every way worthy both of the work to which it is prefixed, and of the elegant scholar who wrote it.

jardo should not have been reprinted for a longer period. There may be plausible reasons for the latter fact; but I confess I am unable to discover any reason whatever which may explain the former. It may still be inferred, that, however superior Berni's *Rifacimento* may be to the original poem, its merits cannot be deemed so transcendent as to render a comparison between the two works wholly out of the question. If there were such an immense disparity between the two poems, as some critics have of late pretended, we may be certain that Berni would have been preferred to Domenichi in spite of any hindrance or unfavourable circumstances.

Berni is much and deservedly praised for having used his language in a masterly manner. The Academy della Crusca quoted all his works as authorities in the dictionary, and among them the *Orlando Innamorato*. Though no one has taken the trouble of descending to particulars, his *Rifacimento*, since it began to be reprinted, has been praised as possessing every kind of merit. The character of the man whose sonnets were prefixed to the first edition, the difference between the two editions of 1541 and 1545, the suspicions of interpolations, the silence of the poet on this work, the care with which all have avoided to mention a MS. of the poem; all these circumstances have been overlooked. Nay, it has been praised by persons who evidently had not read it so attentively as to be entitled to speak of it *ex cathedra*. Molini has proved as clearly as possible, that critics have copied each other in judging of the different degrees of excellence of the several editions of the poem, but that in fact they never perused the poem critically, nor did they compare the editions of which they spoke.[o] Although no one who has written on Italian literature has hesitated one moment in preferring BERNI to BOJARDO, yet I have had evident proofs, not only that these critics never compared the two works, but that not one of them ever read the original poem of BOJARDO, from beginning to end. Very few indeed ever read any portion of it.

Any candid Italian scholar, who will peruse the *Rifacimento* of BERNI with attention, will be compelled to admit, that, although many parts of the poem of BOJARDO have been improved in that work, such has not always been the case; and will moreover be convinced that some parts of the *Rifacimento* (besides those suspected in former times) are evidently either not written by BERNI, or have not received by him, if they be his, such corrections as to be worthy of their author.

One of the most remarkable differences in the first eighty stanzas of the poem, as given in the first edition, compared with the first eighty-two of the edition of 1545, which is followed by all others, occurs in the second, third and fourth stanzas, which are inferior in the edition of 1541, and totally different from the corresponding ones of BOJARDO; whilst in the edition of 1545 they contain a dedication of the poem, in lines by no

---

[o] Preface to the edition of BERNI's *Orlando Innamorato*, Firenze, 1827.

means bad, but avowedly by another person, than the author of the *Rifacimento*. These stanzas are addressed to Isabella Gonzaga and Vittoria Colonna, to the former of whom the following lines are directed:

> Volgi ver me benigna i chiari lumi,
> Isabella illustrissima Gonzaga,
> Nè ti sdegnar veder quel che altri volse
> Forse a te dedicar, ma morte il tolse.

There is not the least reason for suspecting that the *altri* here meant could be BOJARDO. The supposition is even inconsistent with the fact, that, in the edition of 1486, the poem is addressed to the Duke of Ferrara. The *altri* therefore seems to be no other than BERNI himself, who, as it is here asserted, was prevented by death from dedicating the book to Isabella of Este, widow of Gian-Francesco Gonzaga, of whom more will be said in the notes to the *Orlando Furioso*.[p] If such be the case, we here have an evident proof that these stanzas are not BERNI's; and who can affirm that none other have been added?

The assertion that the first eighty-two stanzas of the poem, as given in the edition of 1545, are better than the eighty corresponding to them in that of 1541, has been made and received in very good faith. This being a matter of opinion and taste, it is difficult to be disproved, unless by entering into minute details, which cannot but be

---

[p] I think that this is the lady alluded to. The stanza must have been written before 1539, since she died in that year.

tiresome, or by opposing to the dry assertion a direct denial. There is one fact to be observed; that the eighty stanzas of the first edition of the *Rifacimento,* beginning from the fifth, very much resemble those of BOJARDO, whilst the eighty-two are entirely different. To determine how far these verses in the third edition are superior to those of the first and second, let us compare the stanza which describes the character of Astolfo, as a passage in which English readers will find more interest. In the original BOJARDO it is as follows:

> Signor, sappiate, ch' Astolfo l' Inglese
> Non ebbe di bellezze il simigliante;
> Molto fu ricco, ma più fu cortese,
> Leggiadro nel vestire e nel sembiante:
> La forza sua non veggio assai palese,
> Chè molte fiate cadde dal ferrante.
> Quel solea dir, ch' egli era per sciagura,
> E tornava a cader senza paura.   St. 60.

In the edition of BERNI, 1541, it reads thus:

> Signor, sappiate, che l' ardito Inglese
> Non ebbe di bellezza somigliante,
> Fu molto ricco, e molto più cortese,
> Leggiadro nel vestire e nel sembiante.
> La forza sua non fu molto palese,
> Perchè faceva sempre del galante,
> E alle volte cadeva per sciagura,
> E si levava poi senza paura.   St. 63.

In the edition of the *Rifacimento* of 1545, and in all those which followed, this stanza is thus:

> Voi dovete saper, che Astolfo Inglese
> Fu del suo corpo bello ed ajutante,
> Non tanto sopra que' del suo paese,
> Ma quanti aveva il Ponente e 'l Levante;

> Fu molto ricco, ma fu più cortese,
> Sempre si dilettò d' andar galante.
> Un sol difetto avea : dice Turpino,
> Che nel cader alquanto era latino.   St. 65.

If the reader does not at once perceive that the last stanza is the worst, and the first the best of the three, his taste must be so different from mine, that I shall not attempt to make a convert of him. I think I express a far higher opinion of BERNI in declaring, that I do not believe him capable of spoiling the last two lines of BOJARDO, and that I cannot conceive how a man who was undoubtedly alive to the nicest and most delicate points of harmony and elegance could write,

> Fu del suo corpo bello ed aju*tante*,
> Non *tanto* sopra que' del suo paese,
> Ma *quanti* aveva il Pon*ente* e il Lev*ante*.

It is not therefore quite clear that the first eighty-two stanzas of the poem, according to the edition of 1545, are to be preferred to the corresponding eighty of 1541 ; nor does it seem that the *Rifacimento* is always superior to the original poem. If BERNI were the author of either of the two stanzas *remade*, he would have been guilty of spoiling a passage equal to any in his own burlesque compositions.

There is a stanza of a very opposite nature, which will show, that doubts concerning the authenticity of the whole of the *Rifacimento* are not capriciously entertained. It is necessary to premise that Orlando and Rinaldo had separated sworn enemies, and had never heard of each other for a long time, when Orlando arrived at a bridge where dwelt a cruel giant, who murdered all the persons he could catch. On raising his eyes, the Lord of Anglante observed the armour of his cousin of Montalbano hanging on the bridge, whence inferring that Rinaldo had been murdered, he burst forth in the most affecting apostrophe to the spirit of his departed relation and companion in arms, whom he still deeply and sincerely loved, regretting their late quarrel, craving his pardon, and confessing himself alone guilty. Among other things BOJARDO puts the following stanza into the mouth of Orlando.

> Chi fu quel traditor lupo rapace
> Qual ci ha vietato insieme ritornare
> A la dolce concordia e dolce pace,
> A i dolci basi, al dolce lagrimare?
> Questo è l'aspro dolor che mi disface
> Ch' io non posso con teco ragionare
> E chiederti perdon prima ch' io mora!
> Quest' è l'affanno e doglia che m' accora! ii. vii. 53.

In the *Rifacimento* of Berni this stanza, which is the sixty seventh of the same canto, stands as follows:

> Chi del mio bene è stato sì rapace,
> Che m' ha vietato il poterti parlare,
> Ed umilmente domandarti pace,
> Che pur speravo poterla impetrare?
> Or mi par esser teco contumace
> E non dover da te perdon trovare:
> Ma perchè in luogo sei dov' odio è spento,
> Dell' amor tuo sto sicuro e contento.

Is not the beauty of this stanza greatly impaired,

if not destroyed, by the omission of that touching line so true and so pathetic,

> A i dolci basi, al dolce lagrimare?

Can it be believed that a man of taste, as BERNI undoubtedly was, would have been guilty of such an unpardonable alteration?

The second stanza of the 15th canto in the first book of BOJARDO is as follows :

> Quando nel mar tempesta con romore
> Da tramontana il vento furioso,
> Grandine e pioggia mena e gran terrore,
> L'onda s' oscura dal ciel nubiloso;
> Con tal ruina e con tanto furore
> Levasi il grido nel ciel polveroso;
> Prima di tutti Orlando, l'asta a resta,
> Verso Agricane vien testa per testa.

These lines have been omitted altogether in the *Rifacimento* of BERNI. If this poet had really completed his work, and given it full consideration, would he have persisted in omitting this stanza, if it be true that it was he who left it out? Allowing it would have been better that the poet had avoided *furioso* and *furore*, as well as the repetition of the word *cielo;* granting that the words 'Orlando *l'asta a resta*' form any thing but an harmonious combination, we may yet say that it is a verse which would do credit to any poet, and that BERNI himself could not point out many of similar excellence among those attributed to him.

In some cases the alterations do not coincide with the other parts of the poem in which the original is followed. In the twenty-first canto of the first book, Rinaldo challenges all the knights who had sworn to defend Truffaldino. Aquilante and Grifone proceeded with others to meet the warrior, whom they did not know; but on seeing him they both suspected it was the Prince. In the *Rifacimento* of BERNI this uncertainty of the two knights is preserved, but it is wholly inconsistent with one of the alterations, in which Rinaldo loudly proclaims his own name. It is ridiculous to say that Aquilante and Grifone *suspected* it was he, after having heard that he had exclaimed,

> O voi, che difendete quel ribaldo,
> Udite le parole di Rinaldo.

I do not mean to assert that the *Rifacimento* is inferior to the original poem. My object, in comparing these several passages, is to show that the *Rifacimento* is liable to great exceptions, and that it bears internal evidence either of many interpolations, or else of not having received from BERNI that polish which it required. I admit the elegance of many parts of the *Rifacimento*, but I contend that, if we may tolerate in an original poem a want of correctness, we have a right to be more rigorous when we are to judge of a work which has no claim to invention. The indiscriminate praises lavished upon BERNI's work, have rendered people afraid of examining it with an unbiassed and critical eye; whilst the outcry against BOJARDO's incorrect and unpolished diction and versification, has created a kind of traditional belief, that the lines of this great poet are not worth reading. I am proud of being the first to offer the original *Orlando Innamorato* in a legible form to the lovers of Italian literature; and I shall leave the question of its merits, in comparison with BERNI's *Rifacimento*, to all candid and competent judges, who will often be compelled to admit that the lines of the old bard are superior to those of the author, upon whom the splendid reputation of having rendered the perusal of the poem tolerable, has been conferred. Even readers who are prejudiced against, or unacquainted with, BOJARDO, will confess that it is unjust to bestow the encomiums due to this great poet on a writer, whose name is now prefixed to a work of which he did not invent any portion. I have felt indignant at the title-pages of the *Orlando Innamorato* by BERNI, omitting the name of him by whom the poem was composed. Without BERNI the *Orlando Innamorato* will be read and enjoyed: without BOJARDO not even the name of the poem remains.

I have already mentioned five editions of the *Innamorato*, which I have collated in order to render my own correct;[q] and I have now to add, that I have also collated every line of the poem with two other editions in the library of the British Museum.[r] I cannot say that

[q] See vol. i. page viii.

[r] The one is in 4to. with the following date. *Impresso in Milano per mi Rocho e Fratello da Valle ad instantia de Meser Nicolo da Gorgonzola nel* M.CCCCC.XVIII. *adi.* XXVII *de Novembre.* The other is in 8vo. *Impressa nella inclita*

any one of these is good, although each of them offers some correct readings peculiar to itself. I had at first chosen for my text that of ZOPPINO, 4to. MDXXXII or XXXIII, with which the two editions of NICCOLINI dated MDXXXIX and MDXXXXIV generally agree. These are, however, too modern, and are often capriciously altered by the editors. Whenever the pronoun *lui* occurs instead of *egli*, in these editions *quel* has been substituted. In like manner, whenever the poet has taken too great a licence, some alteration has been made to avoid it. I could not, therefore, always follow the text adopted in these three editions; but I have selected that reading which seemed to me most likely to have been that of the author, whatever was the edition which suggested it, although it might sound strange to modern Italians; and I have inserted such various readings, as I thought deserving notice on account of their peculiarity. I have sometimes given the reasons for my preference; but the work would have extended to double the number of volumes, had I pretended to do so in every instance. This will be easily believed, when it is remembered that there is scarcely a stanza which does not offer several various readings, and which would admit of long discussion, were I to indulge the humour of a commentator. I have never made the slightest change, without giving to it the best attention, and the most

Città di Venetia per Augustino di Bendoni nel anno del Signore MDXXXVIII.

mature consideration. However inelegant the construction, or inharmonious the versification might seem, I never yielded to the temptation of making any amendment, with the rash idea of improving the poem. Although none of the seven editions which I have collated, offers one single stanza, probably, as I have printed it, yet my text is wholly derived from them. I have not departed from the rule of never altering without an authority, except in very few instances, when all the editions which I consulted were so evidently wrong, as to make nonsense; and even then I have had the pleasure of finding the alterations which I resolved upon making, supported by the old editions of DOMENICHI; the first of which I have constantly had under my eyes. To give some idea of the cases in which I thought myself warranted in proceeding as I did, I shall only refer to two passages, both in the first canto of this volume. In the stanza describing the character of Astolfo quoted above, all the editions read

> Signor, sappiate, che Astolfo l' Inglese
> *Ben* ebbe di bellezze il simigliante.

Now *ben* is an evident blunder instead of *non*, which is adopted both by DOMENICHI and by the first edition of BERNI.[s] In the like manner in the sixty-sixth stanza, all editions read

> Quei gran giganti Astolfo *ebbe* pigliato.

[s] It is not impossible that the poet wrote '*mal* ebbe,' which some impertinent editor took the liberty of changing, not well understanding the meaning of the author.

If even Domenichi, and the first edition of Berni had not read *ebber*, I should have adopted it, as it is clear from the context that it was not Astolfo who took the giants, but the giants who took the merry duke. When errors of this sort occur, I think that an editor is bound to correct them, even in spite of a MS. of the author. But, whenever I have thought it my duty to make such verbal emendations, I have inserted in the notes the erroneous reading, so that every one may judge of the value of my correction.

As for the orthography, I have adopted that of our own days, whenever it did not compel me to alter or disfigure words, the old orthography of which might be deemed important in a philological point of view. Hence, I did not think of writing *attentione, honore, &c.* but I have not altered *el, ei,* (for *sei*) *il* before s *impura, &c.* as these peculiarities are proper to the age, and to the author, and may be of great use, whenever a really learned and impartial man, and above all not an academician of La Crusca, shall undertake to write the history of the Italian language. With respect to *Lombardisms* and words, which in old editions are spelt according to the dialect of the printers, not according to the refined use of the language, I have substituted the correct spelling without making any remarks. Thus instead of *alciare, brazo, noglia, dongiella, meggio, volite, sappiati, &c.* I have written, *alzare, braccio, noja donzella, mezzo, volete, sappiate, &c.* If, however, the word occurred at the end of a line, and the alteration would have changed the cadence, I have left the word, it being then evident that it was so used by the poet, and I not presuming to interfere with the other words which rhymed with it. The *Istoria Imperiale*, and even the lyrical compositions of BOJARDO, justify us in believing, that, except when compelled by the rhyme, his spelling was not very incorrect; and that the vulgar orthography, which deforms his poem, is mainly to be attributed to the printers. In following the system now stated, I have been encouraged by seeing that it had been adopted by VENTURI, in the volume so often quoted, and of which I shall now give a short account.

GIAMBATTISTA VENTURI, who died a few years since, was a man of great talents and erudition. He was a distinguished Professor at the University of Modena, then, of Pavia; and afterwards minister of the kingdom of Italy at Berne. He wrote well on a great number of scientific, as well as literary subjects; and he might have excelled in any, which he had preferred. Amongst other branches of literature, to which in his latter days he turned his attention, were the poems of BOJARDO, of which he published a selection in one volume, containing, 1st, several of the lyrical poems; 2nd, the Italian Eclogues; 3rd, the Latin Eclogues; 4th, the comedy, *Il Timone;* 5th, some extracts from the *Orlando Innamorato*.[t] To each section VENTURI has prefixed a short

---

[t] *Poesie di* MATTEO MARIA BOJARDO, *Conte di Scandiano*, &c. scelte ed illustrate dal Cav. GIAMBATTISTA VENTURI. 1 vol. 8vo. Modena. Societ. Tipografica. 1820.

preface, containing some very interesting information respecting BOJARDO and his poems. The few stanzas of the *Innamorato*, thus published by VENTURI, are the only parts of the poem which has been printed in a tolerable manner. The illustrious editor has, however, taken the liberty of altering some expressions, and even lines of his original, which I should not deem myself justified in doing.

Notwithstanding the difficulties, which I have had to surmount, I hope that this edition of BOJARDO will be found not unworthy of the poem, and I flatter myself that it will tend to restore to this work the popularity which it once enjoyed, and which it so fully deserves. It seems as if fortune had been resolved to destroy even the memory of the name of BOJARDO. A medal, which was struck in his honor, has become known only since MAZZUCHELLI mentioned it. The last Count of Scandiano of the Bojardo family had the portrait of the poet painted by NICCOLÒ DELL' ABATE, in the feudal castle of Scandiano, together with the principal events of the *Æneid*, and of the *Orlando Innamorato;* but part of these paintings were destroyed, and part of them were removed from the castle to Modena, to save them from certain loss. That castle, which was enlivened by the muse of BOJARDO, is deserted; and the halls where ladies and knights listened to the adventures of the Paladins, are now used as granaries. Even the great Paladin, Orlando, was vainly intrusted with the wardenship of the place. He was painted in full armour, standing, giant-like, behind the gate of the castle, to defend its entrance. Scarcely any trace now remains of the hero's features. That time should have destroyed these perishable monuments, consecrated to the glory of BOJARDO, is not, however, so extraordinary as that the poem to which Italy owes the *Furioso*, should have been so shamefully neglected, and that the poet whose footsteps ARIOSTO chose to follow, should have been so ungratefully forgotten. It was out of respect for what he did, and for what he caused ARIOSTO to do, that the following inscription was dedicated to the memory of BOJARDO at Rome, in the palace Mazzarini: Mattheus Maria Boiardus, Scandiani Comes, duplici gaudet celebritate; et quod Gallica arma primus effinxerit, et quod ejus figmento secundus institerit Areostus.

LIBRO PRIMO DI ORLANDO INNAMORATO
DEL CONTE MATTEO MARIA BOJARDO DA SCANDIANO
TRATTO DALLA ISTORIA DI TURPINO ARCIVESCOVO
REMENSE E DEDICATO ALLO ILLUSTRISSIMO SIGNOR
ERCOLE ESTENSE DUCA DI FERRARA.

CANTO PRIMO.

Signori e Cavalier che v' adunati
Per odir cose dilettose e nuove,
State attenti, quïeti, ed ascoltati
La bella istoria che 'l mio canto muove,
Et oderete i gesti smisurati,
L' alta fatica, e le mirabil pruove
Che fece il franco Orlando per amore,
Nel tempo del re Carlo Imperatore.

Non vi par già, Signor, maraviglioso
Odir contar d'Orlando innamorato;
Chè qualunque nel mondo è più orgoglioso
È da amor vinto al tutto e soggiogato;
Nè forte braccio, nè ardire animoso,
Nè scudo o maglia, nè brando affilato,
Nè altra possanza può mai far dïfesa
Che al fin non sia da amor battuta e presa.

Questa novella è nota a poca gente,
Perchè Turpino istesso la nascose,
Credendo forsi a quel Conte valente
Esser le sue scritture dispettose,
Poichè contra ad amor pur fu perdente
Colui che vinse tutte l'altre cose:
Dico d'Orlando il cavalier adatto:
Non più parole ormai, veniamo al fatto.

La vera istoria di Turpin ragiona,
Che regnava in la terra d' oriente,
Di là da l' India un gran re di corona,
Di stato e di ricchezze sì potente,
E sì gagliardo de la sua persona,
Che tutto 'l mondo stimava niente:
Gradasso nome avea quell' ammirante,
Che ha cor di drago, e membra di gigante.

E siccome egli avvien a' gran Signori,
Che pur quel voglion che non ponno avere,
E, quanto son difficultà maggiori
La disïata cosa ad ottenere,
Pongono il regno spesso in grandi errori,
Nè posson quel che voglion possedere;
Così bramava quel Pagan gagliardo
Sol Durindana e 'l buon destrier Bajardo.

Onde, per tutto il suo gran tenitoro,
Fece la gente ne l' arme assembrare,
Chè ben sapeva quel, che per tesoro
Nè il Brando, nè il Corsier potea acquistare;
Duo Mercadanti si erano coloro
Che vendean le sue merci troppo care;
Però destina di passare in Franza,
Ed acquistarle con sua gran possanza.

Cento cinquanta mila Cavalieri
Elesse di sua gente tutta quanta;
Nè questi adoperar facea pensieri,
Perchè lui solo a combatter s'avvanta
Contra a re Carlo ed a tutti i guerrieri,
Che son credenti in nostra Fede Santa;
Ed ei soletto vincere e disfare,
Quanto il Sol vede, e quanto cinge il mare.

Ma quivi 'l lascio in cotal pensar vano
Che sentirete poi ben la sua gionta;
E ritorniamo in Francia a Carlo Mano
Che i magni suoi Baron provvede e conta;
Imperò che ogni Principe Cristiano,
Ogni Duca e Signore a lui s'affronta
Per una giostra che aveva ordinata
Allor di maggio a la Pasqua Rosata.

Erano in Corte tutti i Paladini
Per onorar quella festa gradita;
E d'ogni parte, e da tutt' i confini
Era in Parigi una gente infinita.
Eranvi ancora molti Saracini,
Perchè Corte Reale era bandita,
Ed era ciaschedun assicurato
Che non sia traditore o rinnegato.

Per questo era di Spagna molta gente
Venuta quivi con suoi baron magni;
Il re Grandonio, faccia di serpente,
E Ferraguto da gli occhi griffagni;
Re Balugante, di Carlo parente;
Isolier, Serpentin, che fur compagni.
Altri vi furno assai di grand' affare
Come a la giostra poi v'avrò a contare.

Parigi risonava di stromenti,
Di trombe, di tamburi e di campane,
Vedeansi i gran destrier con paramenti,
Con foggie disusate, altere e strane;
E d' oro, e gioie tanti adornamenti,
Che no'l potrian contar le voci umane;
Però che, per gradir l' Imperatore,
Ciascun oltra 'l poter si fece onore.

 Già s' appressava quel giorno nel quale
Si dovea la gran giostra incominciare,
Quand' il Re Carlo in abito Reale
A la sua mensa fece convitare
Ciascun Signore, e Baron naturale,
Che venner la sua festa ad onorare;
E forno in quel convito gli assettati
Vintiduo mila e trenta annumerati.

 Re Carlo Mano con faccia gioconda
Sopra una sedia d' or tra' Paladini,
Si fu posato a la Mensa Ritonda:
A la sua fronte furno i Saracini,
Che non volsero usar banco, nè sponda:
Anzi sterno a giacer come mastini
Sopra a tapeti, come è lor usanza,
Spregiando seco il costume di Franza.

 A destra ed a sinistra poi ordinate
Forno le mense, come 'l libro pone:
A la prima le teste coronate,
Un Inglese, un Lombardo ed un Bertone,
Molto nomati in la Cristianitate,
Ottone, Desiderio e Salamone;
E gli altri presso a lor di mano in mano,
Secondo il pregio d' ogni Re Cristiano.

A la seconda fur Duchi e Marchesi:
E ne la terza Conti e Cavalieri;
Molto furno onorati i Maganzesi,
E sopra a tutti Gano da Pontieri;
Ranaldo avea di foco gli occhi accesi
Perchè quei traditori, in atto altieri,
L' avean tra lor ridendo assai beffato,
Perchè non era com' essi addobbato.

Pur nascose nel petto i pensier caldi,
Mostrando nella vista allegra fazza;
Ma fra sè stesso diceva: ribaldi,
Se io vi ritrovo doman su la piazza,
Vedrò come starete in sella saldi,
Gente asinina, maledetta razza:
Che tutti quanti, se 'l mio cor non erra,
Spero gittarvi a la giostra per terra.

Re Balugante, che 'n viso il guardava,
E indovinava quasi i suoi pensieri,
Per un suo Turcimanno il domandava;
Se ne la Corte di questo Imperieri,
Per roba, o per virtute s' onorava?
Acciò che lui, che quivi è forestieri,
E de' costumi de' Cristian digiuno,
Sappia l' onor suo render a ciascuno.

Rise Ranaldo, e con benigno aspetto
Al messaggier diceva; rapportate
A Balugante, poi ch' egli ha diletto,
D' aver le genti Cristiane onorate;
Che i ghiotti a mensa, e le puttane in letto
Sono tra noi più volte accarezzate;
Ma dove poi conviene usar valore,
Dassi a ciascun il suo debito onore.

Mentre che stanno in tal parlar costoro,
Sonarno gli stromenti d' ogni banda;
Ed ecco piatti grandissimi d' oro
Coperti di finissima vivanda:
Coppe di smalto con sottil lavoro
L' Imperatore a ciascun Baron manda.
Chi d' una cosa, e chi d' altra onorava,
Mostrando che di lor si ricordava.

Quivi si stava con molta allegrezza,
Con parlar basso, e bei ragionamenti:
Re Carlo, che si vide in tanta altezza,
Tanti Re, Duci, e Cavalier valenti,
Tutta la gente Pagana disprezza,
Come arena del mar dinnanti ai venti;
Ma nuova cosa ch' ebbe ad apparire,
Fè lui con gli altri insieme sbigottire.

Però che in capo de la sala bella,
Quattro giganti grandissimi e fieri
Intrarno, e lor nel mezzo una donzella,
Ch' era seguita da un sol cavalieri;
La qual sembrava mattutina stella,
E giglio d' orto, e rosa di verzieri;
In somma a dir di lei la veritade,
Non fu veduta mai tanta beltade.

Era qui ne la sala Galerana,
Ed eravi Alda la moglie d' Orlando,
Clarice, ed Armellina tant' umana,
Ed altre assai, che nel mio dir non spando,
Bella ciascuna, e di virtù fontana:
Dico bella parea ciascuna, quando
Non era giunto in sala ancor quel fiore,
Che a l' altre di beltà tolse l' onore.

Ogni Barone, e Principe Cristiano,
In quella parte ha rivoltato il viso,
Nè rimase a giacere alcun Pagano;
Ma ciascun d' essi di stupor conquiso,
Si fece a la donzella prossimano;
La qual, con vista allegra e con un riso
Da far innamorare un cor di sasso,
Incominciò così, parlando basso:

Magnanimo Signor, la tua virtute,
E le prodezze de' tuoi Paladini,
Che sono in terra tanto conosciute,
Quanto distende il mar i suoi confini,
Mi dan speranza, che non sian perdute
Le gran fatiche di duo pellegrini,
Che son venuti da la fin del mondo,
Per onorar il tuo stato giocondo.

Ed acciò ch' io ti faccia manifesta,
Con breve ragionar quella cagione,
Che ci ha condotti a la tua Real festa;
Dico, che questo è Uberto dal Leone,
Di gentil stirpe nato, e d' alta gesta,
Cacciato del suo regno oltra a ragione:
Io, che con lui insieme fui cacciata,
Son sua sorella, Angelica nomata.

Sopra a la Tana ducento giornate,
Dove reggemo il nostro tenitoro,
Ci fur di te le novelle apportate,
E de la giostra, e del gran concistoro
Di queste nobil genti quì adunate;
E come nè città, gemme, o tesoro,
Son premio di virtute; ma si dona
Al vincitor, di rose una corona.

Per tanto il mio fratel ha delibrato,
Per sua virtute quivi dimostrare,
Dov' è il fior de' Baroni radunato
Ad un ad un per giostra contrastare;
O voglia esser Pagano, o Battezzato,
Fuor de la terra lo venga a trovare,
Nel verde prato a la Fonte del Pino;
Dove si dice, al Petron di Merlino.

Ma questo fia con tal condizïone,
Colui l' ascolti, che si vuol provare:
Ciascun che sia abbattuto de l' arcione,
Non possa in altra forma repugnare,
E senza più contesa sia prigione;
Ma chi potesse Uberto scavalcare,
Colui guadagni la persona mia;
Esso ne vadi e i suoi giganti via.

Al fin de le parole inginocchiata
Davanti a Carlo attendea la risposta.
Ogni uom per maraviglia l' ha mirata,
Ma sopra tutti Orlando a lei s' accosta,
Col cor tremante, e con vista cangiata,
Benchè la volontà tenia nascosta:
E talor gli occhi a la terra abbassava,
Che di sè stesso assai si vergognava.

Ahi pazzo Orlando! nel suo cor dicia,
Come ti lasci a voglia traportare?
Non vedi tu l' error, che ti desvia,
E tanto contra Dio ti fa fallare?
Dove mi mena la Fortuna mia?
Vedo me preso, e non mi posso aitare:
Io, che stimava tutto 'l mondo nulla,
Senz' arme vinto son da una fanciulla.

Io non mi posso dal cor dipartire
La dolce vista del viso sereno,
Perch' io mi sento senza lei morire,
E 'l spirto a poco a poco venir meno:
Or non mi vale forza, nè l' ardire
Contra d' amor, che m' ha già posto 'l freno;
Nè mi giova saper, nè altrui consiglio:
Il meglio veggio, ed al peggior m' appiglio.

Così tacitamente il Baron franco,
Si lamentava del novello amore;
Ma il Duca Naimo, ch' è canuto e bianco,
Non avea già di lui men pena al core:
Anzi tremava sbigottito e stanco,
Avendo perso in volto ogni colore;
Ma a che dir più parole? ogni Barone
Di lei s' accese; ed anche il Re Carlone.

Stava ciascuno immoto, e sbigottito,
Mirando quella con sommo diletto;
Ma Ferraguto il giovanetto ardito,
Sembrava vampa viva ne l' aspetto:
E ben tre volte prese per partito,
Di torla a quei giganti al suo dispetto:
E tre volte affrenò quel mal pensieri,
Per non far tal vergogna a l'Imperieri.

Or su l' un piede, or su l' altro si muta,
Gràttasi 'l capo, e non ritrova loco:
Ranaldo, che ancor lui l' ebbe veduta,
Divenne in faccia rosso com' un foco:
E Malagise, che l' ha conosciuta,
Dicea pian piano: io ti farò tal gioco,
Ribalda incantatrice, che giammai
D' esser quì stata non ti vanterai.

Re Carlo Mano con lungo parlare,
Fè la risposta a quella damigella.
Per poter seco molto dimorare,
Mira parlando, e mirando favella:
Nè cosa alcuna le puote negare;
Ma ciascuna domanda le suggella,
Giurando di servarle in su le carte:
Ella e i giganti col fratel si parte.

Non era ancor de la cittate uscita,
Che Malagise prese il suo quaderno:
Per saper questa cosa ben compita,
Quattro demoni trasse de l' Inferno:
Oh quanto fu sua mente sbigottita!
Quanto turbossi! Iddio del Ciel eterno!
Poi che conobbe quasi a la scoperta,
Re Carlo morto, e sua Corte diserta.

Però che quella che ha tanta beltade,
Era figliuola del Re Galafrone,
Piena d' inganni, e d' ogni falsitade,
E sapea tutte l' incantazïone.
Era venuta a le nostre contrade,
Che mandata l' avea quel mal vecchione,
Col figliuol suo, ch' avea nome Argalia,
E non Uberto, com' ella dicia.

Al giovanetto avea dato un destrieri,
Negro quant' un carbon, quand' egli è spento,
Tanto nel corso veloce e leggieri,
Che più volte passato aveva il vento:
Scudo, corazza, ed elmo col cimieri,
E spada fatta per incantamento;
Ma sopra 'l tutto, una lancia dorata,
D' alta ricchezza e pregio fabbricata.

Or con quest' arme il suo padre il mandò,
Stimando che per quelle el sia invincibile:
Ed oltre a questo un anel gli donò,
D' una virtù grandissima, incredibile:
Avvenga che costui non l' adoprò;
Ma sua virtù facea l' uomo invisibile,
Se al manco lato in bocca lo portava:
Portato in dito ogn' incanto guastava.

Ma sopra tutto Angelica polita,
Volse, che seco in compagnia n' andasse;
Perchè quel viso, che ad amar invita,
Tutti i Baroni a la giostra tirasse,
E poi che per incanto a la finita,
Ogni preso Barone a lui portasse,
Tutti legati li vuol nelle mane,
Re Galafron il maledetto cane.

Sì a Malagise il Demonio dicia,
E tutto il fatto gli avea rivelato.
Lasciamo lui, torniamo a l' Argalia,
Ch' al Petron di Merlino era arrivato:
Un padiglion su 'l prato distendia,
Troppo mirabilmente lavorato:
E sotto a quello si pose a dormire,
Che di posarsi avea molto desire.

Angelica non troppo a lui lontana,
La bionda testa in su l' erba posava,
Sotto 'l gran Pino a lato a la Fontana:
Quattro giganti sempre la guardava;
Dormendo non parea già cosa umana;
Ma ad angelo del ciel rassomigliava:
L' anel del suo germano aveva in dito;
De la virtù che sopra avete odito.

Or Malagise dal Demon portato,
Tacitamente per l' aria veniva;
Ed ecco la Fanciulla ebbe mirato,
Giacer distesa a la fiorita riva:
E quei quattro giganti, ognun armato,
Guardan intorno, e di nulla dormiva.
Malagise dicea: brutta canaglia,
Tutti vi pigliarò senza battaglia.

Non valeran nè mazze, nè catene,
Nè vostri dardi, nè le spade torte,
Tutti dormendo sentirete pene,
Come castron balordi avrete morte:
Così dicendo, più non si ritiene,
Piglia 'l libretto, e getta le sue sorte,
Nè ancor aveva 'l primo foglio volto,
Che già ciascun nel sonno era sepólto.

Esso dapoi s' accosta a la Donzella,
E pianamente tira fuor la spada,
E veggendola in viso tanto bella,
Di ferirla nel collo indugia e bada.
L' animo volta in questa parte e 'n quella,
E poi disse: così convien che vada.
Io la farò per incanto dormire,
Seco pigliando tutto 'l mio disire.

Pose tra l' erba giù la spada nuda,
Ed ha pigliato il suo libretto in mano;
Tutto lo legge, prima che lo chiuda;
Ma che gli vale? ogni suo incanto è vano,
Per la potenza de l' anel sì cruda.
Malagise ben crede per certano,
Che non si possa senza lui svegliare,
E cominciolla stretta ad abbracciare.

La damigella un gran grido mettia,
Tapina me, ch' io son abbandonata!
Ben Malagise alquanto sbigottia,
Veggendo che non era addormentata:
Essa chiamando 'l fratel Argalia,
Tenialo stretto in braccio tutta fiata;
Argalia sonnacchioso si sveglione,
E disarmato usci del padiglione.

Subitamente ch' egli ebbe veduto
Con la sorella quel Cristian gradito,
Per novità gli fu il cor sì caduto,
Che non fu d' appressarsi a loro ardito;
Ma poi che alquanto in sè fu rivenuto,
Con un troncon di pin l' ebbe assalito,
Gridando: tu sei morto traditore,
Che a mia sorella fai tal disonore.

Essa gridava; legalo, germano,
Pria ch' io lo lasci, ch' egli è negromante;
Chè, se non fusse l' anel ch' aggio in mano,
Non son tue forze a pigliarlo bastante.
Per questo il giovanetto a mano a mano
Corse dove dormiva un gran gigante,
Per volerlo svegliar; ma non potea,
Tanto l' incanto sconfitto il tenea.

Di quà, di là, quanto più può il dimena;
Ma poi che vede, ch' indarno procaccia,
Dal suo bastone ispicca una catena,
E di tornare indietro presto spaccia,
E con molta fatica, e con gran pena
A Malagise legò ambe le braccia,
E poi le gambe, e poi le spalle e 'l collo:
Da capo a piedi tutto incatenollo.

Come lo vide ben esser legato
Quella Fanciulla gli cercava in seno;
Presto ritrova il libro consegrato,
Di cerchi e di demoni tutto pieno.
Incontinente l' ebbe disserrato,
E ne l' aprir, nè in più tempo, nè in meno,
Fu pien di spirti e cielo e terra e mare,
Tutti gridando: che vuoi comandare?

Ella rispose: io voglio che portiate
Tra l' India e Tartaria questo prigione,
Dentro al Cataio, in quella gran cittate,
Ove regna 'l mio padre Galafrone;
Da la mia parte ce lo presentiate,
Che di sua presa io son stata cagione:
Dicendo a lui, che poi che questo è preso,
Tutti gli altri Baron non curo un ceso.

Al fin de le parole, o in quello istante,
Fu Malagisi per l' aria portato.
E, presentato a Galafrone avante,
Sotto 'l mar dentro a un scoglio imprigionato:
Angelica col libro a ogni gigante
Discaccia il sonno ed ha ciascun svegliato.
Ogn' uom stringe la bocca ed alza il ciglio,
Forte ammirando il passato periglio.

Mentre che quà fur fatte queste cose,
Dentro a Parigi fu molta tenzone:
Però che Orlando al tutto si dispose
Esser in giostra il primo campïone;
Ma Carlo Imperatore a lui rispose,
Che non voleva e non era ragione;
E gli altri ancora, perchè ogn' uom s' estima.
A quella giostra volean gir in prima.

Orlando grandemente avea temuto,
Ch' altrui non abbia la Donna acquistata,
Perchè, come 'l fratello era abbattuto,
Doveva al vincitor esser donata,
Ei che 'l valor suo ben ha conosciuto,
Gli par certo d' averla guadagnata;
Ma troppo gli rincresce l' aspettare,
Ch' ad un amante, un' ora, un anno pare.

Fu questa cosa ne la Real Corte,
Tra 'l general consiglio esaminata,
Ed avendo ciascun sue ragion porte,
Fu statuita al fine e terminata,
Che la vicenda si ponesse a sorte;
Ed a cui la ventura sia mandata
D' esser il primo ad acquistar l' onore,
Quel possa uscire a la giostra di fuore.

Onde fu 'l nome d' ogni Paladino,
Subitamente scritto e separato.
Ciascun Signor Cristiano, e Saracino,
Ne l' urna d' oro il suo nome ha gittato;
E poi ferno venir un fanciullino,
Che i brevi ad un ad un abbia levato.
Senza pensare il fanciullo un n' afferra,
La lettra dice: Astolfo d' Inghilterra.

Dopo costui, fu tratto Ferraguto,
Ranaldo il terzo, e 'l quarto fu Dudone,
E poi Grandonio quel gigante arguto,
L' un presso l' altro, Berlingier e Ottone,
Re Carlo dopo questi è fuor venuto;
Ma per non tener più lunga tenzone,
Prima che Orlando ne fur tratti trenta;
Non vi vo' dir, se lui se ne tormenta.

Il giorno si calava ver la sera,
Quando di trar le sorti fu compito.
Il Duca Astolfo con la mente altera,
Dimanda l' armi, e non fu sbigottito:
Benchè la notte il ciel venendo annera.
Esso parlava sì com' uomo ardito,
Ch' in poco d' ora finirà la guerra,
Gittando Uberto al primo colpo a terra.

Signor sappiate, ch' Astolfo l' Inglese
Non ebbe di bellezze il simigliante;
Molto fu ricco, ma più fu cortese,
Leggiadro nel vestire e nel sembiante:
La forza sua non veggio assai palese,
Chè molte fiate cadde del ferrante.
Quel solea dir, ch' egli era per sciagura,
E tornava a cader senza paura.

Or, tornando a l' istoria, egli era armato,
E valevan quell' armi un gran tesoro;
Di grosse perle il scudo è circondato,
La maglia, che si vede, è tutta d' oro;
Ma l' elmo è di valore ismisurato,
Per una gioia posta in quel lavoro,
Che, se non mente il libro di Turpino,
Era quanto una noce, e fu rubino.

Il suo destrier è copertato a pardi,
Che sopraspposti son tutti d' or fino,
Soletto n' uscì fuor senza riguardi,
Nulla temendo, e si pose in camino.
Era già poco giorno e molto tardi,
Quand' egli giunse al Petron di Merlino;
E ne la giunta pose a bocca 'l corno,
Forte sonando, il Cavalier adorno.

Udendo 'l corno, l' Argalia levosse,
Chè giacea al Fonte la persona franca,
E di tutt' arme subito addobbosse,
Da capo a piedi, che nulla gli manca;
E contr' Astolfo con ardir si mosse,
Coperto egl e 'l destrier in vesta bianca;
Col scudo 'n braccio, e quella lancia in mano,
Che ha molti Cavalier già messi al piano.

Ciascun si salutò cortesemente,
E fur tra loro i patti rinnovati,
E la donzella lì venne presente;
E poi si furno entrambi dilongati,
L' un contra l' altro torna parimente,
Coperti sotto a i scudi e ben serrati;
Ma com' Astolfo fu tocco primiero,
Voltò le gambe al loco del cimiero.

Disteso era quel Duca su 'l sabbione,
E cruccioso dicea: Fortuna fella,
Tu m' ei nemica contr' ogni ragione;
Questo fu pur difetto de la sella:
Negar nol puoi; chè s' io stava in arcione
Io guadagnava questa dama bella.
Tu m' hai fatto cader, egli è certano,
Per far onore a un cavalier pagano.

Quei gran giganti Astolfo ebber pigliato,
Quello menando dentro al padiglione;
Ma quando fu de l' armi dispogliato,
La damigella nel viso il guardone,
Nel qual era sì vago e delicato,
Che quasi ne pigliò compassïone;
Onde per questo lo fece onorare,
Per quanto onore a prigion si può fare.

VOL. II.

 Stava disciolto, senza guardia alcuna,
Ed intorno a la Fonte sollazzava,
Angelica nel lume de la luna,
Quanto potea nascoso, lo mirava;
Ma poi che fu la notte oscura e bruna,
Nel letto incortinato lo posava:
Essa, con suo fratello e coi giganti,
Facea la guardia al padiglion davanti.

 Poco lume mostrava ancor il giorno,
Che Ferraguto armato fu apparito,
E con tanta tempesta suona 'l corno,
Che par che tutto 'l mondo sia finito:
Ogni animal che quivi era d' intorno,
Fuggia da quel rumore isbigottito:
Sol l' Argalia di ciò non ha paura;
Ma salta in piedi, e veste l' armatura.

 L' elmo affatato il giovanetto franco
Presto s' allaccia, e monta su 'l corsieri;
La spada ha cinta dal sinistro fianco,
E scudo e lancia e ciò che fa mestieri;
Rabicano il destrier non mostra stanco,
Anzi va tanto sospeso e leggieri,
Che ne l' arena, dove pone 'l piede,
Segno di pianta punto non si vede.

 Con gran voglia l' aspetta Ferraguto,
Chè ad ogni amante incresce l' indugiare;
E però, come prima l' ha veduto,
Non fece già con lui lungo parlare;
Mosso con furia e senz' altro saluto,
Con l' asta arresta, lo venne a scontrare;
Crede lui certo, e faria sacramento,
Aver la bella dama a suo talento.

Ma come prima la lancia il toccava,
Nel core e ne la faccia sbigottito,
Ogni sua forza in quel punto mancava,
E l' amoroso ardir è via partito:
Tal che con pena a terra traboccava,
Caso che forse mai più non fu udito:
Ma come prima a l' erba fu disteso,
Tornò il vigore a quell' animo acceso.

Amor, o giovinezza, o la natura,
Fan spesso altrui ne l' ira esser leggiero;
Ma Ferraguto amava oltra misura,
Giovanett' era, e d' animo sì fiero,
Ch' a praticarlo egli era una paura:
Picciola cosa gli facea mestiero
A volerlo condur con l' armi in mano;
Tanto è cruccioso, e di cor subitano.

Ira e vergogna lo levar di terra,
Come caduto fu, subitamente;
Ben s' apparecchia a vendicar tal guerra,
Nè si ricorda del patto nïente;
Trasse la spada, ed a piè si disserra
Ver l' Argalia, battendo dente a dente;
Ei gli diceva: tu sei mio prigione,
E mi contrasti contro la ragione.

Ferraguto il parlar non ha ascoltato,
Anzi ver lui n' andava in abbandono:
Ora i Giganti, che stavano al prato,
Tutti levati con l' armi si sono,
E sì terribil grido han fuor mandato,
Che non s' udì giammai sì forte trono:
Turpin il dice, a me par maraviglia;
Che tremò il prato intorno a lor duo miglia.

A questo si voltava Ferraguto,
E non credete, che sia spaventato;
Colui che vien davanti è il più membruto,
E fu chiamato Argesto smisurato:
L' altro nomossi Lampordo il velluto,
Perchè piloso è tutto in ogni lato:
Il terzo Urgano per nome si spande:
Turlone il quarto, e trenta piedi è grande.

Lampordo ne la giunta lanciò un dardo,
Che se non fosse, com' era, affatato,
Al primo colpo il Cavalier gagliardo
Morto cadea da quel dardo passato:
Mai non fu visto can leggier, nè pardo,
Nè alcun groppo di vento in mar turbato,
Così veloce, nè dal ciel saetta,
Qual Ferraguto a far la sua vendetta.

Giunse 'l gigante nel destro gallone,
Che tutto lo tagliò, come una pasta,
E reni, e ventre, infin al pettignone:
D' aver fatto il gran colpo non gli basta;
Ma mena intorno il brando per ragione,
Perchè ciascun de' tre forte 'l contrasta:
L' Argalia solo a lui non dà travaglia;
Ma sta da parte, e guarda la battaglia.

Fè Ferraguto un salto smisurato,
Ben venti piedi è verso il ciel salito;
Sopra d' Urgano un tal colpo ha donato,
Che 'l capo insino a i denti gli ha partito;
Ma mentre ch' era con questo impacciato,
Argesto ne la coppa l' ha ferito
D' una mazza ferrata, e tanto il tocca,
Che 'l sangue gli fa uscir per naso e bocca.

Esso per questo più divenne fiero,
Come colui che fu senza paura;
E mise a terra quel gigante altiero,
Partito da le spalle a la cintura;
Allor fu a gran periglio il Cavaliero,
Perchè Turlon, che ha forza oltra misura,
Stretto di dietro il prende entro le braccia,
E di portarlo presto si procaccia.

Ma fosse caso, o forza del Barone,
Io no 'l so dir, da lui fu dispiccato.
Il gran gigante ha di ferro un bastone,
E Ferraguto il suo brando affilato:
Di nuovo si comincia la tenzone;
Ciascuno a un tratto il suo colpo ha menato,
Con maggior forza assai, ch' io non vi dico;
Ognun ben crede aver colto 'l nemico.

Non fu di quelle botte alcuna cassa,
Chè quel gigante con forza rubesta,
Giunselo al capo, e l' elmo gli fracassa,
E tutta quanta disarmò la testa;
Ma Ferraguto con la spada bassa,
Mena un roverso con molta tempesta,
Sopra le gambe coperte di maglia,
Ed ambedue a quel colpo le taglia.

L' un mezzo morto, e l' altro tramortito
Quasi ad un tratto cascaro su 'l prato.
Smonta l' Argalia, e con animo ardito
Ha quel Barone a la Fonte portato,
E con fresca acqua l' animo stordito
A poco a poco gli ebbe ritornato;
E poi volea menarlo al padiglione,
Ma Ferraguto niega esser prigione.

Che aggio a far io, se Carlo Imperatore,
Con Angelica il patto ebbe a firmare?
Son fors' io suo vassallo, o servitore,
Che 'n suo decreto mi possa obbligare?
Teco venni a combatter per amore,
E per la tua sorella conquistare;
Aver la voglio al tutto, ovver morire,
S' io non ho perso il mio solito ardire.

   A quel rumore Astolfo s' è levato,
Che sin allora ancor forte dormia,
Nè 'l grido de' giganti l' ha svegliato,
Che tutta fè tremar la prateria.
Vedendo i duo Baroni a cotal piato,
Tra lor con parlar dolce si mettia,
Cercando di volerli concordare:
Ma Ferraguto ciò non vuol scoltare.

   Diceva l' Argalia: Ora non vedi
Franco Baron, che tu sei disarmato?
Forse che d' aver l' elmo in capo credi?
Quell' è rimaso su 'l campo spezzato;
Or fra te stesso giudica e provedi,
Se vuoi morire, o vuoi esser pigliato:
Che stu combatti, avendo nulla in testa,
In pochi colpi finirai la festa.

   Rispose Ferraguto: e' mi dà il core,
Senz' elmo, senza maglia, e senza scudo,
Aver con teco di guerra l' onore;
Così mi vanto di combatter, nudo,
Per acquistar il desiato amore:
Cotal parole usava il Baron drudo;
Però ch' amor l' avea posto in tal loco,
Che per colei saria gettato in foco.

L' Argalia forte in mente si turbava,
Vedendo che costui sì poco il stima,
Che nudo a la battaglia lo sfidava,
Nè a la seconda guerra, nè a la prima,
Preso due volte, l' orgoglio abbassava :
Ma di superbia più montava in cima;
E disse: Cavalier, tu cerchi rogna;
Io te la gratterò, chè 'l ti bisogna.

Monta a cavallo, ed usa tua bontade,
Che come degno sei t' avrò trattato;
Nè aver speranza, ch' io t' usi pietade,
Perch' io ti vegga il capo disarmato.
Tu ricerchi il mal giorno in veritade,
Faccioti certo, che l' avrai trovato;
Difenditi se puoi, mostra 'l tuo ardire,
Ch' incontinente ti convien morire.

Rideva Ferraguto a quel parlare,
Come di cosa che 'l stimava niente.
Salta a cavallo senza dimorare,
Diceva: ascolta, Cavalier valente:
Se la sorella tua mi vuoi donare,
Io non t' offenderò veracemente;
Se ciò non fai, io non ti mi nascondo,
Presto sarai di quei de l' altro mondo.

Tanto fu vinto d' ira l' Argalia,
Udendo quel parlar, ch' è sì arrogante,
Che furïoso in su 'l destrier salia,
E con voce superba e minacciante,
Ciò che dicesse nulla s' intendia.
Trasse la spada e spronò l' afferrante,
Nè si ricorda de l' asta pregiata,
Ch' al tronco del gran Pin stava appoggiata.

Così crucciati con le spade in mano,
Ambi co 'l petto de' corsier s' urtaro.
Non è nel mondo Baron sì soprano,
Che non possan costor star seco al paro.
Se fosse Orlando, e 'l Sir da Montalbano,
Non vi saria vantaggio, nè divaro;
Però un bel fatto potrete sentire,
Se l' altro canto tornerete a udire.

CANTO SECONDO.

Io vi cantai, Signor, come a battaglia
Eran condotti con molta arroganza
L' Argalia il forte cavalier di vaglia,
E Ferraguto cima di possanza;
L' uno ha incantata ogni sua piastra e maglia,
L' altro è fatato fuor che nella panza;
Ma quella parte d' acciaro è coperta,
Con venti piastre, quest' è cosa certa.
  Chi vedesse nel bosco dui leoni
Turbati, ed a battaglia insieme appresi,
O chi udisse ne l' aria dui gran tuoni
Di tempeste, rumore e fiamma accesi,
Nulla sarebbe a mirar quei Baroni,
Che tanto crudelmente s' hanno offesi;
Par che 'l ciel arda e 'l mondo a terra vada,
Quando s' incontra l' una e l' altra spada.

E' si feriano insieme con furore,
Gridando l' un con l' altro in vista cruda;
E, credendo ciascuno esser migliore,
Trema per ira, e per affanno suda:
Or l' Argalia con tutto 'l suo valore
Ferì 'l nemico in su la testa nuda,
E ben si crede, senza dubitanza,
Aver finito a quel colpo la danza.

Ma poi che vide 'l suo brando polito
Senz' alcun sangue ritornar al cielo,
Per maraviglia fu tanto smarrito,
Che 'n capo, e 'n dosso se gli arricciò il pelo:
In questo Ferraguto l' ha assalito:
Ben crede fender l' armi com' un gelo,
E grida: ora a Macon t' arraccomando,
Chè a questo colpo a star con lui ti mando.

Così dicendo, quel Baron aitante
Ferisce ad ambe man con forza molta;
Se stato fosse un monte di diamante,
Tutto l' avria tagliato in quella volta;
L' elmo affatato a quel brando trinciante
Ogni possanza di tagliare ha tolta;
Se Ferragù turbossi io non lo scrivo;
Per gran stupor non sa s' è morto, o vivo.

Ma poi che ciaschedun fu dimorato
Tacito alquanto senza colpeggiare;
Chè l' un de l' altro è sì maravigliato,
Che non ardiva a pena di parlare;
L' Argalia prima a Ferragù drizzato
Disse: Baron, io ti vuo' palesare,
Che tutte l' armi che ho da capo a piedi
Sono incantate, quante tu ne vedi.

Però con meco lascia la battaglia,
Chè altro aver non ne puoi, che danno e scorno.
Ferraù disse: Se Macon mi vaglia,
Quant' armi vedi a me sopra ed intorno,
E questo scudo e piastre, e questa maglia,
Tutte le porto per essere adorno,
Non per bisogno; chè io son affatato
In ogni parte, fuor ch' in un sol lato.

Sì che a donarti un ottimo consiglio,
Ben che no 'l chiedi, io ti so confortare,
Che non ti metti di morte a periglio:
Senza contesa vogli a me lasciare
La tua sorella, quel fiorito giglio,
Ed altramente tu non puoi campare;
Ma se mi fai con pace questo dono,
Eternamente a te tenuto sono.

Rispose l' Argalia: Baron audace,
Ben aggio inteso quant' hai ragionato,
E son contento aver con teco pace,
E tu sia mio fratello, e mio cognato;
Ma vuo' saper se ad Angelica piace,
Chè senza lei non si faria 'l mercato:
E Ferragù gli dice esser contento,
Che con essa ben parli a tuo talento.

Abbenchè sia Ferraù giovanetto,
Bruno era molto, e d' orgogliosa voce,
Terribile a guardarlo ne l' aspetto,
Gli occhi avea rossi, e con batter veloce;
Mai di lavarsi non ebbe diletto,
Ma, polveroso, ha la faccia feroce:
Il capo acuto aveva quel Barone,
Tutto ricciuto e ner come un carbone.

E per questo ad Angelica non piacque,
Che lei voleva ad ogni modo un biondo:
E disse a l' Argalia, come lui tacque :
Caro fratello, io non mi ti nascondo;
Prima m' affogherei dentro a queste acque,
E mendicando cercarei 'l mondo,
Che mai togliessi costui per mio sposo;
Meglio è morir, che star con furïoso.

Però ti prego per lo Dio Macone,
Che ti contenti de la voglia mia;
Ritorna a la battaglia co 'l Barone,
Ed io fra tanto per negromanzia,
Farò portarmi in nostra regïone;
Volta le spalle, e vieni anche tu via,
A la selva d' Ardenna il cammin mio
Terrò; ed a quella poi fermeromm' io,

Acciò ch' insieme facciamo ritorno,
Dal vecchio Padre al regno d' oltra mare:
Ma se quivi non giungi 'l terzo giorno,
Soletta al vento mi farò passare,
Poi che aggio il libro di quel can musorno,
Che mi credette al prato vergognare:
Tu poi adagio per terra verrai;
La strada hai camminata, e ben la sai.

Così tornarno i Baroni al ferire,
Dapoi che questo a quello ha riferito,
Che la sorella non vuole assentire;
Ma Ferragù perciò non è partito
Anzi destina o vincere, o morire.
Ecco la Dama dal viso fiorito,
Subito sparve a i Cavalier davante,
Presto sen corse il sospettoso amante.

 Però che spesso la guardava in volto,
Parendogli la forza raddoppiare;
Ma poi che gli è davanti così tolto,
Non sa più che si dir, nè che si fare;
In questo tempo l' Argalia rivolto
Con quel destrier, ch' al corso non ha pare,
Fugge del prato, e quanto può sperona,
E Ferraguto, e la guerra abbandona.

 L' innamorato giovanetto guarda,
Come gabbato si trova quel giorno.
Esce del prato correndo e non tarda,
E cerca il bosco ch' è folto d' intorno.
Ben par che ne la faccia avvampi ed arda,
Tra sè pensando il ricevuto scorno:
E non s' arresta correre e cercare;
Ma quel che cerca non può lui trovare.

 Torniamo or ad Astolfo, che soletto,
Come sapete, rimase a la Fonte.
Mirata avea la pugna con diletto,
E di ciascun guerrier le forze pronte;
Or resta in libertà senza sospetto,
Ringraziando Dio con le man gionte;
E per non dar indugia a sua ventura,
Monta a destrier con tutta l' armatura.

 E, non avendo lancia, il Paladino,
Chè la sua nel cadere era spezzata,
Guardasi intorno, ed al troncon del Pino
Quella de l' Argalia vide appoggiata;
Bella era molto, e con lame d' or fino,
Tutta di smalto intorno lavorata:
Quasi che per disagio quella prende,
Ed avvantaggio alcun di nulla attende.

Così tornando a dietro allegro e baldo,
Come colui ch' è sciolto di prigione,
Fuor del boschetto ritrovò Ranaldo
E tutto il fatto appunto gli contone.
Era 'l figliuol d' Amon d' amor sì caldo,
Che posar non potea di passïone:
Però fuor de la terra era venuto
Per saper che avea fatto Ferraguto.

Come udì, che alla selva a tutta lena
Ei vanno, non rispose a quel dal pardo.
Volta il destrier, e le calcagne mena,
E di pigrizia accusa il suo Bajardo:
De l' amor del patron quel porta pena,
E chiamato è rozzone, asino tardo,
Quel buon destrier che va con tanta fretta
Ch' a pena l' avria giunto una saetta.

Lasciamo andar Ranaldo innamorato.
Astolfo ritornò ne la cittade:
Orlando incontinente l' ha trovato,
E da la lunga con sagacitade
Dimanda, come il fatto sia passato
De la battaglia, e di sua qualitade;
Ma nulla gli ragiona del suo amore,
Perchè vano il conosce e cianciatore.

Ma come intese, ch' egli era fuggito
L' Argalia al bosco, e seco la Donzella,
E che Ranaldo l' aveva seguito,
Partissi in vista nequitosa e fella;
E sopra 'l letto suo cadde invilito,
Tanto è 'l dolor che dentro lo martella.
Quel valoroso fior d' ogni campione,
Piangea nel letto come un vil garzone.

Lasso, diceva, ch' io non ho difesa
Contra il nemico, che mi sta nel core!
Or che non aggio Durindana presa,
A far battaglia contro a questo Amore,
Qual m' ha di tanto foco l' alma accesa,
Ch' ogn' altra doglia nel mondo è minore?
Qual pena è in terra simile a la mia,
Ch' ardo d' amore e agghiaccio in gelosia?

Nè so, se quell' angelica figura
Si degnerà d' amar la mia persona;
Chè ben sarà figliuol de la ventura,
E de' felici porterà corona,
S' alcun fia amato da tal creatura;
Ma se speranza di ciò m' abbandona,
Ch' io sia spregiato da quel viso umano,
Morte mi donarò con la mia mano.

Ahi sventurato! se forse Ranaldo
Trova nel bosco la vergine bella,
Chè lo conosco io come l' è ribaldo,
Giammai di mani gli uscirà pulcella;
Forse gli è mo ben presso al viso saldo;
Ed io come dolente femminella
Tengo la guancia posata a la mano,
E sol mi aiuto, lagrimando in vano.

Forse ch' io credo tacendo coprire
La fiamma che mi rode il core intorno?
Ma per vergogna non voglio morire.
Sappialo Dio ch' a lo scurir del giorno,
Sol di Parigi mi voglio partire,
Ed anderò cercando il viso adorno,
Sin che lo trovo, per state, o per verno,
In terra, in mare, in cielo e ne l' inferno.

Così dicendo, dal letto si leva,
Dove giaciuto avea sempre piangendo;
La sera aspetta, e l' aspettar l' aggreva;
E su, e giù si va tutto rodendo:
Un attimo cènt' anni gli rileva,
Or questo avviso, or quello in sè facendo;
Ma come giunta fu la notte scura,
Nascosamente veste l' armatura.

Già non portò l' insegna del Quartiero;
Ma d' un vermiglio scuro era vestito:
Cavalca Brigliadoro il Cavaliero,
E soletto a la porta se n' è gito.
Non sa di lui famiglio, nè scudiero,
Tacitamente è de la Terra uscito;
Ben sospirando n' andava il meschino,
E verso Ardenna prese il suo cammino.

Or son tre gran campioni a la ventura:
Orlando è il primo, Senator Romano,
Con Ranaldo, che 'l mondo nulla cura,
E Ferraguto fior d' ogni Pagano.
Or torniamo a Re Carlo che procura
Ordir la giostra, e chiama 'l Conte Gano,
Il Duca Namo e lo Re Salamone,
E del consiglio ciaschedun Barone,

E disse a lor: Signori, il mio parere
È, che 'l giostrante, ch' al ringo ne viene,
Contrasti ciaschedun al suo potere,
Sin che fortuna, o forza lo sostiene:
E 'l vincitor dipoi com' è dovere
De l' abbattuto la sorte mantiene:
Sì che rimanga la corona a lui,
O sia abbattuto e dia loco ad altrui.

Ciascuno afferma il detto di Carlone,
Sì come di Signor alto e prudente,
Lodano tutti quella invenzïone.
L' ordine dassi; nel giorno seguente,
Chi vuol giostrar si trovi su l' arcione;
E fu ordinato, che primieramente
Tenesse 'l ringo Serpentino ardito,
A real giostra dal ferro polito.

Venne 'l giorno sereno, e l' alba gaglia,
Il più bel Sol giammai non fu levato:
Prima 'l Re Carlo entrò ne la travaglia,
Fuor che di gambe tutto disarmato,
Sopra d' un gran corsier coperto a maglia,
Con un bastone in man, e 'l brando a lato,
Intorno a' piedi aveva per serventi,
Conti, Baroni e Cavalier possenti.

Eccoti Serpentin, che al campo viene
Armato, e da veder maraviglioso;
Il gran corsier su la briglia sostiene,
Quell' alza i piedi d' andare animoso.
Or quà, or là la piazza tutta tiene,
Gli occhi abbragiati, e 'l fren forte è schiumoso,
Ringe 'l feroce e non ritrova loco,
Brofa le nari e par che getti foco.

Ben lo simiglia 'l Cavalier ardito,
Che sopra gli venia con viso acerbo;
Di splendide arme tutto era guarnito,
Ne l' arcion fermo e ne l' atto superbo;
Fanciulli e donne, ogn' uom lo segna a dito,
Di tal valor si mostra e di tal nerbo,
Che ciaschedun ben giudica a la vista,
Ch' altri che lui quel pregio non acquista.

Per insegna portava il Cavaliero
Nel scudo azzurro una gran stella d' oro;
E similmente il suo ricco cimiero,
E sopravvesta fatta a quel lavoro,
La cotta d' arme, e 'l fort' elmo e leggiero
Eran stimati infinito tesoro;
E tutte quante l' arme luminose
Fregiate a perle e pietre prezïose.

Così prese l' arringo quel Campione,
E poi che l' ebbe intorno passeggiato,
Fermossi al campo come un torrïone.
Già sonavan le trombe d' ogni lato,
Entrorno i giostratori a ogni cantone,
L' un più che l' altro riccamente armato
Con tante perle e oro e gioie intorno,
Che 'l Paradiso ne sarebbe adorno.

Colui che vien davanti è Paladino;
Porta nel biavo la luna d' argento,
Sir di Bordella nomato Angelino,
Mastro di guerra e giostra e tornamento.
Subitamente mosse Serpentino,
Con tal velocità, che parve un vento:
Da l' altra parte, menando tempesta,
Viene Angelino, e pone l' asta a resta.

Là dove l' elmo al scudo si confina,
Ferì Angelino a Serpentin avante;
Ma non si piega a dietro, anzi si china
Addosso al colpo il Cavalier aitante,
E lui la vista incontra in tal ruina,
Che 'l fè mostrar al ciel ambe le piante:
Levasi il grido in piazza, ogni uom favella,
Che 'l pregio tutto è di quel da la Stella.

Ora si mosse il possente Riccardo,
Che signoreggia tutta Normandia:
Un leon d' oro ha quel Baron gagliardo
Nel campo rosso, e ben ratto venia;
Ma Serpentin a mover non fu tardo,
E riscontrollo a mezzo de la via,
Dandogli un colpo di cotanta pena,
Che 'l capo gli fè batter su l' arena.

Oh quanto Balugante si conforta,
Vedendo al figliuol sì franca persona!
Or vien colui, che i scacchi in scudo porta,
E d' oro ha sopra l' elmo la corona:
Re Salamone è quell' anima accorta.
Stretto a la giostra tutto s' abbandona;
Ma Serpentino il giovanetto fiero,
A terra lo gittò co 'l suo destriero.

Astolfo a la sua lancia diè di piglio,
Quella che l' Argalia lasciò su 'l prato;
Tre pardi d' oro ha nel campo vermiglio,
Ben ne venia su l' arcione assettato;
Ma egli incontrò grandissimo periglio,
Che 'l destrier sotto gli fu traboccato.
Tramortì Astolfo, e lume e ciel non vede,
E dislogossi ancora il destro piede.

Spiacque a ciascuno del caso malvagio,
E, forse più che a gli altri, a Serpentino:
Perchè sperava gittarlo a grand' agio;
Ma certamente era falso indovino.
Il Duca fu portato al suo palagio,
E ritornogli il spirto peregrino:
E finalmente il piede dislogato,
Gli fu racconcio e stretto e ben legato.

A ben che Serpentin tant' abbia fatto,
Danese Uggier di lui non ha spavento:
Mosse 'l destrier sì furïoso e ratto,
Quale è nel mar di Tramontana il vento:
Era l' insegna del guerriero adatto
Il scudo azzurro, e un gran scaglion d' argento:
Un basalisco porta per cimiero
Di sopra l' elmo l' ardito guerriero.

Sonâr le trombe ; ogni uom sua lancia arresta,
E vengonsi a ferir quei dui campioni.
Non fu quel giorno botta sì rubesta,
Che parve nel colpir scontro di troni:
Danese Uggieri con molta tempesta
Ruppe di Serpentin ambi gli arcioni:
E per la groppa del destrier il mena,
Sì che disteso il pose in su l' arena.

Così rimase vincitor al campo
Il forte Uggieri, e l' arringo difende.
Re Balugante par che meni vampo,
Sì la caduta del figliuol l' offende :
Anch' egli arriva pur a quell' inciampo,
Perchè 'l Danese per terra il distende.
Ora si muove il giovine Isolieri:
Ben è possente e destro Cavalieri.

Era costui di Ferragù germano,
Tre lune d' oro avea nel verde scudo.
Mosse 'l destriero, e la lancia avea in mano ;
Nel corso l' arrestò quel Baron drudo:
Il pro' Danese lo mandò su 'l piano,
D' un colpo tanto dispietato e crudo,
Che non s' avvede se l' è morto, o vivo,
E ben sette ore stè di spirto privo.

Gualtier da Monleon dopo colui
Fu dal Danese per terra gittato.
Un drago era l' insegna di costui,
Tutto vermiglio nel campo dorato.
Deh non facciamo la guerra tra nui
Diceva Uggieri, o popol battezzato!
Chè io veggio caleffarci a' Saracini,
Perchè facciamo l' un l' altro tapini.

   Spinella d' Altamonte fu un Pagano,
Ch' era venuto a provar sua persona
A questa Corte del Re Carlo Mano.
In scudo azzurro ha d' oro una corona;
Questo fu messo dal Danese al piano.
Or Mattalista al tutto s' abbandona;
Fratello è questo a Fiordispina bella,
Ardito, forte e destro su la sella.

   Costui portava 'l scudo divisato,
Di bruno e d' oro, e un drago per cimiero,
E cadde sopra 'l campo riversato;
A vota sella n' andò il suo destriero.
Mosse Grandonio il cane arrabbïato,
Ajuti Uggieri Iddio ch' egli è mestiero;
Che 'n tutto 'l mondo per ogni confino,
Non è di lui più forte Saracino.

   Avea quel Re statura di gigante,
E venne armato sopra a un gran ronzone;
Il scudo negro portava davante,
E d' or scolpito ha quel dentro un Macone.
Non vi fu Cristïan tanto arrogante,
Che non temesse di quel can fellone.
Gan da Pontieri, come 'l vide in fazza,
Nascosamente uscì fuor della piazza.

Il simil fè Macario di Lusana,
E Pinabello, e 'l Conte d' Altafoglia;
Nè già Falcon da gli altri si allontana;
Pargli mill' anni, che di quì si toglia.
Sol de la gesta perfida e villana
Grifon rimase fermo in su la soglia,
O virtute, o vergogna, che 'l rimorse,
O ch' al partir de gli altri non s' accorse.

Ora torniamo a quel Pagan orribile,
Che per il campo tal tempesta mena;
Porta un' antenna, ch' è grossa al possibile,
Tant' è sua possa e smisurata lena;
Nè di lui manco è 'l suo corsier terribile,
Che ne la piazza profonda l' arena,
Rompe le pietre, fa tremar la terra,
Quando nel corso tutto si disserra.

Con questa furia andò verso 'l Danese,
E proprio a mezzo 'l scudo l' ha colpito;
Tutto lo spezza, e per terra 'l distese,
Co 'l suo destrier insieme e sbalordito.
Il Duca Naimo sotto 'l braccio il prese,
E con lui fuor del campo se n' è gito;
E fègli medicar il braccio e 'l petto,
Che più d' un mese poi stette nel letto.

Grande fu 'l grido per tutta la piaccia,
E più che gli altri i Saracin s' odirno.
Grandonio al ringo superbo minaccia;
Ma non per questo gli altri sbigottirno.
Turpin di Rana addosso a lui si caccia,
E nel mezzo del corso si colpirno;
Ma il Prete uscì d' arcion con tal martire,
Che ben fu presso al punto del morire.

Astolfo ne la piazza era tornato
Sopra a un portante e bianco palafreno;
Non aveva arme, fuor che 'l brando a lato,
E tra le dame con viso sereno
Piacevolmente s' era sollazzato,
Come quel che di motti è tutto pieno;
Ma mentre che quì ciancia, ecco! Grifone
Fu da Grandonio messo su 'l sabbione.

Era costui di casa di Maganza,
Che porta in scudo azzurro un falcon bianco.
Grida Grandonio, con molta arroganza:
O Cristïani, è già ciaschedun stanco?
Non v' è chi faccia più colpo di lanza?
Allor si mosse Guido, il Baron franco,
Quel di Borgogna, che porta 'l leone
Negro ne l' oro; e cadde de l' arcione.

Cadde per terra il possente Angelieri,
Che porta 'l drago a capo di donzella.
Avino, Avolio, Ottone e Berlingieri,
L' un dopo l' altro fur tolti di sella;
L' aquila nera portan per cimieri,
L' insegna a tutti quattro era pur quella;
Ma il scudo a scacchi d' oro ed azzurro era,
Come oggi ancor è l' arme di Baviera.

Ad Ugo di Marsiglia diè la morte
Questo Grandonio, ch' è tanto gagliardo;
Quanto più giostra, più si mostra forte;
Abbatte Ricciardetto e 'l franco Alardo,
Svillaneggiando Carlo e la sua Corte,
Chiamand' ogni Cristian vile e codardo.
Ben sta turbato in faccia l'Imperieri;
Eccoti giunto il Marchese Olivieri.

Parve che 'l ciel s' asserenasse intorno;
A la sua giunta ogni uom alzò la testa.
Venia 'l Marchese in atto molto adorno,
Carlo gli uscitte incontra con gran festa:
Non vi sta queta nè tromba, nè corno,
Picciol, nè grande di gridar non resta:
Viva Olivier di Vienna buon Marchese!
Ride Grandonio, e la sua antenna prese.

Or se ne va ciascun d' animo acceso,
Con tanta furia, quanto si può dire;
Ma chiunque guarda, attonito e sospeso,
Aspetta 'l colpo di quel gran ferire;
Nè solo una parola avresti inteso,
Tanto par che ciascun attento mire;
Ma ne lo scontro Olivier di possanza,
Nel scudo ad alto gli attaccò la lanza.

Nove piastre d' acciaro avea quel scudo:
Tutte le passa per soverchia lena,
Ruppe l' usbergo, e dentro al petto nudo
Ben mezzo 'l ferro gl' inchiavò con pena.
Ma quel gigante dispietato e crudo,
Quasi Olivier allor a morte mena,
Chè con tanto furor di sella il caccia,
Che andò lungi al destrier ben sette braccia.

Ogni uom crede di certo, che sia morto,
Perchè l' elmo per mezzo era partito,
E ciaschedun che l' ha nel viso scorto,
Giura che 'l spirto al tutto se 'n è gito.
Oh quanto Carlo Mano ha disconforto!
E, piangendo, dicea; Baron fiorito,
Onor de la mia Corte, figliuol mio,
Come comporta tanto male Iddio?

Se quel Pagano in prima era superbo,
Or non si può sè stesso sopportare,
Gridando a ciaschedun con atto acerbo:
O Paladini, o gente da trincare;
Via a la taverna, gente senza nerbo,
Io d' altro, che di coppa so giuocare;
Gagliarda è questa Tavola Ritonda,
Quando minaccia e non vi è chi risponda.

Quand' il Re Carlo intende tant' oltraggio,
E di sua Corte così fatto scorno,
Turbato ne la vista e nel coraggio,
Con gli occhi accesi si guardava intorno.
Ove son quei, che mi den fare omaggio,
Che m' hanno abbandonato in questo giorno?
Ov' è Gan da Pontieri? ov' è Ranaldo?
Ov' è Orlando traditor ribaldo?

Figliuol d' una puttana, rinnegato,
Che stu ritorni a me, possa io morire,
Se con le proprie man non t' ho impiccato.
Questo e molt' altro il Re Carlo ebbe a dire;
Astolfo, che di dietro l' ha ascoltato,
Occultamente s' ebbe a dipartire,
E torna a casa e si presto si spazza,
Che in un momento giunse armato in piazza.

Nè già si crede quel franco Barone,
Aver vittoria contra del Pagano;
Ma sol con pura e buona intenzïone
Di far il suo dover per Carlo Mano.
Stava molto atto sopra de l' arcione,
E simigliava a Cavalier soprano;
Ma color tutti, che l' han conosciuto,
Diceano, oh Dio! deh mandaci altro aiuto!

[s. 67—68]

 Chinando il capo in atto grazïoso,
Davanti a Carlo, disse; Signor mio,
Io vado a tor d' arcion quell' orgoglioso,
Poi ch' io comprendo, che tu n' hai disio.
Il Re turbato d' altro, e disdegnoso
Disse: Va pure, ed aiutiti Dio.
E poi tra' suoi rivolto con rampogna,
Disse: e' ci manca quest' altra vergogna.

 Astolfo quel Pagano ha minacciato,
Menarlo preso e porlo in mar al remo;
Onde 'l gigante sì forte è turbato,
Che cruccio non fu mai cotanto estremo.
Ne l' altro canto v' averò contato,
Se sia concesso dal Signor supremo,
Gran maraviglia, e più strana ventura,
Ch' odiste mai per voce, o per scrittura.

[s. 1.]   CANTO TERZO.

 Signor, ne l' altro canto io vi lasciai,
Sì come Astolfo al Saracin per scherno,
Dicea: Briccone, non ti vanterai,
Se forse non ti vanti ne l' Inferno,
Di tant' alti Baron, che abbattuto hai.
Sappi, com' io ti piglio, io ti governo
Ne la galea; poscia che sei gigante
Farotti onore, e sarai baiavante.

Il Re Grandonio, che sempre era usato
Dire onta ad altri, e mai non ascoltare,
Per la grand' ira tanto fu gonfiato,
Quanto si gonfia il tempestoso mare,
Allor che più dal vento è travagliato,
E fa 'l paron ardito paventare:
Tanto Grandonio si turba e tempesta,
Battendo i denti e crollando la testa.

Soffia di stizza, che pare un serpente,
Ed ebbe Astolfo da sè combiatato;
E rivoltato niquitosamente,
Arresta quel gran fusto smisurato;
E ben si crede allora certamente
Passarlo tutto insin da l' altro lato;
O di gettarlo morto in su 'l sabbione,
O trarlo in dui cavezzi de l' arcione.

Ora ne viene il Pagan furïoso;
Astolfo contra lui s' è rivoltato,
Pallido alquanto e nel cor pauroso,
Ben ch' al morir più ch' a vergogna è dato:
Così con corso pieno e ruïnoso,
S' è l' un Barone e l' altro riscontrato:
Cadde Grandonio; ed or pensar vi lasso
Alla caduta qual fu quel fracasso.

Levossi un grido tanto smisurato,
Che par che 'l mondo avvampi, e 'l ciel ruini;
Ciascun, ch' è sopra a' palchi, è in piè levato,
E gridan tutti grandi e picciolini.
Ogni uom quanto più può s' è là appressato,
Stanno smarriti molto i Saracini;
L' Imperator che 'n terra il Pagan vede,
Vedendo istesso, a gli occhi suoi non crede.

Ne la caduta che fece il gigante,
Per ch' egli uscì d' arcion dal lato manco,
Quella ferita ch' egli ebbe davante
Quando scontrossi co 'l Marchese franco,
Tanto s' aperse, che questo Africante
Rimase in terra tramortito e bianco,
Spriccando il sangue fuor con tanta vena,
Che una fontana più d' acqua non mena.

Chi dice, che la botta valorosa
D' Astolfo il fece; ed a lui danno il lodo:
Altri pur dice il ver, com' è la cosa:
Chi sì, chi nò, ciascun parla a suo modo.
Fu via portato in pena dolorosa
Il Re Grandonio; il qual, sì com' io odo,
Uccise Astolfo al fin per tal ferita,
Benchè ancor lui quel dì lasciò la vita.

Stavasi Astolfo nel ringo vincente,
Ed a sè stesso non lo credea quasi.
Eranci ancor de la Pagana gente
Duo Cavalier solamente rimasi,
Di Re figliuoli, e ciaschedun valente,
Giasarte il bruno, ed il biondo Pigliasi.
Il padre di Giasarte avea acquistata
Tutta l' Arabia per forza di spata.

Ma quello di Pigliasi, la Rossia
Tutta avea presa, e sotto Tramontana
Tenea gran parte de la Tartaria,
E confinava al fiume de la Tana;
Or per non far più lunga diceria,
Sol questi due de la Fede Pagana
Giostrorno con Astolfo, e in breve dire,
L' un dopo l' altro a terra li fè gire.

In questo, un messo venne al Conte Gano,
Dicendo, che Grandonio era abbattuto.
Ei creder non può mai, che quel Pagano
Sia per virtù d' Astolfo giù caduto;
Anzi pur stima e rendesi certano,
Che qualche caso strano è intervenuto
A quel gigante, e fuor d' ogni pensata
Sia stata la cagion di tal cascata.

Onde si pensa al tutto d' acquistare
Di quella giostra il trionfal onore;
E per voler più bella mostra fare,
Con pompa grande e con molto valore,
Undici conti seco fece armare,
Che di sua casa n' avea tratto 'l fiore:
Va nanti a Carlo, e con parlar gngliardo
Fa molta scusa del suo giunger tardo.

O sì, o nò, che Carlo l' accettasse,
Non lo so dir; pur gli fè buona ciera.
Parme che Gano ad Astolfo mandasse:
Poi che non gli è Pagano a la frontiera,
Che la giostra tra lor si terminasse,
Perch' essendo valente com' egli era,
Dovea aggradir quante più genti vanno
A riscontrarlo per donargli affanno.

Astolfo, ch' è parlante di natura,
Diceva al messo: Va, rispondi a Gano:
Tra un Saracino, e lui non pongo cura,
Che sempre 'l stimai peggio che Pagano,
Di Dio nimico e d' ogni creatura,
Traditor, falso, eretico e villano;
Venga a sua posta, ch' io lo stimo meno,
Che un sacconaccio di letame pieno.

Il Conte Gano ch' ode quell' ingiuria
Nulla risponde; ma tutto fellone
Verso d' Astolfo sè ne va con furia;
E fra sè stesso diceva; ghiottone,
Io ti farò di ciance aver penuria;
Ben sè lo crede gittar de l'arcione;
Perchè ciò far non gli era cosa nuova,
Ed altre volte avea fatto la pruova.

Or non andò come si crede il fatto;
Gano le spalle a la terra mettia;
Macario dopo lui si mosse ratto,
E fè, cadendo, a Gano compagnia.
Potrebbe fare Iddio, che questo matto,
Diceva Pinabello, a cotal via,
Vergogni tutta casa di Maganza?
Così dicendo arresta la sua lanza.

Quest' ancor cadde con molta tempesta;
Non domandar s' Astolfo si dimena,
Forte gridando: maledetta gesta
Tutti a la fila vi getto a l' arena.
Conte Smeriglio una grossa asta arresta,
Ma Astolfo il traboccò con tanta pena,
Che fu portato per piede e per mano;
Oh quanto si lamenta il Conte Gano!

Questo surgendo, diceva Falcone:
Ha la fortuna in sè tanta nequizia?
Può far il Cielo, che questo buffone
Oggi ci abbatta tutti con tristizia?
Nascosamente sopra de l' arcione
Legar si fece molta malizia,
E poi ne viene Astolfo a ritrovare:
Legato è in sella, e già non può cascare.

Proprio a la vista il Duca l' incontrava,
Ed hallo in tal maniera sbarattato,
Che ora da un canto, or da l' altro piegava,
Sì come al tutto di vita passato.
Ogni uom attende se per terra andava,
Alcun s' avvide ch' egli era legato:
Onde levossi subito il rumore;
Dàgli, ch' egli è legato il traditore.

Fu via menato con molta vergogna
Di tutti i suoi, e con suo gran tormento.
Non vi vuò dir se 'l Conte Gan agogna.
Astolfo grida con molto ardimento:
Venga chi vuol ch' io gli gratti la rogna,
E leghisi pur ben, ch' io son contento;
Perchè legato, senz' alcuna briga,
Meglio che sciolto, il pazzo si castiga.

Anselmo de la Ripa il falso Conte
Ne la sua mente avea fatto pensieri
Di vendicarsi a inganno di tant' onte,
Che, come Astolfo colpisse primieri,
Esso improvviso riscontrarlo a fronte.
A lui davanti va il Conte Raneri;
Quel d' Altafoglia Anselmo gli è a le spalle,
Credesi ben mandare Astolfo a valle.

Astolfo con Ranieri è riscontrato;
A gambe aperte il trasse de l' arcione;
E non essendo ancor ben rassettato
Pel colpo fatto, sì com' è ragione,
Anselmo d' improvviso l' ha trovato
Con falso inganno e molta tradigione,
Avvengachè sì fece quel malvaso,
Che non apparve volontà, ma caso.

Nulla di manco Astolfo andò pur gioso;
Sopra la sabbia distese la schiena.
Pensate voi se ne fu doloroso;
Che come in piedi fu drizzato a pena,
Trasse la spada irato e disdegnoso,
E quella intorno fulminando mena
Contra di Gano e di tutta sua gesta;
Giunse a Grifone, e dàgli in su la testa.

Da la morte il campò l'elmo acciarino.
Or si cominica una gran zuffa in piaccia,
Perchè Gano, Macario ed Ugolino
Addosso Astolfo con l'arme si caccia;
Ma il Duca Namo, Riccardo e Turpino
Di dargli aiuto ciascun si procaccia:
Di quà, di là, s'ingrossa più la gente.
Giunse il Re Carlo a questo inconveniente,

Dando gran bastonate a questo e a quello,
Ch'a più di trenta ne ruppe la testa.
Chi fu quel traditor, chi fu il ribello,
Che avuto ha ardir a sturbar la mia festa?
Volta 'l corsier in mezzo a quel drapello,
Nè di menar per questo il Baron resta:
Ciascun fa largo a l'alto Imperatore,
O gli fugge davanti, o fagli onore.

Diceva lui a Gan; che cosa è questa?
Dicea ad Astolfo; or dèssi così fare?
Ma quel Grifon ch'avea rotta la testa,
S'andò davanti a Carlo a inginocchiare,
E con voce angosciosa, alta e molesta,
Giustizia! forte comincia a gridare;
Giustizia! Signor mio magno e pregiato,
Chè io sono in tua presenza assassinato.

Sappi, Signor, da tutta questa gente,
Ch' io te ne prego, com' il fatto è andato;
E, stu ritrovi che primieramente
Fusse l' Inglese da me molestato,
Chiamomi il torto, e stommi paziente,
Su questa piazza voglio esser squartato
Ma se 'l contrario sua ragione aggreva,
Fa che ritorni il male, onde si leva.

Astolfo era per ira in tanto errore,
Che non stima di Carlo la presenza;
Anzi diceva: falso traditore,
Che sei ben nato da quella semenza,
Io ti trarrò del petto fuora il core,
In prima che di quì facciam partenza.
Dicea Grifone a lui: temoti poco,
Quando saremo fuor di questo loco;

Ma quì mi sottometto a la ragione,
Per non far disonor e al Signor mio.
Segue 'l Duca dicendo: Can fellone,
Ladro, ribaldo, maledetto e rio . . . . .
Turbossi ne la faccia il Re Carlone,
Dicendo: Astolfo, per lo vero Iddio,
Se non t' adusi a parlar più cortese,
Farotti costumato a le tue spese.

Astolfo non gli attende di niente,
Sempre parlando con più villania,
Come colui ch' offeso è veramente;
Avvengachè altri ciò non intendia.
Eccoti Anselmo il Conte fraudolente,
Per mala sorte innanti gli venia:
Più non si puote Astolfo contenire,
Ma con la spada quel corse a ferire.

E certamente ben l' avrebbe morto,
Se non l' avesse il Re Carlo difeso.
Or dà ciascuno ad Astolfo gran torto,
E volse l' Imperier, ch' el fusse preso,
E subito al castel a furia scorto;
Ne la prigion portato fu di peso,
Dove di sua pazzia buon frutto colse,
Perchè vi stette assai più che non volse.

Or lasciamo star lui, poichè sta bene,
Dico a rispetto de' tre innamorati,
Che senton per Angelica tai pene,
Nè giorno, o notte son mai riposati.
Ciascun di lor diverso cammin tiene,
E già son tutti in Ardenna arrivati.
Prima vi giunse il Principe gagliardo,
Mercè dei sproni, e del destrier Bajardo.

Dentro a la selva il Baron amoroso,
Guardando intorno si mette a cercare.
Vede un boschetto d' arboscelli ombroso,
Che in cerchio ha un fiumicel con onde chiare.
Preso a la vista del loco gioioso,
In quel subitamente ebbe ad intrare,
Dove nel mezzo vide una fontana,
Non fabbricata mai per arte umana.

Questa fontana tutta è lavorata
D' un alabastro candido e polito,
E d' or sì riccamente era adornata,
Che rendea lume nel prato fiorito;
Merlin fu quel che l' ebbe edificata,
Perchè Tristano il Cavalier ardito,
Bevendo a quella lasci la Regina,
Che fu cagion al fin di sua ruina.

Tristano isventurato, per sciagura
A quella fonte mai non è arrivato;
Benchè più volte andasse a la ventura,
E quel paese tutto abbia cercato.
Questa fontana avea cotal natura,
Che ciascun cavaliero innamorato,
Bevendo a quella, amor da sè cacciava,
Avendo in odio quella, ch' egli amava.

Era il Sol alto e il giorno molto caldo,
Quando fu giunto a la fiorita riva,
Pien di sudore, il Principe Ranaldo;
Ed invitato da quell' acqua viva,
Del suo Bajardo dismonta di saldo,
E di sete e d' amor tutto si priva,
Perchè bevendo quel freddo liquore,
Cangiossi tutto l' amoroso core.

E seco stesso pensa la viltade,
Che sia a seguire una cosa sì vana:
Nè apprezza tanto più quella beltade,
Ch' egli stimava prima più che umana;
Anzi del tutto del pensier gli cade,
Tanto è la forza di quell' acqua strana,
E tanto nel voler si tramutava,
Che già del tutto Angelica odïava.

Fuor de la selva con la mente altiera,
Ritorna quel guerrier senza paura;
Così pensoso giunse a una riviera
D' un' acqua viva, cristallina e pura.
Tutti li fior, che mostra primavera,
Avea quivi dipinto la Natura,
E facean ombra sopra quella riva,
Un faggio, un pino ed una verde oliva.

Questa era la riviera de l' amore,
Già non avea Merlin questa incantata;
Ma per la sua natura quel liquore
Torna la mente accesa e innamorata:
Più Cavalieri antiqui per errore,
Quell' onda maledetta avean gustata;
Non la gustò Ranaldo, come odete,
Però ch' al fonte s' ha tratto la sete.

Mosso dal loco, il Cavalier gagliardo
Destina quivi alquanto riposare;
E tratto il freno al suo destrier Bajardo,
Pascendo intorno al prato il lascia andare:
Esso a la riva senz' altro riguardo,
Ne la fresca ombra s' ebbe a addormentare;
Dorme 'l Barone, e nulla si sentiva:
Ecco ventura, che sopra gli arriva.

Angelica, da poi che fu partita
Da la battaglia orribile ed acerba,
Giunse a quel fiume; e la sete l' invita
Di ber alquanto, e dismonta ne l' erba.
Or nuova cosa ch' averete udita,
Chè Amor vuol castigar questa superba.
Veggendo quel Baron tra i fior disteso,
Fu il cor di lei subitamente acceso.

Nel pino attacca 'l bianco palafreno,
E verso di Ranaldo s' avvicina:
Guardando il Cavalier tutta vien meno,
Nè sa pigliar partito la meschina.
Era d' intorno il prato tutto pieno
Di bianchi gigli e di rose di spina;
Queste disfoglia, e con la bianca mano,
In viso danne al Sir di Montalbano.

Per questo si è Ranaldo risvegliato,
E la Donzella ha sopra a sè veduta,
Che salutando l' ha molto onorato.
Quel ne l' aspetto subito si muta:
E prestamente ne l' arcion montato,
Il parlar dolce di colei rifiuta:
Fugge nel bosco per gli arbori spesso,
Lei monta il palafren e segue appresso;

E seguitando dietro gli ragiona:
Ahi, franco Cavalier, non mi fuggire!
Chè t' amo assai più che la mia persona,
E tu per guiderdon mi fai morire!
Già non son io Ginamo di Bajona,
Che ne la selva ti venne assalire:
Non son Macario, o Gano traditore,
Anzi odio tutti questi per tuo amore.

Io te amo più che la mia vita assai,
E tu me fuggi tanto disdegnoso?
Vòltati almeno, e guarda quel che fai,
Se 'l viso mio ti dee far pauroso,
Che con tanta ruina te ne vai,
Per questo loco oscuro e periglioso:
Deh tempra 'l straboccato tuo fuggire!
Contenta son più tarda a te seguire.

Che se per mia cagion qualche sciagura
T' intravenisse, o pur al tuo destriero;
Saria mia vita sempre acerba e dura,
Se sempre viver mi fosse mestiero.
Deh volta un poco indietro, e poni cura,
Da cui tu fuggi, o franco Cavaliero!
Non merta la mia etade esser fuggita,
Anzi, quand' io fuggissi, esser seguita.

Queste e molte altre più dolci parole,
La Damigella va gettando in vano;
Bajardo fuor del bosco par che vole,
Ed escegli di vista per quel piano.
Or chi saprà mai dir come si duole
La meschinella, e batte mano a mano?
Dirottamente piange; e con mal fiele,
Chiama le stelle, il Sol e 'l Ciel crudele.

Ma chiama più Ranaldo crudel molto,
Parlando in voce colma di pietade;
Chi avria creduto mai che quel bel volto
(Dicea lei) fosse senza umanitade?
Già non m' ha 'l cor fatto cotanto stolto
Ch' io non conosca, che mia qualitade
Non si conviene a Ranaldo pregiato,
Pur non dee sdegnar quel d' esser amato.

Or non doveva almanco comportare
Ch' io il potessi veder in viso un poco,
Che forse alquanto potea mitigare,
A lui mirando, l' amoroso foco?
Ben veggio ch' a ragion no 'l debbo amare;
Ma dov' è amor, ragion non trova loco,
Perchè crudel, villano e duro il chiamo;
Ma sia quel che si vuol, io così l' amo.

E così lamentando ebbe voltata
Verso il faggio la vista lagrimosa:
Beati fior, dicendo, erba beata,
Che toccasti la faccia graziosa,
Quanta invidia vi porto questa fiata!
Oh quanto è vostra sorte avventurosa,
Più de la mia! che mo torria morire,
Se sopra me dovesse quel venire.

Con tal parole il bianco palafreno
Dismonta al prato la Donzella vaga,
E dove giacque Ranaldo sereno,
Bagna quell' erbe e di pianger s' appaga,
Così stimando il gran foco far meno;
Ma più s' accende l' amorosa piaga:
A lei pur par che manco doglia senta.
Stando in quel loco, ed ivi s' addormenta.

Signori, io so, che vi maravigliati,
Che 'l Re Gradasso non sia giunto ancora
In tanto tempo; ma vuo' che sappiati,
Più di tre giorni non farà dimora.
Già son in Spagna i navigli arrivati;
Ma non vuo' ragionar di lui per ora,
Che prima vuo' contar ciò ch' è avvenuto,
De' nostri erranti; e pria di Ferraguto.

Il giovanetto per quel bosco andava,
Acceso ne la mente a dismisura;
Amor ed ira il petto gl' infiammava,
Ei più sua vita una paglia non cura,
Se quella bella dama non trovava,
O l' Argalia da la forte armatura;
Chè assai sua pena l' era men dispetta,
Quando con lui potesse far vendetta.

E cavalcando con questo pensiero,
Guardandosi d' intorno tuttavia,
Vede dormire a l' ombra un Cavaliero,
E ben conosce ch' egli è l' Argalia:
Ad un faggio è legato il suo destriero;
Ferragù prestamente il dissolvia
Indi con fronde lo batte e minaccia,
E per la selva in abbandono il caccia.

E poi fu presto in terra dismontato,
E sotto un verde lauro ben s' assetta,
Al qual aveva il suo destrier legato,
E ch' Argalia si svegli attento aspetta,
Avvenga che quell' animo infiammato
Male indugiava a far la sua vendetta;
Ma pur tra sè la collera rodia,
Parendogli il svegliarlo villania.

Ma in poco d' ora quel guerrier fu desto,
E vede che fuggito è 'l suo destriero.
Ora pensate quanto gli è molesto,
Poi che d' andare a piè gli era mestiero;
Ma Ferraguto a levarsi fu presto,
E disse: Non pensare, o Cavaliero,
Che quì convien morire o tu o io,
Di quel che campa, sarà 'l destrier mio.

Lo tuo disciolsi per torti speranza,
Di poter altra volta via fuggire;
Sicchè co 'l petto mostra tua possanza,
Chè ne le spalle non dimora ardire:
Tu mi fuggisti e facesti mancanza,
Ma ben mi spero fartene pentire.
Esser gagliardo e difenderti bene,
Se vuoi campar la vita, ti conviene.

Diceva l' Argalia: scusa non faccio,
Che 'l mio fuggir non fosse mancamento;
Per questa man ti giuro, e questo braccio,
E questo cor, che nel petto mi sento,
Ch' io non fuggitti per battaglia saccio,
Nè doglia, nè stracchezza, nè spavento;
Ma sol me ne fuggitti oltra 'l dovere,
Per fare a mia sorella quel piacere;

Sicchè prendila pur come ti piace,
Che a te son io bastante in ogni lato:
Sia a tuo piacere la guerra e la pace,
Che sai ben ch' altra volta t' ho annasato.
Così parlava il giovanetto audace;
Ma Ferraguto non è dimorato,
Forte gridando con voce d' ardire,
Da me ti guarda, e vennelo a ferire.

L' un contra l' altro de' Baron si mosse,
Con forza grande e molta maestria;
Il menar de le spade e le percosse,
Presso che un miglio nel bosco s' odìa.
Or l' Argalia nel salto si riscosse,
Con la spada alta quanto più potìa,
Fra sè dicendo: Io no 'l posso ferire;
Ma tramortito a terra il farò gire.

Menando il colpo l' Argalia minaccia,
Che certamente l' averia stordito;
Ma Ferraguto addosso a lui si caccia;
E l' un con l' altro presto fu gremito.
Più forte è l' Argalia molto di braccia,
Più destro è Ferraguto, e più espedito;
Or a la fin, non pur così di botto,
Ferragù l' Argalia mise di sotto.

Ma come quel che avea possanza molta
Tenendo Ferragù forte abbracciato,
Così per terra di sopra si volta:
Battelo in fronte co 'l guanto ferrato;
Ma Ferraù la daga avea in man tolta
E sotto il loco dove non è armato,
Per l' anguinaglia gli passò al gallone,
Ah Dio del Ciel, che gran compassïone!

Che se quel giovanetto aveva vita,
Non saria stata persona più franca,
Nè di tal forza, nè cotanto ardita:
Altro che nostra Fede a quel non manca.
Or vede quel, che sua vita n' è gita:
E con voce angosciosa e molto stanca,
Rivolto a Ferragù disse: un sol dono
Voglio da te, da poi che morto sono.

Ciò ti dimando per cavelleria,
Baron cortese, non me lo negare:
Che me con tutta l' armatura mia,
Dentro d' un fiume mi debbi gittare:
Perch' io son certo, che poi si diria,
Quand' altro avesse quest' arme a provare:
Vil Cavalier fu questo, e senz' ardire,
Che così armato si lasciò morire.

Piangea con tal pietade Ferraguto,
Che parea un ghiaccio posto al caldo sole,
E disse a l' Argalia: Baron compiuto,
Sappialo Iddio di te quanto mi duole.
Il caso doloroso è intravvenuto:
Sia quel che 'l Cielo e la Fortuna vuole.
Io feci questa guerra sol per gloria:
Non tua morte cercai, ma mia vittoria.

Ma ben di questo ti faccio contento,
A te prometto sopra la mia fede,
Ch' anderà il tuo voler a compimento,
E s' altro posso far comanda e chiede;
Ma perch' io sono in mezzo il tenimento,
De' Cristïani, come ciascun vede,
E sto in periglio, s' io son conosciuto,
Baron, ti prego, dammi questo aiuto.

Per quattro giorni l' elmo tuo mi presta,
Che poi lo getterò senza mentire.
L' Argalia già morendo alza la testa,
E parve a la dimanda consentire.
Quì stette Ferragù ne la foresta,
Sin che quell' ebbe sua vita a finire;
E poi che vide che al tutto era morto,
In braccio il prende quel Baron accorto.

   Subito il capo gli ebbe disarmato,
Tuttor piangendo l' ardito guerriero.
Egli quell' elmo in testa s' ha allacciato,
Troncando prima via tutto il cimiero:
E poi che sopra al caval fu montato,
Co 'l morto in braccio va per un sentiero,
Che dritto alla fiumana il conducia;
A quella giunto getta l' Argalia.

   E stato un poco quivi a rimirare,
Pensoso per la ripa s' è avviato.
Or vogliovi d' Orlando raccontare,
Che quel diserto tutto avea cercato,
E non poteva Angelica trovare:
Ma cruccioso oltre modo e disperato,
E biastemmando la Fortuna fella,
Appunto giunse dove è la Donzella.

   La qual dormiva in atto tanto adorno,
Che pensar non si può, non ch' io lo scriva;
Parea che l' erba a lei fiorisse intorno,
E d' amor ragionasse quella riva:
Quante son ora belle, e quante forno
Nel tempo, che bellezza più fioriva,
Tal sarebbon con lei, qual esser suole,
L' altre stelle a Dïana, o lei co 'l sole.

Il Conte stava sì attento a mirarla,
Che sembrava uomo di vita diviso,
E non attenta punto di svegliarla;
Ma fisso riguardando nel bel viso,
In bassa voce con sè stesso parla;
Son ora quivi, o son in Paradiso?
Io pur la veggio, e non è ver nïente,
Però ch' io sogno e dormo veramente.

Così mirando quella, si diletta
Il franco Conte, ragionando in vano:
Oh quanto sè a battaglia meglio assetta,
Che d' amar donne, quel Baron soprano!
Perchè qualunque ha tempo, e tempo aspetta,
Spesso si trova vota aver la mano;
Come al presente a lui venne a incontrare;
Che perse un gran piacer per aspettare.

Però che Ferraguto camminando
Dietro la riva in su 'l prato giungia,
E, quando quivi vede 'l Conte Orlando,
Avvenga che per lui no 'l conoscia,
Assai fra sè si vien maravigliando;
Poi vede la Donzella che dormia.
Ben prestamente l' ebbe conosciuta,
Onde nel viso e nel pensier si muta.

Certo si crede allor, senza mancanza,
Che 'l Cavalier si stia lì per guardarla;
Onde con voce di molta arroganza
A lui rivolto subito gli parla;
Questa prima fu mia che la tu' amanza;
Però delibra al tutto di lasciarla;
Lasciar la dama, o la vita con pene,
O a me torla del tutto ti conviene.

Orlando, che nel petto si rodia,
Vedendo sua ventura disturbare,
Dicea: deh, Cavalier, va a la tua via,
E non voler del mal giorno cercare:
Perch' io ti giuro per la fede mia,
Che mai alcun non volsi ingiurïare;
Ma il tuo star quì m' offende tanto forte,
Che forza mi sarà darti la morte.

O tu, o io si converrà partire,
Per quel ch' io odo adunque d' esto loco:
Ma io t' accerto, ch' io non ne vo' gire,
E tu non lì potrai star più sì poco,
Che ti farò sì forte sbigottire,
Che se dinanzi ti trovasti un foco,
Dentro da quel sarai da me fuggito;
Così parlava Ferraguto ardito.

Il Conte allor turbossi oltra misura,
E nel viso di sangue s' è avvampato:
Io son Orlando, e non aggio paura,
Se 'l mondo fosse tutto quanto armato:
E di te tengo così poca cura,
Come d' un fanciullino adesso nato,
Vil ribaldello, figlio di puttana:
Così dicendo trasse Durindana.

Or s' incomincia la maggior battaglia,
Che mai più fusse tra duo Cavalieri:
L' arme de' dui Baroni a maglia a maglia
Cadean troncate da quei brandi fieri:
Ciascun presto spacciarsi si travaglia,
Perchè vedean che li facea mestieri,
Che come la Fanciulla si svegliava,
Sua forza in vano poi s' adoperava.

Ma in questo tempo si fu risentita,
La Damigella dal viso sereno;
E grandemente si fu sbigottita,
Vedendo il prato d' arme rotte pieno,
E la battaglia orribile e infinita.
Subitamente piglia il palafreno,
E via fuggendo va per la foresta.
Allora Orlando di ferir s' arresta,

 Dicendo: Cavalier, per cortesia
Indugia la battaglia nel presente,
E lasciami seguir la dama mia,
Ch' io ti sarò tenuto al mio vivente;
E certo io stimo che sia gran follia
Far cotal guerra insieme per niente:
Colei n' è gita che ci fa ferire,
Lascia, per Dio, che la possa seguire.

 No no, rispose crollando la testa
L' ardito Ferragù, non lì pensare:
Se vuoi che la battaglia tra noi resta,
Convienti quella Dama abbandonare;
Io ti fo certo, che 'n questa foresta
Un sol di noi la converrà cercare.
E s' io te vinco sarà mio mestiero:
Se tu me uccidi, a te lascio 'l pensiero.

 Poco vantaggio avrai di questa zuffa,
Rispose Orlando, per lo Dio beato;
Ora si fece la crudel baruffa,
Come ne l' altro canto avrò contato:
Vedrete come l' un l' altro ribuffa.
Più che mai fosse, Orlando era turbato;
Di Ferraguto non dico niente,
Che mai non fu senz' ira al suo vivente.

CANTO QUARTO.

In l' altro canto io contai la travaglia,
Che fu tra i dui Baroni incominciata,
E forse un altro par di tanta vaglia,
Non vede il Sol che ha la terra cercata.
Orlando con alcun mai fè battaglia,
Che al terzo giorno gli avesse durata,
Se non sol dui, per quanto abbia saputo,
L' un fu Don Chiaro, e l' altro Ferraguto.

 Or si tornano insieme ad affrontare,
Con vista orrenda e minacciante sguardo:
Ognun di lor più s' ha a maravigliare,
D' aver trovato un Baron sì gagliardo;
Prima credea ciascun non aver pare,
Ma quando l' uno a l' altro fa riguardo,
Giudica ben e vede per certanza,
Che non v' è gran vantaggio di possanza.

 E cominciarno il dispietato gioco,
Ferendosi tra lor con crudeltate;
Le spade ad ogni colpo gettan foco,
Rott' hanno i scudi, e l' armi dissipate,
E ciaschedun di loro a poco a poco
Ambe le braccie s' avean disarmate.
Non pon tagliarle per la fatagione:
Ma di color l' han fatte di carbone.

Cosi le cose di par non lontano,
Nè v' è speranza di vittoria certa.
Eccoti una donzella per il piano,
Che di sciamito nero era coperta:
La faccia bella si battia con mano;
Dicea piangendo: misera! diserta!
Qual uomo, qual Iddio mi darà aiuto,
Che 'n questa selva io truovi Ferraguto?

E come vide li duo Cavalieri,
Co 'l palafreno in mezzo fu venuta;
Ciascun di lor contenne il suo destrieri.
Essa con riverenza li saluta,
E disse a Orlando; cortese guerrieri,
Abbenchè tu non m' abbi conosciuta,
Nè io te conosca, per mercè ti prego,
Ch' a la dimanda mia non facci niego.

Quel ch' io ti chiedo si è, che la battaglia
Sia mo compiuta che hai con Ferraguto,
Perch' io mi trovo in una gran travaglia,
Ne m' è mistier d' altrui sperar aiuto.
Se la fortuna mai vorrà ch' io vaglia,
Forse ch' un tempo ancor sarà venuto,
Che di tal cosa ti renderò merto,
Giammai no 'l scorderò; questo tien certo.

Il Conte a lei rispose: io son contento,
(Come colui ch' è pien di cortesia)
E se adoprarmi ti vien in talento,
Io t' offerisco la persona mia;
Nè mi manca la forza, o l' ardimento,
Abbenchè Ferragù forse non sia;
Nulla di manco per questo mestiero,
Farò quanto appartiene a un Cavaliero.

La Damigella ad Orlando s' inchina,
E volta a Ferragù, disse; Barone,
Non mi conosci ch' io son Fiordispina?
Tu fai battaglia con questo campione,
E la tua patria va tutta in ruina;
Nè sai, preso è tuo padre e Falsirone,
Arsa è Valenza, e disfatta Aragona,
E l' assedio si è intorno a Barcellona.

Un alto Re, ch' è nomato Gradasso,
Qual signoreggia tutta Sericana,
Con infinita gente ha fatto il passo
Contra 'l Re Carlo e la gente Pagana.
Cristiani e Saracin mena a fracasso,
Nè tregua, o pace vuol con gente umana;
Discese a Zibeltarro, arse Sibiglia,
Tutta la Spagna del suo foco impiglia.

Il Re Marsilio a te solo è rivolto,
E te piangendo solamente noma;
Io vidi 'l vecchio Re battersi il volto,
E trar del capo la canuta chioma.
Vien; scodi il caro padre che t' è tolto,
E 'l superbo Gradasso vinci e doma.
Mai non avesti e non avrai vittoria,
Che più d' onor t' acquisti, fama e gloria.

Molto fu stupefatto il Saracino,
Come colui, ch' ascolta cosa nova;
E, volto a Orlando, disse: Paladino,
Un' altra volta farem nostra prova;
Ma ben ti giuro per Macon divino,
Che alcun simile a te non si ritrova;
E s' io te vinco, non te mi nascondo,
Ardisco a dir, ch' io son il fior del mondo.

Or si partono d' insieme i Cavalieri;
Orlando si drizzò verso Levante,
Chè tutt' il suo disire e il suo pensieri,
È di seguir d' Angelica le piante;
Ma gran fatica gli farà mestieri,
Perchè, come si tolse a lor davante,
La Damigella per negromanzia,
Portata fu, ch' alcun non la vedia.

Va Ferraguto con molto ardimento
Per quella selva menando fracasso,
Che ciascun' ora gli parea ben cento,
Di ritrovarsi a fronte con Gradasso;
Però n' andava ratto com' un vento;
Ma il ragionar di lui ora vi lasso,
E tornar voglio a Carlo Imperatore,
Che de la Spagna sente quel rumore.

Il suo consiglio fece radunare:
Fuvvi Ranaldo ed ogni Paladino,
E disse loro: io odo ragionare,
Che quand' egli arde 'l muro a noi vicino,
Di nostra casa debbiam dubitare;
Dico che se Marsilio è Saracino,
Ciò non attendo: egli è nostro cognato,
Ed ha vicino a Francia giunto il Stato.

Ed è nostro parer e nostra intenza,
Che si gli doni aiuto ad ogni modo,
Contra l' estrema ed orribil potenza,
Del Re Gradasso, il qual, sì com' io odo,
Minaccia ancor di Francia a la eccellenza,
Nè della Spagna sta contento al sodo;
Ben potemo saper, che per niente,
Non fa per noi vicin tanto potente.

Vogliamo adunque per nostra salute,
Mandar cinquanta mila Cavalieri,
E conoscendo l' inclita virtute
Del pro' Rinaldo, e com' è buon guerrieri,
Nostro parer non vogliam che si mute,
Chè a migliorarlo non faria mestieri.
In quest' impresa nostro Capitano
Sia generale 'l Sir di Montalbano.

Vogliam ch' abbia Bordella e Rossiglione,
Linguadoca e Guascogna a governare,
Mentre che durerà questa tenzone,
E quei Signor con lui debbano andare:
Così dicendo, gli porge 'l bastone.
Ranaldo s' ebbe in terra a inginocchiare,
Dicendo: forzerommi, alto Signore,
Di farmi degno di cotanto onore.

Egli avea pien di lagrime la faccia,
Per allegrezza, e più non può parlare;
L' Imperator strettamente l' abbraccia,
E dice; Figlio, ti vuo' ricordare,
Ch' io pongo il regno mio ne le tue braccia,
Il qual è in tutto per pericolare:
Via se n' è gito, e non so dove, Orlando,
Il stato mio a te l' arraccomando.

Questo gli disse ne l' orecchia piano.
Ciascun si va con Ranaldo a allegrare;
Ivone ed Angelin che con lui vano
E gli altri ancor che seco hanno a passare;
Ranaldo a tutti con parlare umano,
Profferir si sapeva e ringraziare.
Subitamente si pose in vïaggio,
E fu ordinato in Spagna il suo passaggio.

Ciascun buon Cavalier, ch' è di guerra uso,
Segue Ranaldo e la Francia abbandona;
Montano l' alpe sempre andando in suso,
E già veggon fumar tutt' Aragona;
Essi varcarno al passo del Pertuso,
E in poco tempo giunsero a Sirona.
Il Re Marsilio quivi era fermato;
Grandonio in Barcellona avea mandato.

Per riparare al tenebroso assedio,
Benchè si creda non poter giovare,
Nè lui sa immaginare alcun rimedio,
Che non convenga il regno abbandonare;
E per malinconia e molto tedio,
Sol se ne sta, nè si lascia parlare.
Ora ad un tempo gli venne l' aiuto
Di Carlo Mano, e giunse Ferraguto.

Era con lui già prima Serpentino,
Isolier e Spinella e 'l Re Morgante
E Mattalista il franco Saracino,
L' Argalifa di Spagna e l' Ammirante.
Ogn' altro Baron grande e picciolino,
Ch' al Re Marsilio ubbidiva davante,
Coi fratei Balugante e Falsirone,
Tutti son morti, o son ne la prigione.

Imperocchè Gradasso smisurato,
Da poi che si partì di Sericana,
Tutto il mar d' India aveva conquistato,
E quell' Isola grande Taprobana,
La Persia con l' Arabia lì da lato,
Terra de' Negri, ch' è tanto lontana,
E mezzo 'l mondo ha circuito e 'l mare,
Pria che 'l stretto di Spagna abbi ad entrare.

E tanta gente avea seco adunata,
E tanti re ch' adesso non vi narro,
Che più non ne fu insieme alcuna fiata.
Discese in terra, e prese Zibeltarro,
Arse e disfece il regno di Granata,
Sibiglia e Toledo l' uom bizzarro;
Venne dipoi a Valenza meschina,
Con Aragona la pose in ruina.

Sì com' io dissi, aveva in sua prigione
Ogni Baron, ch' a Marsilio obbedia,
Tratti color di cui feci ragione,
Che dentro di Sirona seco avia;
E di Grandonio, che in opinïone,
D' esser ben presto preso si vedia,
Che Barcellona da sera a mattina,
È combattuta, e mai non si rafina.

Ora torniamo al Re Marsilïone,
Che riceve Ranaldo a grand' onore,
E molto ne ringrazia il Re Carlone;
Ma Ferraguto bacia con amore,
Dicendo: Figlio, io tengo opinïone,
Che la tua forza e l' alto tuo valore,
Abbatterà Gradasso, quel malegno,
A noi servando il nostro antico regno.

Ordine dassi, che 'l giorno seguente,
Si debba verso Barcellona andare,
Perchè Grandonio continüamente,
Con fuoco, aiuto aveva a dimandare;
Così furno ordinate incontinente
Le schiere, e chi le avesse a governare;
La prima, che si parte al mattutino,
Guida Spinella e 'l franco Serpentino.

Venti mila guerrieri è questa schiera:
Segue Ranaldo el franco combattante,
Cinquanta mila sotto sua bandiera;
Mattalista vien dietro e 'l Re Morgante,
Con trenta mila di sua gente fiera;
Ed Isolier da poi con l' Ammirante,
Con venti mila; e a lor dreto in aiuto
Trenta migliara mena Ferraguto.

Il Re Marsilio l' ultima guidava,
Cinquanta mila di bella brigata.
Ciascuna schiera in ordine n' andava,
L' una da l' altra alquanto separata.
Era il Sol chiaro e a l' aura sventilava
Ogni bandiera, ch' è ad alto spiegata:
Sì ch' al calar del monte fur vedute,
Dal Re Gradasso e da' suoi conosciute.

Quattro Re chiama, e a lor così ragiona;
Cardon, Francardo, Urnasso e Stracciaberra,
Combattete a le mùra Barcellona,
E questo giorno ponetele a terra:
Non vi rimanga viva una persona,
E quel Grandonio che fa tanta guerra,
Io voglio averlo vivo ne le mani,
Per farlo far battaglia co' miei cani.

Questi son d' India sopra nominati.
Di nera gente seco n' avean tanti,
Quanti mai non sariano annumerati;
Ed oltre a questo duo mila elefanti,
Di torri e di castella tutti armati.
Ora Gradasso fa venirsi avanti;
Un gran gigante Re di Taprobana,
Che ha una giraffa sotto per alfana.

Più brutta cosa non si vide mai,
Che 'l viso di quel Re, che ha nome Alfrera.
A lui disse Gradasso: n' anderai,
Fa che m' arrechi la prima bandiera,
Tutta la gente mena quanta n' hai:
E poi rivolto con la faccia altiera
Al Re d' Arabia, che gli è lì da lato,
Faraldo è quel robusto nominato;

   A questo Re comanda a mano a mano,
Che gli meni Ranaldo per prigione,
E la bandiera del Re Carlo Mano;
Ma guarda che non scampi 'l suo ronzone,
Ch' io ti faria impiccar com' un villano:
Chè quel cavallo è stato la cagione,
Che m' ha fatto partir di Sericana,
Per aver quello, e insieme Durindana.

   Al Re di Persia fa comandamento,
Che prenda Mattalista e 'l Re Morgante;
Framarte è questo il Re di valimento:
Ecco 'l Re di Macrobia, ch' è gigante,
E tutt' è nero com' un carbon spento,
Pigliar debbe Isolier e 'l Ammirante;
Destrier non ha, ma sempre va pedone
Questo gigante ed ha nome Orïone.

   Re d' Etiopia fu un gigante arguto,
Che quasi un palmo avea la bocca grossa,
Davanti al Re Gradasso fu venuto,
Balorza ha nome quel ch' ha tanta possa:
Comandagli che prenda Ferraguto.
Ultimamente pone a la riscossa,
Li Sericani ed ogni suo Barone:
Ma lui non s' arma e sta nel padiglione.

Diciamo di Marsilio e di sua gente,
Che sopra 'l campo vengono a arrivare.
Vedono il piano di sotto patente,
Ch' è pien d' uomini armati insin al mare,
E non credevan già primieramente,
Che tanta gente potesse adunare
Il mondo tutto, quanta è quivi è unita,
Nè la posson stimar, perch' è infinita.

L' un campo a l' altro più si fa vicino,
Al gran comando d' ogni Capitano;
Ciascun da le due parti è Saracino,
Fuor che la gente del Re Carlo Mano:
Spinella d' Altamonte e Serpentino,
Con la lor schiera son giunti nel piano:
Levossi il grido d' una e d' altra gente,
Che par che 'l ciel profondi veramente.

Risona 'l monte e tutta la riviera,
Di trombe, di tamburi e d' altre voce;
Serpentin sta davanti a la frontiera,
Sopra un corsier terribile e veloce.
Ora si move il gran gigante Alfrera,
Cosa non fu giammai tanto feroce,
Quant' è colui che trenta piedi è altano
Su la giraffa, ed ha un baston in mano.

Di ferro è tutto quanto quel bastone,
Tre palmi volge intorno per misura;
Serpentin contra lui va di rondone,
Con l' asta a resta, e già non ha paura:
Feri 'l Gigante e ruppe 'l suo troncone;
Ma quella contrafatta creatura
Ha con tal forza Serpentin ferito,
Che lo distese in terra tramortito.

Nulla ne cura e lascialo disteso;
Con la giraffa passa entro la schiera,
Trova Spinella e nel braccio l' ha preso,
Via nel portò, come cosa leggiera.
Tutta la gente, di furore acceso,
Co 'l baston batte, e branca la bandiera,
E quella al re Gradasso via mandone,
Insieme con Spinella ch' è prigione.

Ranaldo la sua schiera avea lasciata
In man d' Ivone e del fratello Alardo,
E la battaglia avea tutta guardata,
E quanto il grande Alfrera era gagliardo;
Vedendo quella gente sbarattata,
Tempo non parve a lui d' esser più tardo;
Manda dir ad Alardo, che si mova;
Ei con la lancia il gran gigante trova.

Or che gli potrà far, che quel portava,
Un cuoi' di serpe sopra la coraccia?
Ma pur con tanta furia lo scontrava
Che la giraffa e lui per terra caccia;
Poi tra la schiera Bajardo voltava,
E ben d' intorno con Fusberta spaccia.
Tutti i Cristiani in tanto v' arrivaro;
Non vi fu a' Saracini alcun riparo.

Vanno per la campagna in abbandono,
Rotta, stracciata fu la sua bandiera;
Benchè dugento mila armati sono.
Or di terra si leva il forte Alfrera,
Più terribile assai, ch' io non ragiono;
Ma poi che vide in volta la sua schiera,
Con la giraffa si mise a seguire,
Non so se per voltarli, o per fuggire.

Ranaldo è con lor sempre mescolato,
Ed a destra e sinistra il brando mena;
Chi mezzo 'l capo, chi ha un braccio tagliato,
Le teste in gli elmi cadou a l' arena.
Come un branco di capre disturbato,
Cotal Ranaldo avanti sè li mena:
Ora convien che 'l faccia maggior prove,
Che 'l Re Faraldo la sua schiera move.

Era quel Re d' Arabia incoronato,
E non aveva fin la sua possanza;
Or non può suo valore aver mostrato,
Perchè Ranaldo, d' un contro di lanza,
L' ha per il petto a le spalle passato.
Tocca Bajardo e con molta arroganza,
Va tra gli Arabi, che nulla li prezza,
Con l' urto atterra e con la spada spezza.

Era però Ranaldo accompagnato,
Per le più volte, d' assai buon guerrieri;
Guicciardo e Ricciardetto gli era a lato,
E lo Re Ivone, Alardo ed Angelieri,
Ed ora Serpentin era arrivato,
Ch' è risentito e tornato a destrieri:
Ma di lor tutti è pur Ranaldo il fiore,
D' ogni bel colpo lui sol ha l' onore.

Tutta la gente de gli Arabi è in piega,
Gambeli e dromedari cade al piano;
Ranaldo li cacciò più d' una lega.
Or vien Framarte il gran Re Persïano;
La sua bandiera d' oro al vento spiega,
Ben l' adocchia il Signor di Montalbano
Addosso a lui con la lancia si caccia,
Dopo le spalle il passa ben tre braccia.

Quel gran Re cade morto a la pianura,
Fuggieno i suoi per la campagna aperta.
Ranaldo mena colpi a dismisura,
Non dimandar se 'l frappa con Fusberta.
Ecco Orïone la sozza figura,
Mai non fu visto cosa più diserta;
Nero tra tutti, e nulla porta indosso,
Ma la sua pelle è dura più ch' un osso.

Venne il gigante nudo a la battaglia,
Un arbor avea in mano il maledetto;
Tutta la schiera de' Cristian sbaraglia,
Non v' ha difesa scudo, o bacinetto.
Avea d' intorno a sè tanta canaglia,
Che per forza Ranaldo fu costretto
Ritrarsi alquanto, e sonare a ricolta,
Per ritornar più stretto l' altra volta.

Ma mentre che con gli altri si consiglia,
Ed halli il suo partito dimostrato,
E già la lancia su la coscia piglia,
Giunse l' Alfrera quell' ismisurato,
Con tanta gente, ch' è una maraviglia;
Ed eccoti arrivar da l' altro lato
L' alto Balorza; e tanta gente viene,
Che 'n ogni verso sette miglia tiene.

Venian gridando con tanto rumore,
Che la terra tremava e 'l ciel e 'l mare;
Ivone e Serpentino e ogni Signore
Dicean, ch' aiuto si vuol dimandare;
Dicea Ranaldo: e' non sarebbe onore:
Voi vi potete a dietro ritirare,
Ed io soletto, com' io son, mi vanto
Metter quel campo in rotta tutto quanto.

Nè più parole disse 'l Cavaliero,
Ma stringe i denti e tra color si caccia;
Rompe la lancia l' ardito guerriero,
Poi con Fusberta si fa far tal piaccia,
Che aiuto d' altri non gli fa mestiero,
E con voce arrogante li minaccia:
Via popolaccio vil, senza governo,
Che tutti ancoi vi metto ne l' Inferno.

Il Re Marsilio dal monte ha veduto,
Mover a un tratto cotanta canaglia;
Per un suo messo dice a Ferraguto,
Ch' ogni sua schiera meni a la battaglia.
Ranaldo già di vista era perduto,
Ei tra la gente Saracina taglia,
Tutta la sua persona è sanguinosa,
Mai non si vide più terribil cosa.

Or si comincia la battaglia grossa;
A tutti Ferraguto vien davante,
Giammai non fu Pagan di tanta possa:
Isolier, Mattalista e 'l Re Morgante;
Ciascun è ben gagliardo e dure ha l' ossa;
L' Argalifa vien dietro e l' Ammirante,
Prima entrato era Alardo e Serpentino,
Ivone, Ricciardetto ed Angelino.

Il Re Balorza con la faccia scura,
Ne porta sott' il braccio Ricciardetto,
Combatte tutta fiata e non ha cura,
D' aver nel braccio manco il giovenetto.
Ognun ben d' aiutarlo si procura,
Ma il gigante lo porta a lor dispetto;
Ivone, Alardo ed Angelin gli è intorno;
Esso di tutti fa gran beffe e scorno.

Il terribil Alfrera avea levato,
Al suo dispetto, Isolier de l' arcione;
Ferraguto gli è sempre nel costato,
Nè vuol che 'l porti senza questione.
Vero è, che 'l suo destriero è spaventato,
Nè può accostarsi con nulla ragione,
Per la giraffa, l' animal diverso,
Fugge 'l cavallo indietro ed a traverso.

Il crudel Orïone alcun non piglia,
Ma con l' arbore uccide molta gente,
E petto e faccia ha di sangue vermiglia,
Lancie, nè spade non cura nïente,
Chè la sua pelle a un osso s' assomiglia.
Ora torniamo a Ranaldo valente,
Che forte si conturba ne l' aspetto,
Perchè Balorza porta Ricciardetto.

S' or non mostra Ranaldo il suo valore,
Giammai no 'l mostrerà il Baron accorto;
Chè a Ricciardetto porta tanto amore,
Che, per camparlo, quasi saria morto.
Dente con dente batte a gran furore,
L' uno e l' altro occhio ne la fronte ha torto:
Ma nel presente io lascio sua battaglia
Per ricontarvi un' altra gran travaglia.

Io vi contai pur mo, che 'n Barcellona,
Stava Grandonio e facea gran difesa,
Come a quei d' India e suoi Re di corona,
Fu comandato, che l' avesser presa.
Turpin di questa cosa assai ragiona,
Perchè non fu giammai più cruda impresa.
Forte è la Terra, intorno ben murata;
Or s' è le gran battaglia incominciata.

Da mezzodì, dove la batte 'l mare,
Era ordinato un naviglio infinito;
Da terra gli elefanti hanno a menare
Di torre e di baltresche ognun guarnito;
Fanno quei Negri sì gran sagittare,
Che ciascun ne la Terra è sbigottito:
Ogni uom s' asconde e fugge per paura,
Grandonio solo appar sopra le mura.

Comincia il grido orribile e diverso,
Ed a le mura s' accosta la gente;
Non è Grandonio già per questo perso,
Ma si difende nequitosamente;
Tira gran travi a dritto ed a traverso,
Pezzi di torre e merli veramente,
Colonne integre lancia quel gigante,
Ad ogni colpo atterra un elefante:

E va d' intorno facendo gran passo,
Salta per tutto quasi in un momento;
Di ciò che gli è davanti fa fracasso,
Getta gran foco con molto spavento,
Perchè la gente, ch' era gioso al basso,
Che suoi fatti vedieno e suo ardimento,
Zolfo gli danno, con pegola accesa,
Ei tra la vampa fuora a la distesa.

Lasciam costoro e torniamo a Ranaldo,
Che ne la mente tutto si rodia,
Tant' è di scoter Ricciardetto caldo,
Che si dispera e non trova la via;
Quel gran gigante sta lì fermo e saldo,
E un gran baston di ferro in man tenia,
Armato è tutto da capo a le piante,
E per destrier ha sotto un elefante.

Or non gli vale il furïoso assalto,
Non vale a quel Baron esser gagliardo,
Perocchè non potea giunger tant' alto.
Subitamente smonta di Bojardo,
E ne la groppa sè getta d' un salto
A quel gigante, che non gli ha riguardo ;
L' elmo gli spezza e d' acciaro una scoffia,
Nè indugia a riddoppiare e d' ira soffia.

Par che si batta un ferro a la fucina,
Quella gran testa in due parti disserra :
Cadde 'l gigante con tanta ruina,
Che a sè d' intorno fè tremar la terra.
Or ne fugge la gente Saracina,
Ch' è dinanzi a Ranaldo in quella guerra,
Come la lepre fugge avanti il pardo,
Stretti li caccia quel Baron gagliardo.

Aveva Ferraguto tutta via
Più di quattro ore cacciato l' Alfrera ;
Ardea ne gli occhi pien di bizzarria,
Perchè non trova modo, nè maniera,
Per la qual Isolier riscosso sia ;
Quella giraffa, contrafatta fera,
Via ne 'l porta correndo di trapasso,
E giunse a' paviglion nanti a Gradasso.

Ferragù segue dentro al padiglione :
L' Alfrera, che si vide al punto stretto,
Getta Isolier e mena del bastone,
Ed ebbe giunto sopra al bacinetto,
E balordito il fè cader d'arcione,
Quel gran gigante fiero e maledetto ;
Così fu preso l' ardito guerrieri ;
Torna l' Alfrera e prese anch' Isolieri.

Dicea l' Alfrera: Io ti so dir, Signore,
Che nostra gente è rotta ad ogni modo,
Chè quel Ranaldo è di troppo valore,
Mal volontieri un tuo nemico lodo:
Ma senza dir d' altrui, ei si fa onore,
E poco d' ora fa, sì com' io odo,
Partì la testa al gigante Balorza;
Or puoi pensar, Signor, s' egli ha gran forza.

A chi ti piace de' tuoi ne dimanda,
Benchè anch' io sappia de la sua possanza,
Chè 'l Re Faraldo d' una ad altra banda
Vid' io passato d'un scontro di lanza:
Il Re di Persia a Macon raccomanda,
Che fu pur giunto a simigliante danza.
Debb' io tacer di me, che andai per terra,
Che mai non m' intravenne in altra guerra?

Dicea Gradasso; può questo Iddio fare,
Che quel Ranaldo sia tanto potente?
Chi mi volesse del Ciel coronare,
(Perchè la terra io non istimo niente)
Non mi potrebbe al tutto contentare,
S' io non facessi prova di presente,
Se quel Baron è cotanto gagliardo,
Che mi difenda il suo destrier Bajardo.

Così dicendo, chiede l' armatura,
Quella, che prima già portò Sansone:
Non ebbe 'l mondo mai la più sicura,
Da capo a piedi s' arma il Campïone.
Ecco la gente fugge con paura,
Dietro li caccia quel figlio d' Amone:
Non può Gradasso star sì poco saldo,
Che dentro al padiglion sarà Ranaldo.

Più non aspetta e salta su l' alfana.
Quest' era una cavalla smisurata;
Mai non fu bestia al mondo più soprana,
Come Bajardo propio era intagliata.
Ecco Ranaldo, che giunge a la piana,
In mezzo de la gente sbarattata;
Oh quanto ben d' intorno il cammin spaccia,
Troncando busti, spalle, teste e braccia!

Ora si move il forte Re Gradasso,
Sopra l' alfana con tanta baldanza,
Che tutto il mondo non stimava un asso.
Verso Ranaldo, bassava la lanza,
E nel venir menava tal fracasso,
Che Bajardo il destrier n' ebbe temanza:
Sedici piedi salì suso ad alto;
Non fu mai visto il più mirabil salto.

Il Re Gradasso assai si maraviglia,
Ma mostra non curare, e passa avante;
Tutta la gente sparpaglia e scompiglia,
Per terra abbatte Ivone e 'l Re Morgante:
L' Alfrera, che gli è dietro, questi piglia,
Chè sempre lo seguiva quel gigante:
Trova Spinella, Guicciardo e Angelino,
Tutti li abbatte il forte Saracino.

Ranaldo s' ebbe indietro a rivoltare,
E vide quel Pagan tanto gagliardo;
Una grossa asta in man si fece dare,
E poi diceva: o destrier mio Bajardo,
A questa volta, per Dio, non fallare,
Che qui conviensi aver un gran riguardo;
Non già, per Dio, ch' io mi senta paura;
Ma quest' è un uomo forte oltra misura.

Cosi dicendo serra la visiera,
E contra 'l Re ne vien con ardimento
Videl Gradasso la persona altiera,
Mai da che nacque fu tanto contento,
Ch' a lui par cosa facile e leggiera,
Trar de l' arcion quel fior di valimento;
Ma ne la prova l' effetto si vede:
Più fatica egli avrà ch' el non si crede.

Fu questo scontro il più dismisurato,
Che un' altra volta forse abbiate udito;
Bajardo le sue groppe mise al prato,
Chè non fu più giammai a tal partito,
Benchè si fu di subito levato;
Ma Ranaldo rimase tramortito;
L' alfana traboccò con gran fracasso,
Nulla ne cura il potente Gradasso.

Spronando forte la fece levare,
Tra l' altra gente va senza paura:
Dice a l' Alfrera, che debba pigliare
Ranaldo, e che 'l destrier meni con cura;
Ma certo e' gli lasciò troppo che fare,
Perchè Bajardo, per quella pianura,
Via ne portava il Cavalier ardito;
In poco d' ora si fu risentito.

Credendosi ancor esser là dov' era
Il Re Gradasso, prende 'l brando in mano;
Con la giraffa lo seguia l' Alfrera,
Che quasi ancora l' ha seguito in vano;
Sopra Bajardo, la bestia leggiera,
Ranaldo va correndo per il piano,
Per tutto va cercando e piano e monte;
Sol per trovarsi con Gradasso a fronte.

Ed eccoti davanti ed ha abbattuto,
Fuor de l' arcione, il suo fratello Alardo;
Esso non ha Ranaldo ancor veduto,
Chè 'n quella parte non facea riguardo;
Ma d' improvviso gli è sopra venuto,
E punto nel ferir non fu già tardo;
A due man mena con tanta flagella,
Che sè 'l crede partir fin su la sella.

Non fu 'l gran colpo a quel Re cosa nova,
Che di valor portava la ghirlanda,
Nè crediate per questo, che si mova,
Nè arma si spezzi, nè sangue si spanda.
Disse a Ranaldo; ora vedrem la prova,
E dir potrai, s' alcun te ne dimanda,
Qual fu di noi più franco feritore:
S' ora mi campi, io ti dono l' onore.

Così ragiona il forte Saracino,
E mena de la spada tutta fiata;
Cade Ranaldo tramortito e chino,
Che mai tal botta non ha quel provata;
L' elmo affatato, che fu di Mambrino,
Gli ha questa volta la vita campata;
Presto Bajardo addietro si è voltato,
Stavvi Ranaldo in su 'l collo abbracciato.

Gradasso quasi un miglio l' ha seguito,
Chè ad ogni modo lo volea pigliare;
Ma poi che fuor di vista gli fu uscito,
È delibrato a dietro ritornare:
Ora Ranaldo si fu risentito,
E ben destina di sè vendicare.
Non è Gradasso rivoltato appena,
Ranaldo un colpo ad ambe man gli mena

Sopra de l' elmo, con tanto furore,
Che ben gli fece batter dente a dente:
Tra sè ridendo, quel Re di valore,
Dicea: quest' è un demonio veramente;
Quand' egli ha 'l peggio e quand' egli ha 'l migliore,
Ognor cerca la briga parimente;
Ma sempre mai non gli anderà ben côlta,
Se non adesso, il giungo un' altra volta.

Così parlando, quel Gradasso altiero,
Gli viene addosso con gli occhi infiammati;
Ranaldo tenea l' occhio al tavoliero,
Se 'l bisogna, Signor no 'l dimandati;
Un colpo mena quel gigante fiero,
Ad ambe mani, ed ha i denti serrati;
Il Baron nostro sta su la vedetta,
Trista sua vita se quel colpo aspetta!

Ma certamente e' n' ebbe poca voglia;
Con un gran salto via si fu levato;
Raddoppia 'l colpo il gigante con doglia,
Bajardo si gittò da l' altro lato;
Può far Iddio, ch' una volta nol coglia?
Diceva 'l Re Gradasso disperato,
E mena 'l terzo; ma nulla gli vale,
Sempre Bajardo par che metta l' ale.

Poi ch' assai s' ebbe indarno affaticato,
Delibra altrove sua forza mostrare,
E ne la schiera de' nemici entrato,
Cavalli e Cavalier fa traboccare;
Ma cento passi non è dislongato,
Che Ranaldo lo venne a travagliare;
E benchè molto stretto non l' offenda,
Forza gli è pur, che ad altro non attenda.

Tornati sono a la cruda tenzone,
Bisogna che Ranaldo giochi netto:
Ecco venir il gigante Orïone,
Che se ne porta preso Ricciardetto.
Per gli piedi 'l tenea, quel can fellone,
Forte gridava, aiuto! il giovanetto;
Quando Ranaldo a tal partito il vede,
De la compassïon morir si crede.

Tanto nel viso gli abbondava 'l pianto,
Che veder non poteva alcuna cosa,
Mai fu turbato alla sua vita tanto,
Or gli monta la collera orgogliosa:
Ed io vi narrerò ne l' altro canto,
Il fin de la battaglia dubbitosa,
Che, com' io dissi, cominciò a l' aurora,
E durò tutto 'l giorno e dura ancora.

CANTO QUINTO.

Voi vi dovete, Signor, raccordare,
Come Ranaldo forte era turbato,
Veggendo Ricciardetto via portare;
Gradasso incontinente ebbe lasciato,
E 'l gran gigante venne ad affrontare.
Era quell' Orïone ignudo nato,
Negra ha la pelle, e tanto grossa e dura,
Che di coperta d' arme nulla cura.

Ranaldo dismontò subito a piede,
Perchè forte temeva di Bajardo,
Per il gran tronco che al gigante vede;
Esser non gli bisogna pigro, o tardo;
Appena che Orïone istima, o crede,
Che si ritrovi in terra un sì gagliardo,
Ch' ardisca far con lui battaglia stretta;
Però si sta ridendo e quello aspetta.

Ma non aveva Fusberta assaggiata,
Nè le feroci braccia di Ranaldo,
Chè l' armatura s' avrebbe augurata:
A due man mena il Principe di saldo,
E ne la coscia fa grande tagliata;
Quando Orïone sente il sangue caldo,
Tra contra terra, forte, Ricciardetto,
Mugghiando come un toro, il maledetto.

Stava disteso Ricciardetto in terra,
Senz' alcun spirto, sbigottito e smorto;
E quel gigante il grande arbore afferra;
Ranaldo in su l' avviso stava accorto,
Quando Orïone il gran colpo disserra.
Non che lui sol, un monte n' avria morto:
Ranaldo indietro si ritira un passo;
Ecco a la zuffa arrivò 'l Re Gradasso.

Non sa Ranaldo già più che si fare,
E certamente gli tocca paura.
Ei, che di core al mondo non ha pare,
Mena un gran colpo fuor d' ogni misura:
Fusberta si sentiva zuffelare;
Giunse Orïone al loco di cintura,
A mezza spada nel fianco l' afferra,
Cadde il gigante in duo cavezzi in terra.

Nulla dimora fa il franco Barone,
Nè pur guarda il gigante ch' è cascato,
Subitamente salta su l' arcione,
E contra di Gradasso se n' è andato ;
Ma non si può levar d' opinïone
Quel Re il colpo che ha visto ismisurato ;
Con la man disarmata ebbe a signare
Verso Ranaldo, che gli vuol parlare,

   E ragionando poi con lui dicia :
E' sarebbe, Baron, un gran peccato,
Che l' ardir tuo e 'l fior di gagliardia,
Quanto n' hai oggi nel campo mostrato,
Perisse con sì brutta villania ;
Chè tu sei da mia gente intornïato,
Come tu vedi, non ti puoi partire,
Convienti esser prigion, ovver morire.

   Ma Dio non voglia che tanto difetto,
Per me si faccia a un Baron sì gagliardo ;
Onde per mio onor io aggio eletto,
Da poi che 'l giorno d' oggi è tanto tardo,
Che noi vegnamo domane a l' effetto,
Io senz' alfana, e tu senza Bajardo ;
Chè la virtute d' ogni Cavaliero,
Si disuguaglia assai per il destriero.

   Ma con tal patto la battaglia sia,
Che stu me uccidi, o prendi me prigione,
Ciascun ch' è preso di tua compagnia,
O sia vassallo al Re Marsilïone,
Saran lasciati su la fede mia :
Ma s' io te vinco, voglio il suo ronzone ;
O vinca, o perda poi, m' abbia a partire,
Nè più in Ponente mai debba venire.

Ranaldo già non stette altro a pensare,
Ma subito rispose: alto Signore,
Questa battaglia che debbiamo fare,
Essere a me non può se non d' onore;
Di prodezza sei tanto singolare,
Ch' essendo vinto da tanto valore,
Non mi sarà vergogna cotal sorte;
Anzi una gloria aver da te la morte.

Quanto a la prima parte, ti rispondo,
Che ben ti voglio e debbo ringraziare;
Ma non che già mi trovi tanto al fondo,
Che da te debba la vita chiamare:
Perchè s' armato fosse tutto 'l mondo,
Non mi potrebbe 'l partir divietare,
Non che voi tutti; e se forse hai talento,
Farne la pruova, io son molto contento.

Incontinente s' ebbero a accordare,
De la battaglia tutto 'l conveniente;
Il loco sia nel lito appresso il mare,
Lontan sei miglia a l' una e l' altra gente;
Ciascun a suo talento si può armare,
D' arme a difesa e di spada tagliente;
Lancia, nè mazza, o dardo non si porta,
E denno andar soletti e senza scorta.

Ciascun è molto ben apparecchiato,
Per dimattina a la zuffa venire:
Ogni vantaggio a mente hanno tornato,
L' usate offese, e l' arte del scrimire.
Ma prima che alcun d' essi venga armato,
D' Angelica vi voglio alquanto dire,
La qual per arte, come ebbi a contare,
Dentro al Cataio si fece portare.

Benchè lontana sia la giovenetta,
Non può Ranaldo levarsi dal core ;
Come cerva ferita di saetta,
Che al lungo tempo accresce il suo dolore,
E quant' il corso più veloce affretta,
Più sangue perde ed ha pena maggiore ;
Così ognor cresce a la Donzella il caldo,
Anzi 'l foco nel cor, che ha per Ranaldo.

 E non poteva la notte dormire,
Tanto la stringe il pensier amoroso ;
E se pur vinta dal lungo martire,
Pigliava al far del giorno alcun riposo,
Sempre sognando stava in quel desire.
Ranaldo gli parea sempre cruccioso
Fuggir, sì come fece in quella fiata,
Che fu da lui nel bosco abbandonata.

 Essa tenea la faccia in ver Ponente,
E sospirando e piangendo talora,
Diceva : in quella parte, in quella gente
Quel crudel tanto bello ora dimora :
Ahi lassa! egli di me non cura niente ;
E questo è sol la doglia che m' accora ;
Colui che di durezza un sasso pare,
Contra mia voglia me 'l convien amare.

 Io aggio fatto omai l' ultima prova
Di ciò che pon gl' incanti e le parole ;
E l' erbe strane ho côlto a luna nova,
E le radici, quand' è scuro il sole ;
Nè trovo che dal petto mi rimova
Questa pena crudel, ch' al cor mi dole ;
Erba, nè incanto, o pietra preziosa,
Nulla mi val; chè amor vince ogni cosa.

Perchè non venne lui sopra quel prato,
Là dove io presi il suo saggio cugino?
Che certamente io non avria gridato.
Ora è prigione adesso quel meschino;
Ma incontinente sarà liberato,
Acciò che quell' ingrato peregrino,
Conosca in tutto la bontade mia,
Che dà tal merto a sua discortesia.

E detto questo se n' andò nel mare,
Là dove Malagise era prigione;
Con l' arte sua là giù si fè portare,
Ch' andarvi ad altra via non c' è ragione:
Malagise ode l' uscio disserrare,
E ben si crede in ferma opinïone,
Che sia 'l demonio, per farlo morire,
Perchè a quel fondo altrui non suol mai gire.

Giunta che fu là dentro la Donzella,
Di farlo portar sopra ben si spaccia;
E poi che l' ebbe entro una sala bella,
La catena gli sciolse da le braccia;
E nulla pur ancora gli favella,
Ma ceppi e ferri da i piè gli dislaccia;
Come fu sciolto gli disse: Barone,
Tu sei mo franco, ed ora eri prigione.

Sì che volendo una cortesia fare
A me, che fuor ti trassi di quel fondo,
Da morte a vita mi puoi ritornare,
Se quà mi meni il tuo cugin giocondo,
Dico Ranaldo, che mi fa penare.
A te la mia gran doglia non ascondo;
Penar fammi d' amor in sì gran foco,
Che giorno e notte mai non trovo loco.

Se mi prometti nel tuo sacramento,
Far quà Ranaldo innanti a me venire,
Io ti farò d' una cosa contento,
Che forse d' altra non hai più disire.
Darott' il libro tuo, se n' hai talento;
Ma guarda, stu prometti, non mentire,
Perchè t' avviso che un anello ho in mano,
Che farà sempre ogni tuo incanto vano.

 Malagise non fa troppo parole,
Ma come a quella piace, così giura;
Nè sa come Ranaldo non ne vuole,
Anzi crede menarlo a la sicura.
Già si chinava a l' occidente il sole;
Ma come giunta fu la notte scura,
Malagise un demonio ha tolto sotto,
E via per l' aria se ne va di botto.

 Quel demonio gli parla tutta fiata,
(E va volando per la notte bruna)
De la gente che 'n Spagna era arrivata,
E come Ricciardetto ebbe fortuna,
E la battaglia com' era ordinata;
Di ciò ch' è fatto non lì è cosa alcuna,
Che quel demonio non la sappia dire;
Anzi più dice, perchè sa mentire.

 E già son giunti presso a Barcellona;
Forse restava un' ora a farsi giorno;
E Malagise il demonio abbandona,
E per quei padiglion guardando intorno,
Dove sia di Ranaldo la persona,
E dormir vede 'l Cavalier adorno;
Ne la trabacca sua stava colcato,
Malagise entra ed ebbelo svegliato.

Quando Ranaldo vide la sua faccia,
Non fu ne la sua vita sì contento;
Del trapontin si leva e quello abbraccia,
E de le volte lo baciò da cento.
Disse a lui Malagise: Ora ti spaccia,
Chè io son venuto sotto a sacramento;
Piacendo a te, mi puoi deliberare;
Non ti piacendo, in prigion vo' tornare.

Non aver ne la mente alcun sospetto,
Ch' io voglia che tu facci un gran periglio;
Con una fanciulletta andrai nel letto,
Netta com' ambra, e bianca com' un giglio.
Me trai di noia, e te poni in diletto;
Quella fanciulla dal viso vermiglio
È tal, che tu nol pensaresti mai;
Angelica è colei di cui parlai.

Quando Ranaldo ha nominar inteso,
Colei che tant' odiava nel suo core,
Dentro dal petto è d' alta doglia acceso,
E tutto il viso gli cangiò il colore;
Or un partito ed or un altro ha preso,
Di far risposta, e non la sa dir fore;
Or la vuol fare, or la vuol differire;
Ma ne l' effetto e' non sa che si dire.

Al fin, come persona valorosa,
Che in ciancie false non si sa coprire,
Disse; odi, Malagise: ogni altra cosa,
(E non ne traggo il mio dover morire,)
Ogni fortuna dura e spaventosa,
Ogni doglia, ogni affanno vuo' soffrire,
Ogni periglio, per te liberare;
Dove Angelica sia non voglio andare.

E Malagise tal risposta odia,
Qual già non aspettava in veritade,
Prega Ranaldo quanto più sapia,
Non per merito alcun, ma per pietade,
Che no 'l ritorni in quella prigionia;
Or gli ricorda la sanguinitade,
Or le profferte fatte alcuna volta;
Nulla gli val: Ranaldo non l'ascolta.

Ma poi che un pezzo indarno ha predicato,
Disse; vedi, Ranaldo: e' si suol dire,
Che altro piacer non s' ha de l' uom ingrato,
Se non buttargli in occhio il ben servire.
Quasi per te ne l' inferno m' ho dato,
Tu mi vuoi far nella prigion morire;
Guarti da me; chè io ti farò un inganno,
Che ti farà vergogna e forse danno.

E così detto avanti a lui si tolse
Subitamente, e si fu dispartito;
E come fu nel loco dove volse,
(Già camminando avea preso 'l partito)
Il suo libretto subito disciolse,
Chiama i demoni il negromante ardito;
Draghinazzo e Falsetta tra da banda,
A gli altri il dipartir tosto comanda.

Falsetta fa addobbar com' un araldo,
Il qual serviva al Re Marsilïone,
L' insegna avea di Spagna quel ribaldo,
La cotta d' arme e in man il suo bastone;
Va messaggier a nome di Ranaldo,
E giunse di Gradasso al padiglione,
E dice a lui; che all' ora de la nona,
Avrà Ranaldo in campo sua persona.

Gradasso lieto accetta quello invito,
E d' una coppa d' or l' ebbe donato;
Subito quel demonio è dispartito,
E tutto da quel che era è tramutato;
Le anella ha ne le orecchie e non in dito,
E molto drappo al capo ha inviluppato;
La veste lunga e d' or tutta vergata,
E di Gradasso porta l' ambasciata.

Proprio parea di Persia un Almansore,
Con la spada di legno e co 'l gran corno:
E quì davanti a ciaschedun Signore,
Giura che all' ora primiera del giorno,
Senza niuna scusa e senza errore,
Sarà nel campo il suo Signor adorno,
Solo ed armato, come fu promesso;
E ciò dice a Ranaldo per espresso.

In molta fretta s' è Ranaldo armato:
I suoi gli sono intorno d' ogni banda;
Da parte Ricciardetto ebbe chiamato,
Il suo Bajardo assai gli arriccomanda.
O sì, o no, dicea, che sia tornato,
Io spero in Dio, che la vittoria manda:
Ma s' altro piace a quel Signor soprano,
Tu la sua gente torna a Carlo Mano.

Fin che sei vivo, debbilo obbedire,
Nè guardar che io facessi in altro modo;
Or ira, or sdegno m' han fatto fallire;
Ma chi dà calci contra a mur sì sodo,
Non fa le pietre, ma il suo piè stordire:
A quel Signor dignissimo di lodo,
Che non ebbe al fallir mio mai riguardo,
S' io son ucciso, lascio il mio Bajardo.

Molte altre cose ancora gli dicia ;
Forte piangendo, in bocca l' ha baciato.
Soletto a la marina poi s' invia,
A piedi sopra 'l lito fu arrivato ;
Quivi d' intorno alcun non apparia ;
Era un naviglio a la riva attaccato,
Sopra di quel persona non appare ;
Stassi Ranaldo Gradasso a aspettare.

Or ecco Draghinazzo, che s' appara ;
Proprio è Gradasso, ed ha la sopravvesta
Tutta d' azzurro, e d' or dentro la sbarra,
E la corona d' or sopra la testa,
L' armi forbite, e la gran scimitarra,
E 'l bianco corno, che giammai non resta,
E per cimier una bandiera bianca ;
In somma, di quel Re nulla gli manca.

Questo demonio ne venne su 'l campo ;
Il passeggiar ha proprio di Gradasso,
Ben da dovero par ch' el butti vampo,
La scimitarra trasse con fracasso.
Ranaldo, che non vuol aver inciampo,
Sta su l' avviso e tiene il brando basso ;
Ma Draghinazzo, con molta tempesta,
Gli cala un colpo al dritto de la testa.

Ranaldo ebbe quel colpo a riparare,
D' un gran riverso gli tira alla cossa :
Or cominciano i colpi a raddoppiare ;
A l' un e l' altro l' animo s' ingrossa :
Or mo comincia Ranaldo a soffiare,
E vuol mostrar a un punto la sua possa,
Il scudo che 'avea in braccio getta a terra,
La sua Fusberta ad ambe mani afferra.

Così cruccioso con la mente altiera,
Sopra del colpo tutto s' abbandona;
Per terra va la candida bandiera,
Cala Fusberta sopra la corona,
E la barbuta getta tutta intiera,
Nel scudo d' osso il gran colpo risuona,
E da la cima al fondo lo disserra,
Mette Fusberta un palmo sotto terra.

Ben prese il tempo il demonio scaltrito,
Volta le spalle e comincia a fuggire;
Crede Ranaldo averlo sbigottito,
E d' allegrezza sè non può soffrire.
Quel maledetto al mar se n' è fuggito,
Dietro Ranaldo si mette a seguire,
Dicendo: aspetta un poco, Re gagliardo;
Chi fugge non cavalca il mio Bajardo.

Or debbe far un Re sì fatta prova?
Non ti vergogni le spalle voltare?
Torna nel campo e Bajardo ritrova,
La miglior bestia non puoi cavalcare;
Ben è guarnito ed ha la sella nova,
E pur iersera lo feci ferrare;
Vientilo piglia; à che mi tieni a bada?
Eccolo quivi in punta a questa spada.

Ma quel Demonio niente non l' aspetta,
Anzi pareva dal vento portato;
Passa ne l' acqua e pare una saetta,
E sopra quel naviglio fu montato.
Ranaldo incontinente in mar si getta,
E poi che sopra 'l legno fu arrivato,
Vide 'l nemico e un gran colpo gli mena;
Quel per la poppa salta a la carena.

Ranaldo ognor più dietro se gli incora,
E con Fusberta giù pur l'ha seguito;
Quel sempre fugge e n' esce per la prora.
Era 'l naviglio da terra partito,
Nè pur Ranaldo se n' avvede ancora,
Tant' è dietro al nemico incrudelito;
Ed è dentro nel mar già sette miglia,
Quando disparve quella maraviglia.

Quell' andò in fumo. Or non mi dimandate,
Se maraviglia Ranaldo si dona.
Tutte le parti del legno ha cercate,
Sopra 'l naviglio più non è persona;
La vela è piena, ha le sarte tirate,
Cammina ad alto e la terra abbandona;
Ranaldo sta soletto sopra 'l legno:
Oh quanto si lamenta il Baron degno!

Ah! Dio del Ciel, dicea, per qual peccato,
M' hai tu mandato cotanta sciagura?
Ben mi confesso, che molto ho fallato,
Ma questa penitenzia è troppo dura.
Io son sempre in eterno vergognato;
Chè certo la mia mente è ben sicura,
Che raccontando quel, che m' è accaduto,
Io dirò il vero e non sarà creduto.

La sua gente mi dette il mio Signore,
E quasi il Stato suo mi pose in mano;
Io vil, codardo, falso, traditore,
Li lascio in terra e nel mar m' allontano;
Ed or mi par d' odir l' alto rumore
De la gran gente del popol Pagano;
Parmi de' miei compagni odir le strida,
Veder parmi l' Alfrera che li uccida.

Ahi! Ricciardetto mio, dove ti lasso
Sì giovinetto, tra cotanta gente?
E voi, che pregion siete di Gradasso,
Guicciardo, Ivone, Alardo mio valente?
Or foss' io stato de la vita casso,
Quand' in Spagna passai primieramente!
Gagliardo fui tenuto e d' armi esperto,
Questa vergogna ha l' onor mio coperto.

Io me ne vado; or chi farà mia scusa,
Quando sarò di codardia appellato?
Chi non sta al paragon, sè stesso accusa;
Più non son Cavalier, ma riprovato:
Or foss' io adesso il figliuol di Lanfusa,
E per lui nel suo loco imprigionato!
Per lui dovessi in tormento morire!
Ch' io non ne sentirei metà martire.

Che si dirà di me ne la gran Corte
Quando sarà sentito il fatto in Franza?
Quanto Mongrana si dolerà forte,
Che 'l sangue suo commetta tal mancanza!
Come trionferanno in su le porte
Gano, con tutta casa di Maganza!
Ahimè! già puote' dirgli traditore;
Parlar non posso più; son senza onore.

Così diceva quel Baron pregiato,
Ed altro ancora nel suo lamentare;
E ben tre volte fu deliberato,
Con la sua spada sè stesso passare;
E ben tre volte, come disperato,
Com' era, armato, gettarsi nel mare:
Sempre 'l timor de l' anima e l' inferno,
Gli vietò far di sè quel mal governo.

La nave tutta fiata via cammina,
E fuor del stretto è già trecento miglia?
Non va il delfino per l'onda marina,
Quanto va questo legno a maraviglia;
A man sinistra la prora s'inchina,
Volta ha la poppa al vento di Sibiglia;
Nè così stette volta, e in uno istante
Tutta si volta contra di levante.

Fornita era la nave d'ogni banda,
(Eccetto che persona non lì appare),
Di pane, vino ed ottima vivanda.
Ranaldo ha poca voglia di mangiare;
Inginocchione a Dio si raccomanda,
E così stando, si vede arrivare
Ad un giardin, dov' è un palagio adorno,
Il mar ha quel giardin d'intorno intorno.

Or quì lasciar lo voglio nel giardino,
Che sentirete poi mirabil cosa:
E tornar voglio a Orlando Paladino,
Qual, com' io dissi, con mente amorosa,
Verso Levante ha preso il suo cammino;
Giorno, nè notte mai non si riposa,
Sol per cercar Angelica la bella,
Nè trova chi di lei sappia novella.

Il fiume de la Tana avea passato,
Ed è soletto il franco Cavaliero;
In tutto il giorno alcun non ha trovato,
Presso a la sera riscontra un Palmiero;
Vecchio era assai e molto addolorato,
Gridando; oh caso dispietato e fiero!
Chi m'ha tolto il mio ben e 'l mio disio?
Figliuol mio dolce, io t' accomando a Dio!

Se Dio t' aiuti, dimmi, Pellegrino,
Quella cagion, che ti fa lamentare?
Così diceva Orlando: e quel meschino,
Comincia 'l pianto forte a raddoppiare,
Dicendo; lasso! misero! tapino!
Mala ventura ebbi oggi ad incontrare.
Orlando di pregarlo non vien meno,
Che 'l fatto gli racconti tutto a pieno.

Dirotti la cagion perch' io mi doglio,
Rispose lui, da poi che 'l vuoi sapere.
Quì dietro da due miglia è un alto scoglio,
Che a la tua vista può chiaro apparere;
Non a me, che non veggio, com' io soglio,
Per pianger molto e per molti anni avere:
La riva di quel scoglio è d' erba priva,
E di colore assembra a fiamma viva.

A la sua cima una voce risona;
Non s' ode al mondo la più spaventosa,
Ma già non ti so dir ciò che ragiona;
Corre di sotto un' acqua furïosa,
Che cinge il scoglio a guisa di corona:
Un ponte vi è di pietra tenebrosa,
Con una porta che assembra diamante,
E stavvi sopra armato un gran gigante.

Un giovinetto mio figliuolo ed io,
Quivi dappresso passavam pur ora,
E quel gigante maledetto e rio,
Quasi dir posso, ch' io no 'l vidi ancora,
Sì di nascoso prese il figliuol mio,
Hassel portato, e credo che il divora;
La cagion di ch' io piango or saputo hai,
Per mio consiglio indietro tornerai.

Pensossi un poco, e poi rispose Orlando;
Io voglio ad ogni modo innanti andare.
Disse il Palmiero: a Dio ti arriccomando,
Tu non debbi aver voglia di campare;
Ma credi a me, che 'l ver ti dico, quando
Avrai quel fier gigante a rimirare,
Che tanto è lungo e sì membruto e grosso,
Pel non avrai, che non ti tremi addosso.

Risene Orlando, e preselo a pregare,
Che per Dio l' abbia un poco ivi aspettato,
E se no 'l vede presto ritornare,
Via se ne vada senz' altro combiato.
Il termine d' un' ora gli ebbe a dare;
Poi verso il scoglio rosso se n' è andato;
Disse 'l gigante, veggendol venire;
Cavalier franco, non voler morire.

Quivi m' ha posto il Re di Circassia,
Perch' io non lasci alcun oltre passare;
Chè su lo scoglio sta una fiera ria,
Anzi un gran mostro si debbe appellare,
Che a ciaschedun, che passa questa via,
Ciò che dimanda suole indovinare;
Ma poi bisogna che anch' egli indovina
Quel, ch' ella dice, o che quà giù il rovina.

Orlando del fanciullo addimandone:
Rispose: averlo e volerlo tenire;
Onde per questo fu la questione,
E cominciarno l' un l' altro a ferire.
Questo ha la spada e quell' altro il bastone;
Ad un ad un non voglio i colpi dire;
Al fin, Orlando tanto l' ha percosso,
Che quel si rese e disse; più non posso.

Così riscosse Orlando il giovinetto,
E ritornollo al padre lagrimoso;
Trasse 'l Palmiero un drappo bianco e netto,
Che ne la tasca teneva nascoso;
Di questo fuor sviluppa un bel libretto,
Coperto ad oro e smalto luminoso,
Poi volto a Orlando disse; Sir compiuto,
Sempre in mia vita ti sarò tenuto.

E s' io volessi te rimeritare
Non basterebbe mia possanza umana;
Questo libretto voglilo accettare,
Ch' è di virtù mirabile e soprana,
Perchè ogni dubbioso ragionare,
Su queste carte si dichiara e spiana;
E, donatogli il libro, disse: addio;
E molto allegro da lui si partio.

Orlando s' arrestò co 'l libro in mano,
E fra sè stesso comincia a pensare;
Mirando al scoglio che è cotanto altano,
Ad ogni modo in cima vuol montare
E vuol veder quel mostro tanto istrano,
Ch' ogni domanda sapea indovinare:
E sol per questo volea far la prova;
Per saper, dove Angelica si trova.

Passa nel ponte con vista sicura,
Che già non lo divieta quel gigante:
Egli ha provata Durindana dura,
Dàgli la strada; Orlando passa avante.
Per una tomba tenebrosa e scura
Monta a la cima quel Baron aitante,
Dov' entro un sasso rotto per traverso,
Stava quel mostro orribile e diverso.

Avea crin d' oro e la faccia ridente,
Come donzella, e petto di leone;
Ma in bocca avea di lupo ogni suo dente,
Le braccia d' orso e branchi di grifone,
Il busto e corpo e coda di serpente,
L' ale dipinte avea come pavone;
Sempre battendo la coda lavora,
Con essa i sassi e il forte monte fora.

Quando quel mostro vede 'l Cavaliero,
Distese l' ale e la coda coperse,
Altro che 'l viso non mostrava intiero,
La pietra sotto lui tutta s' aperse.
Orlando disse a lui, con viso fiero:
Tra le provincie, e le lingue diverse,
Dal freddo al caldo, e da sera a l' aurora,
Dimmi, ove adesso Angelica dimora?

Dolce parlando, la maligna fiera,
Così risponde a quel ch' Orlando chiede:
Quella, per cui tua mente si dispera,
Presso al Cataio in Albracca si siede;
Ma tu rispondi ancora a mia maniera,
Qual animal passeggia senza piede?
E poi qual altro al mondo si ritrova,
Che con quattro, dui, tre d' andar si prova?

Ben pensa Orlando a la dimanda strana,
Nè sa di quella punto sviluppare,
Senza dir altro trasse Durindana;
Quella comincia intorno a lui volare;
Or lo ferisce tutta subitana,
Or lo minaccia e fàllo intorno andare,
Or di coda lo batte, or de l' unghione,
Ben gli è mestier aver sua fatagione.

Che se non fosse lui stato affatato,
Com' era tutto, il Cavalier eletto,
Ben cento volte l' avrebbe passato,
Davanti a dietro, e da le spalle al petto :
Quando fu Orlando assai ben raggirato,
L' ira gli monta e crescegli il dispetto ;
Adocchia 'l tempo, e quando quella cala,
Piglia un gran salto e giunsela ne l' ala.

Gridando il crudel mostro cadde a terra ;
Lungi d' intorno fu quel grido udito ;
Le gambe a Orlando con la coda afferra,
E con le branche il scudo gli ha gremito
Ma presto fu finita questa guerra,
Perchè nel ventre Orlando l' ha ferito ;
Poi che d' intorno a sè l' ebbe spiccato,
Giù de lo scoglio lo trabocca al prato.

Smonta a la riva e prende 'l suo destriero ;
Forte cammina, come innamorato,
E cavalcando, gli venne in pensiero,
Di ciò che 'l mostro gli avea domandato.
Tornagli a mente il libro del Palmiero,
E fra sè disse ; io fui ben smemorato,
Senza battaglia io potea soddisfare :
Ma così piacque a Dio, ch' avesse a andare.

E guardando nel libro, ponè cura,
Quel che disse la fiera indovinare ;
Vede 'l vecchio marino e sua natura,
Che con l' ale, che nuota, ha a passeggiare ;
Poi vede che l' umana creatura
In quattro piedi comincia ad andare,
E poi con duo, quando non va carpone,
Tre n' ha poi vecchio, contando il bastone.

Leggendo il libro, giunse a una riviera
D' un' acqua nera, orribile e profonda;
Passar non puote per nulla maniera,
Chè dirupata è l' una e l' altra sponda;
Lui di trovare il varco pur si spera,
E cavalcando il fiume a la seconda,
Vede un gran ponte e un gigante che guarda;
Vassene Orlando a lui, che già non tarda.

Come 'l gigante il vide, prese a dire:
Misero Cavalier! malvagia sorte
Fu quella, che ti fece quì venire.
Sappi che questo è il Ponte de la Morte,
Nè più di quì ti potresti partire,
Perchè son strade inviluppate e torte;
Che pur al fiume ti menan d' ogni ora,
Convien che un di noi duo su 'l ponte mora.

Questo gigante, che guardava 'l ponte,
Fu nominato Zambardo il robusto,
Più di due piedi avea larga la fronte,
Ed a proporzïon poi l' altro busto;
Armato proprio rassembrava un monte,
E tenea in man di ferro un grosso fusto,
Dal fusto uscivan poi cinque catene,
Ciascuna una pallotta in cima tiene.

Ogni pallotta venti libbre pesa;
Da capo a piedi è d' un serpente armato,
Di piastre e maglia a fare ogni difesa,
La scimitarra avea dal manco lato;
Ma, quel ch' è peggio, una rete ha distesa,
Perchè quando alcun l' abbia contrastato,
Ed abbia ardire e forza a maraviglia,
Con la rete di ferro al fin lo piglia.

E questa rete non si può vedere,
Perchè coperta è tutta ne l' arena:
Ei co' piedi la scocca a suo piacere,
E 'l Cavalier con quella al fiume mena;
Rimedio non si puote a questo avere,
Qualunque è preso, è morto con gran pena:
Non sa di questa cosa il franco Conte,
Smonta 'l destriero e vien dritto in su 'l ponte.

 Il scudo ha in braccio e Durindana in mano
Guarda 'l nemico grande ed aiutante;
Tanto ne cura il Senator Romano,
Quanto quel fosse un piccoletto infante:
Dura battaglia fu sopra quel piano.
Ma in questo canto più non dico avante,
Chè quell' assalto è tanto faticoso,
Che, avendo a dirlo, anch' io chiedo riposo.

CANTO SESTO.

STATE ad odir, Signor, la gran battaglia,
Ch' un' altra non fu mai cotanto scura.
Di sopra odiste la forza e la vaglia
Di Zambardo, diversa creatura;
Ora udirete con quanta travaglia,
Fu combattuto e la disavventura,
Ch' intravvenne ad Orlando Senatore,
Qual forse non fu mai, nè la maggiore.

L' ardito Cavalier monta su 'l ponte,
Zambardo la sua mazza in man afferra;
A mezza coscia non l' aggiunge 'l Conte,
Ma con gran salti si leva da terra,
Sì che ben spesso gli tien fronte a fronte.
Ecco 'l gigante, che 'l baston disserra:
Orlando vede 'l colpo, che vien d' alto,
Da l' altro canto si gittò d' un salto.

Forte si turba quel Saracin fello;
Ma ben lo fece Orlando più turbare,
Perchè nel braccio il giunse a tal flagello,
Che 'l baston fece per terra cascare;
Subitamente poi parve un uccello,
Che l' altro colpo avesse a raddoppiare;
Ma tanto è duro il cuoi' di quel serpente
Che sempre poco ne tocca o niente.

La scimitarra avea tratta Zambardo,
Da poi che 'n terra gli cadde 'l bastone;
Ben vide quel Baron esser gagliardo,
E d' adoprar la rete fa ragione:
Ma quell' aiuto vuol che sia il più tardo:
Or mena della spada un riversone,
A mezza guancia fu il colpo diverso,
Ben venti passi Orlando andò in traverso.

Per questo è il Conte forte riscaldato,
Il viso gli comincia a lampeggiare,
L' un e l' altr' occhio aveva straluanto,
Questo gigante omai non può campare:
Il colpo mena tanto infulminato,
Che Durindana facea vincolare,
Ed era grossa, come Turpin conta,
Ben quattro dita dall' elsa alla ponta.

Orlando lo colpisce nel gallone,
Spezza le scaglie e 'l dosso del serpente;
Avea cinto di ferro un coreggiòne,
Tutto lo parte quel brando tagliente;
Sotto l' usbergo stava 'l pancirone,
Ma Durindana non cura nïente
E certamente per mezzo 'l tagliava,
Se per lui stesso a terra non cascava.

A terra cadde, o per voglia, o per caso,
Io no 'l so dir; ma tutto si distese.
Color nel volto non gli era rimaso,
Quando vide il gran colpo sì palese.
Il cor gli batte, e freddo ha il mento e 'l naso;
Il suo baston, ch' è in terra, ancor ripreso,
Così a traverso verso Orlando mena,
E giunsel proprio a mezzo la catena.

Il Conte di quel colpo andò per terra,
E l' un vicino a l' altro era caduto;
Così distesi ancor si fanno guerra;
Più presto in piedi Orlando è rivenuto;
Ne la barbuta ad ambe man l' afferra,
Lui anco è preso dal gigante arguto,
E stretto sè l' abbraccia sopra 'l petto,
Via ne 'l porta nel fiume il maledetto.

Orlando ad ambe man gli batte 'l volto,
Chè Durindana in terra avea lasciata;
Sì forte 'l batte, che il cervel gli ha tolto;
Cade 'l gigante in terra un' altra fiata;
Incontinente il Conte si è rivolto,
Dietro a le spalle e la testa ha abbracciata;
Balordito è il gigante e non lì vede,
Ma al dispetto d' Orlando salta in piede.

Or si rinnova il dispietato assalto;
Questo ha il bastone, e quello ha Durindana:
Già no 'l potea ferir Orlando ad alto,
Standosi fermo in su la terra piana,
Ma sempre nel colpire alzava un salto;
Battaglia non fu mai tanto villana:
Vero è, che Orlando del scrimir ha l' arte,
Già ferito ha il gigante in quattro parte.

Mostra Zambardo un colpo raddoppiare,
Ma nel ferire a mezzo si raffrena,
E come vede Orlando indietro andare,
Passagli addosso e forte a due man mena;
Non vale a Orlando il suo presto saltare;
Sibila 'l ciel e suona ogni catena;
Non si smarrisce quel Conte animoso,
Co 'l brando incontra 'l colpo ruïnoso.

Ed ha rotto 'l bastone e fracassato;
E non crediate poi ch' el stia a dormire;
Ma d' un roverso al fianco gli ha menato,
Là dove l' altra volta ebbe a colpire;
Quivi 'l cuoi' di serpente era tagliato;
Or chi potrà Zambardo ben guarire?
Che Durindana vien con tal furore,
Che la saetta e 'l tron non l' ha maggiore.

Quasi 'l parte da l' uno a l' altro fianco,
Da un lato si tenea poco, o nïente;
Venne 'l gigante in faccia tutto bianco,
E vede ben ch' è morto veramente,
Forte la terra batte co 'l piè stanco,
E la rete si scocca incontinente,
E con tanto furore aggrappa Orlando,
Che nel pigliar di man gli trasse 'l brando.

Le braccia al busto gli stringe con pena,
Che già non si poteva dimenare;
Tanto ha grossa la rete ogni catena,
Che ad ambe man non si potria pigliare.
Oh Dio del Cielo! oh Vergine serena!
Diceva 'l Conte, debbiami aiutare:
Allor che quella rete Orlando afferra,
Cadde Zambardo morto su la terra.

Solitario è quel loco e sì diserto,
Che rade volte lì venia persona;
Legato è 'l Conte sotto al cielo aperto;
Ogni speranza al tutto l'abbandona.
Perduto 'l Conte si vede allor certo.
Non gli val forza, nè armatura buona;
Senza mangiar un dì stette in quel loco,
E quella notte dormì molto poco.

Così quel giorno e la notte passava,
Cresce la fame e la speranza manca;
E ciò che sente d'intorno guardava,
Ed ecco un Frate con la barba bianca.
Come lo vide 'l Conte lo chiamava,
Quanto levar potea la voce stanca;
Padre, amico di Dio, donami aiuto,
Ch' io son al fin de la vita venuto.

Forte si maraviglia il vecchio Frate,
E tutte le catene va mirando,
Ma non sa come averle dischiavate.
Diceva 'l Conte; pigliate 'l mio brando,
E sopra a me questa rete tagliate.
Rispose 'l Frate; a Dio ti raccomando,
S' io t' uccidessi io sarei irregolare,
Questa malvagità non voglio fare.

State sicuro in su la fede mia,
Diceva Orlando, ch' io son tanto armato,
Che quella spada non mi taglieria.
Così dicendo tanto l' ha pregato,
Che 'l Monaco quel brando pur prendia;
Appena che di terra l' ha levato,
Quanto può l' alza sopra la catena:
Non che la rompa, ma la segna appena.

 Poi che si vide indarno affaticare,
Getta la spada, e con parlar umano
Comincia 'l Cavalier a confortare;
Vogli morir, dicea, come Cristiano,
Nè ti voler per questo disperare,
Abbi speranza nel Signor soprano;
Chè avendo in paziènza questa morte,
Ti farà Cavalier de la sua Corte.

 Molte altre cose assai gli sapea dire,
E tutto il martilogio gli ha contato;
La pena che ogni Santo ebbe a soffrire,
Chi crocifisso e chi fu scorticato.
Dicea; Figliuol, el ti convien morire,
Abbine Dio del Ciel ringraziato.
Rispose Orlando, con parlar modesto:
Ringraziato sia Lui; ma non di questo;

 Perch' io vorrei aiuto e non conforto:
Mal aggia l' asinel, che t' ha portato;
Se un giovane venia non sarei morto;
Non potea giunger quì più sciagurato.
Rispose il Frate: ahimè! Baron accorto,
Io veggio ben che tu sei disperato;
Poi che t' è forza la vita lasciare,
A l' alma pensa e non l' abbandonare.

Tu sei Barone di tanta presenza,
E lasciti a la morte spaventare?
Sappi che la divina provvidenza,
Non abbandona chi in lei vuol sperare.
Troppo è dismisurata sua potenza,
Io di me stesso ti voglio contare,
Che sempre ho la mia vita in Dio sperato:
Odi da qual fortuna io son campato.

Tre frati ed io d' Erminia ci partimo,
Per andar al perdon in Zorzania;
E smarrimmo la strada, com' io stimo,
Ed arrivammo quivi in Circassia:
Un fraticel de' nostri andava primo,
Perchè diceva lui saper la via;
Ed ecco indietro correndo è rivolto,
Gridando, aiuto! e pallido nel volto.

Tutti guardiamo; ed ecco giù del monte
Viene un gigante troppo smisurato;
Un occhio solo aveva in mezzo al fronte;
Io non ti saprei dir di che era armato,
Parean unghie di drago insieme aggionte,
Trè dardi aveva e un gran baston ferrato,
Ma ciò non bisognava a nostra presa,
Che tutti ci legò senza contesa.

A una spelonca dentro ci fè entrare,
Dove molti altri avea ne la prigione:
Lì con questi occhi miei vid' io sbranare
Un nostro fraticèl, ch' era garzone;
E così crudo lo vidi mangiare,
Che mai non fu maggior compassïone.
Poi volto a me dicea; questo letamè,
Non si potrà mangiar, se non con fame,

E con un piè mi traboccò del sasso.
Era quel scoglio orribile ed arguto,
Trecento braccia è da la cima al basso;
In Dio sperava ed Ei mi dette aiuto;
Chè rovinando io giù tutto in un fasso,
Mi fu un ramo di pruno in man venuto,
Ch' uscia del sasso con branchi spinosi,
A quel m' appresi e sotto a quel m' ascosi.

Io stava queto e pure non soffiava,
Fin che venuta fu la notte scura.
Mentra che il Frate così ragionava
Guardossi indietro, e con molta paura
Fuggia nel bosco, ahimè tristo! gridava,
Ecco la maledetta creatura!
Quel ch' io t' ho detto, che cotanto è rio.
Franco Baron, ti raccomando a Dio.

Così gli disse; e più non aspettava,
Chè presto ne la selva si nascose.
Quel gigante crudel quivi arrivava,
La barba e le mascelle ha sanguinose;
Con quel grand' occhio d' intorno guardava,
Vedendo Orlando a riguardar se 'l pose;
Su 'l col l' abbranca e forte lo dimena,
Ma no 'l può sviluppar de la catena.

Io non vo' già lasciar questo grandone,
Diceva quel, da poi ch' io l' ho trovato;
Debb' esser sodo, com' un buon montone,
Integro a cena me l' avrò mangiato;
Sol d' una spalla vuo' fare un boccone:
Così dicendo, ha 'l grand' occhio voltato,
E vede Durindana in su la terra,
Presto si china e quella in mano afferra.

I suoi tre dardi e 'l suo baston ferrato,
Ad una quercia avea posati appena,
Che Durindana, quel brando affilato,
Con ambe man addosso a Orlando mena;
Lui non uccise, perchè era fatato,
Ma ben gli taglia addosso ogni catena,
E sì gran bastonata sente il Conte,
Che tutto suda da i piedi a la fronte.

Ma tanta è l' allegrezza d' esser sciolto,
Che nulla cura quella passïone;
Da le man del gigante è presto tolto,
Corre a la quercia, e piglia 'l gran bastone.
Quel dispietato si turbò nel volto,
Che se 'l credea portar com' un castrone,
Poi ch' altrimenti vede il fatto andare,
Per forza se 'l destina conquistare.

Come sapete, essi hanno arme cangiate;
Orlando teme assai de la sua spada,
Però non si avvicina molte fiate,
Da largo quel gigante tiene a bada,
Ma lui menava botte disperate;
Il Conte non ne vuol di quella biada,
Or là, or quà giammai fermo non tarda,
E da sua Durindana ben si guarda.

Batte spesso il gigante del bastone,
Ma tanto viene a dir, come nïente,
Che quell' è armato d' unghie di grifone,
Più dura cosa non è veramente;
Per lunga stracca pensa quel Barone
Che nei tre giorni pur sarà vincente,
E mentre che 'l combatte in tal riguardo,
Muta pensiero, e prende in man un dardo.

Un di quei dardi, che lasciò il gigante,
Orlando prestamente in man l' ha tolto;
Non fallò 'l colpo quel Signor d'Anglante,
Chè proprio a mezzo l' occhio l' ebbe colto;
Un sol n' avea, come odiste davante,
E quel sopra del naso in cima al volto;
Per quell' occhio andò 'l dardo entro 'l cervello,
Cadde 'l gigante in terra con flagello.

Non fa più colpo a sua morte mestiero:
Orlando 'l vero Iddio con larghe braccia
Ringrazia; or torna il Frate su 'l sentiero;
Ma come vede quel gigante in faccia,
Ben che sia morto gli parve sì fiero,
Ch' anco fuggendo nel bosco si caccia;
Ridendo, Orlando il chiama ed assicura,
E quel ritorna, ed ha pur gran paura.

E poi diceva: o Cavalier di Dio,
Che ben così ti debbo nominare,
Opera d' un Baron devoto e pio
Sarà da morte l' anime campare,
Che avea ne la prigion quel mostro rio;
A la spelonca ti saprò guidare,
Ma se un gigante fosse rivenuto,
Da me non aspettare alcun aiuto.

Così dicendo, a la spelonca il guida,
Ma d' intrar dentro il Frate dubitava;
Orlando in su la bocca forte grida:
Una gran pietra quel buco serrava;
Là giù s' odono voci, pianti e strida,
Che quella gente forte lamentava;
La pietra era d' un pezzo, quadra e dura,
Dieci piedi è ogni quadro per misura.

Aveva un piede e mezzo di grossezza,
Con due catene quella si sbarrava;
In questo loco infinita fortezza,
Volse mostrar il gran Conte di Brava;
Con Durindana le catene spezza,
Poi su le braccia la pietra levava,
E tutti quei prigion subito sciolse,
Et andò ciaschedun là dove volse.

Di quì si parte il Conte, e lascia il Frate;
Va per la selva dietro ad un sentiero,
E giunse proprio dove quattro strate
Faceano croce, e stava in gran pensiero,
Qual d' esse meni a le terre abitate.
Vede per l' una venir un corriero:
Con molta fretta quel corriero andava;
Il Conte di novelle il domandava.

Dicea colui: di Media son venuto,
E voglio andar al Re di Circassia;
Per tutto il mondo vo cercando aiuto,
Per una dama, ch' è Regina mia;
Ora ascoltate il caso intravenuto:
Il grande Imperator di Tartaria,
De la Regina è innamorato forte,
E quella dama a lui vuol mal di morte.

Il padre de la dama, Galafrone,
È uomo antico ed amator di pace,
Nè co 'l Tartaro vuol la questïone,
Che quell' è un Signor forte e tropp' audace;
Vuol che la figlia, contra ogni ragione,
Prenda colui, ché tanto le dispiace;
La damigella prima vuol morire,
Che a la voglia del padre consentire.

Ella n' è dentro ad Albracca fuggita,
Ch' lungi è dal Cataio una giornata;
Ed è una rocca forte e ben guarnita,
Da fare a un lungo assedio gran durata:
Lì dentro adesso è la dama polita,
Angelica nel mondo nominata,
Che qualunque è nel ciel più chiara stella,
Ha manco luce, ed è di lei men bella.

Poi che partito fu quel messaggiero,
Orlando via cavalca a la spiegata;
E ben pare a sè stesso nel pensiero,
Aver la bella dama guadagnata.
Così pensando il franco Cavaliero,
Vede una torre con lunga murata,
La qual chiudeva d' uno ad altro monte,
Di sotto ha una riviera con un ponte.

Sopra quel ponte stava una donzella,
Con una coppa di cristallo in mano.
Vedendo il Conte, con dolce favella
Fassigli incontra e, con un viso umano,
Dice: Baron, che sete su la sella,
Se avanti andate, voi andrete in vano;
Per forza, o ingegno non si può passare;
La nostra usanza vi convien servare.

Ed è l' usanza che 'n questo cristallo,
Bever conviensi di questa rivera:
Non pensa 'l Conte inganno, o altro fallo,
Prende la coppa piena e ben intera;
Com' ha bevuto non fa lungo stallo,
Che tutto è tramutato a quel ch' egli era,
Nè sa perchè quì venne, o come, o quando,
Nè s' egli è un altro, o s' egli è pur Orlando.

Angelica la bella gli è fuggita
Fuor de la mente, e l' infinito amore,
Che tanto ha travagliata la sua vita;
Nè si ricorda Carlo Imperatore:
Ogn' altra cosa ha del petto bandita,
Sol la nuova donzella gli è nel core;
Non che di lei si speri aver piacere,
Ma sia soggetto ad ogni suo volere.

Entra la porta sopra a Brigliadoro,
Fuor di sè stesso quel Conte di Brava;
Smonta a un palagio di sì bel lavoro,
Che per gran maraviglia il riguardava,
Sopra colonne d' ambra, e basi d' oro,
Un' ampla e ricca loggia si posava;
Di marmi bianchi e verdi ha 'l suo distinto,
Il ciel d' azzurro e d' or tutto è dipinto.

Davanti de la loggia un giardin era,
Di verdi cedri e di palme adombrato,
E d' arbori gentil d' ogni maniera;
Di sotto a questi verdeggiava un prato,
Nel qual sempre fioriva primavera,
Di marmor era tutto circondato,
E da ciascuna pianta e ciascun fiore,
Usciva un fiato di soave odore.

Posesi 'l Conte la loggia a mirare,
Che avea tre faccie, ciascuna dipinta.
Sì seppe quel maestro lavorare,
Che la natura vi sarebbe vinta.
Mentre che 'l Conte stava a riguardare
Vide una istoria nobile e distinta,
Donzelle e Cavalieri eran coloro,
Il nome di ciascuno è scritto d' oro.

Era una giovenetta in ripa al mare,
Sì vivamente in viso colorita,
Che chi la vede par che oda parlare,
Questa ciascuno a la sua riva invita;
Poi li fa tutti in bestie tramutare.
La forma umana si vedia rapita;
Chi lupo, chi leone e chi cinghiale,
Chi diventa orso e chi grifon con ale.

Vedevasi arrivar quivi una nave,
E un Cavalier uscir di quella fuore,
Che con bel viso e con parlar soave,
Quella donzella accende del suo amore;
Essa pareva donargli la chiave,
Sotto la qual si guarda quel liquore,
Co 'l qual più volte, quella dama altiera
Tanti Baroni avea mutato in fiera.

Poi ella si vedea tanto accecata,
Del grande amor, che portava al Barone,
Che da la sua stessa arte era ingannata,
Bevendo al nappo de l' incantagione;
Ed era in bianca cerva tramutata,
E da poi presa in una cacciagione:
Circella era chiamata quella Dama,
Ulisse quel Baron, ch' ella tant' ama.

Tutta l' istoria sua v' era compita:
Com' egli fugge, e dama ella tornava;
La dipintura è si ricca e polita,
Che d'or tutto il giardino alluminava.
Il Conte, che ha la mente sbigottita,
Fuor d' ogni altro pensier quella mirava,
E mentre di sè stesso è tutto fuore,
Sente far nel giardin un gran rumore.

Ma poi vi conterò di passo in passo
Di quel rumore, e chi ne fu cagione;
Ora voglio tornar al Re Gradasso,
Che tutto armato, come campïone,
A la marina giù discese al basso.
Tutto quel giorno aspetta il fio d' Amone:
Ora pensate se'l debbe aspettare,
Che quel dua mila leghe è lungi in mare.

Ma poi che vede il ciel tutto stellato,
E che Ranaldo pur non è apparito,
Credendo certamente esser gabbato,
Ritorna al campo tutto invelenito.
Diciam di Ricciardetto addolorato,
Che, poi che vede il giorno esserne gito,
E che non è tornato il suo germano,
O morto, o preso lo crede certano.

Dell' animo ch' egli è, voi lo pensati:
Ma non l' abbatte già tanto il dolore,
Che non abbia i Cristian tutti adunati,
E del suo dipartir conta 'l tenore,
E quella notte se ne sono andati.
Non ebbeno i Pagani alcun sentore,
Chè ben tre leghe il Sir di Montalbano,
Dal Re Marsilio alloggiava lontano.

Via camminando van senza riposo,
Fin che son giunti di Francia al confino.
Or torniamo a Gradasso furïoso:
Tutta sua gente fa armare al mattino;
Marsilio d' altra parte è pauroso,
Chè preso è Ferraguto e Serpentino,
Nè v' ha Baron ch' ardisca di star saldo;
Fuggirno i Cristiani, è perso Ranaldo.

Viene lui stesso, con basso visaggio,
Avanti al Re Gradasso inginocchione:
De' Cristïani racconta l' oltraggio,
Che fuggito è Ranaldo quel giottone;
Esso promette voler far omaggio,
Tener il Regno, come suo Barone;
Ed in poche parole s' accordaro;
L' un campo e l' altro insieme mescolaro.

Uscì Grandonio fuor di Barcellona;
E fece poi Marsilio il giuramento
Di seguir di Gradasso la corona,
Contra di Carlo e del suo tenimento.
Esso in segreto e palese ragiona,
Che disfarà Parigi al fondamento,
Se non gli è dato il suo Bajardo in mano,
E tutta Francia vuol gettar al piano.

Già Ricciardetto, con tutta la gente,
È giunto dal Re Carlo Imperatore;
Ma di Ranaldo non sa dir niente:
Di questo è nato in Corte un gran rumore.
Quei di Maganza, assai villanamente,
Dicono, che Ranaldo è un traditore;
Ben vi è ch' il nega, ed ha questi a mentire,
E vuol battaglia con chi lo vuol dire.

Ma il Re Gradasso ha già passato i monti,
Ed a Parigi se ne vien disteso.
Raduna Carlo i suoi Principi e Conti,
E bastagli l' ardir d' esser difeso.
Ne la città guarnisce torri e ponti,
Ogni partito de la guerra è preso;
Stanno ordinati; ed ecco una mattina,
Vedon venir la gente Saracina.

L' Imperatore ha le schiere ordinate,
Già molti giorni avanti ne la terra;
Or le bandiere tutte son spiegate,
E suonan gli strumenti de la guerra.
Tutte le genti sono in piazza armate,
La porta di San Celso si disserra,
Pedoni avanti, e dietro i Cavalieri,
Il primo assalto fa 'l Danese Uggieri.

Il Re Gradasso ha sua gente partita
In cinque parti, ognuna a gran battaglia.
La prima è d' India una gente infinita,
Tutti son neri la brutta canaglia;
Sotto a duo Re sta questa gente unita,
Cardone è l' uno, e come cane baglia;
Il suo compagno è 'l dispietato Urnasso,
Ch' ha in man l' accetta, e di sei dardi un fasso.

A Stracciaberra la seconda tocca;
Mai non fu la più brutta creatura;
Duo denti ha di cinghial fuor de la bocca,
Sol ne la vista a ogni uom mette paura.
Con lui Francardo, che con l' arco scocca
Dardi ben lunghi e grossi oltra misura.
Di Taprobana è poi la terza schiera;
Conducela il suo re qual è l' Alfrera.

La quarta è tutta la gente di Spagna,
Il Re Marsilio ed ogni suo Barone.
La quinta, ch' empie 'l monte e la campagna,
È propio di Gradasso il suo pennone;
Tanta è la gente smisurata e magna,
Che non se ne può far descrizïone.
Ma parliam ora del forte Danese,
Che con Cardone è già giunto a le prese.

Dodici mila di bella brigata
Mena il Danese Uggieri a la battaglia;
E tutta insieme stretta e ben serrata,
La schiera di quei neri apre e sbaraglia.
Contra Cardone ha la lancia arrestata,
Quel brutto viso come un cane abbaglia,
Sopra un gambilo armato è il maledetto;
Danese lo ferisce a mezzo il petto.

E non gli valse scudo o pancirone,
Che giù di quel gambilo è rovinato;
Or tra di calci al vento su 'l sabbione,
Perchè di banda in banda era passato:
Movesi Urnasso l' altro compagnone,
Verso 'l Danese, ha d' un dardo lanciato,
Passa ogni maglia e la corazza e il scudo,
Ed andò il ferro in sin al petto nudo.

Uggier turbato gli sperona addosso;
Quel lanciò l' altro con tanto furore,
Che gli passò la spalla infino a l' osso,
E ben sente 'l Danese gran dolore;
Fra sè dicendo; se accostar mi posso,
Io ti castigherò, can traditore;
Ma quell' Urnasso i dardi in terra getta,
E prende ad ambe man una gran cetta.

Signor sappiate, che 'l caval d' Urnasso
Fu buon destriero e pien di molto ardire;
Un corno aveva in fronte lungo un passo,
Con quel soleva altrui spesso ferire:
Ma per adesso di cantarvi lasso,
Chè quando è troppo, incresce ogni bel dire,
E la battaglia, ch' ora è cominciata,
Sarà crudel e lunga e smisurata.

CANTO SETTIMO.

Dura battaglia crudele e diversa
È cominciata, come ho sopra detto :
Or il Danese Urnasso giù riversa,
Partito l' ha Cortana insin al petto ;
Questa schiera Pagana era ben persa ;
Ma quel destrier d' Urnasso maledetto
Ferì il Danese co 'l corno a la coscia,
Lo arnese e quella passa con angoscia.

Era 'l Danese in tre parti ferito,
E tornò indietro a farsi medicare ;
L' Imperator, che 'l tutto avea sentito,
Fa Salamone a la battaglia entrare,
E dopo lui Turpino il prete ardito :
Il ponte a San Dionigi fa calare,
E mette Gano fuor con la sua scorta :
Riccardo fece uscir d' un' altra porta.

D' un' altra uscitte il possente Angelieri,
Dudon quel forte che a bontà non mente,
E da porta Real vien Olivieri,
E di Borgogna quel Guido possente ;
Il Duca Namo, e il figlio Berlingieri,
Avolio, Avino, Ottone, ogni uom valente,
Chi d' una porta e chi d' altra ne viene,
Per dar a' Saracin sconfitta e pene.

L' Imperator de gli altri più feroce,
Uscitte armato, e guida la sua schiera,
Raccomandando a Dio con umil voce
La città di Parigi, che non pera:
Monachi e preti, con reliquie e croce,
Vanno d' intorno, e fan molte preghiera
A Dio e a' Santi, che difenda e guardi
Re Carlo Mano e suoi Baron gagliardi.

Or sonava a martello ogni campana,
Trombe, tamburi e gridi ismisurati;
E d' ogni parte la gente Pagana
Davanti, in mezzo e dietro enno assaltati.
Battaglia non fu mai cotanto strana,
Che tutti insieme son rammescolati.
Olivier tra la gente Saracina,
Un fiume par che fenda la marina.

Cavalli e Cavalier vanno a traverso,
E questo uccide, e quel getta per terra;
Mena Altachiara a dritto ed a riverso,
Più che mille altri a i Saracin fa guerra.
Non creder che un sol colpo egli abbia perso;
Ecco scontrato fu con Stracciaberra,
Quel nero d' India, Re di Lucinorco,
Ch' ha fuor di bocca il dente come un porco.

Tra lor durò la battaglia niente,
Chè 'l Marchese Olivier mosse Altachiera,
Tra occhio ed occhio, e l' un e l' altro dente,
Partendo in mezzo quella faccia nera;
Poi dà tra gli altri co 'l brando tagliente,
Mette in rovina tutta quella schiera;
E mentre che combatte con furore,
Arriva quivi Carlo Imperatore.

Avea quel Re la spada insanguinata,
Montato era quel giorno in su Bajardo;
La gente Saracina ha sbarattata;
Mai non fu visto un Re tanto gagliardo;
Ripone il brando, e una lancia ha pigliata,
Però ch' ebbe addocchiato il Re Francardo,
Francardo Re d' Elissa l' Indïano,
Che combattendo va con l' arco in mano.

Sagittando va sempre quel diverso,
Tutto era nero, e 'l suo gambilo è bianco;
L' Imperatore il giunse su 'l traverso,
E tutto lo passò da fianco a fianco;
Dell' anima pensate il corpo è perso.
Ma già non parve allor Bajardo stanco;
Col morto era il gambilo in sul sentiero,
Sopra d' un salto gli passò 'l destriero.

Chi mi potrà giammai chiuder il passo,
Ch' io non ritrovi a mio diletto scampo?
Dicea Re Carlo; e con molto fracasso
Parea tra i Saracin di fuoco un vampo:
Cornuto, quel destrier, che fu d' Urnasso,
Andava a vota sella per il campo,
Co 'l corno in fronte va verso Bajardo;
Non si spaventa quel destrier gagliardo.

Senza che Carlo lo governa, o guide,
Volta le groppe, e un par di calci serra:
Dove la spalla a punto si divide,
Giunse a Cornuto, e gettollo per terra;
Oh quanto Carlo forte se ne ride!
Mo s' incomincia ad ingrossar la guerra,
Perchè di Saracin giunge ogni schiera;
Davanti a tutti gli altri vien l' Alfrera.

Su la giraffa vien lo smisurato,
Menando forte al basso del bastone;
Turpin di Rana al campo ebbe trovato,
Sotto la cinta se 'l pose al gallone;
Tal cura n' ha se non l' avesse a lato:
Dopo lui branca Berlingieri e Ottone,
Di tutti tre dopo ne fece un fasso,
Legati insieme li porta a Gradasso.

E ritornò ben presto a la campagna,
Che tutti gli altri ancor ei vuol pigliare:
Giunse Marsilio e sua gente di Spagna;
Or si comincia le mani a menare:
La vita, o il corpo quì non si sparagna,
Ciascun tanto più fa, quanto può fare;
Già tutti i Paladini ed Olivieri,
Sono radutti intorno all' Imperieri.

Egli era in su Bajardo, copertato
A gigli d' or da le côme al tallone;
Olivier il Marchese a lato a lato,
A le sue spalle il possente Dudone,
Angelieri e Riccardo appregïato,
Il Duca Naimo e il Conte Ganelone.
Ben stretti insieme, vanno con rovina
Contra a Marsiglio e gente Saracina.

Ferragù si scontrò con Olivieri:
Ebbe vantaggio alquanto quel Pagano,
Ma non che lo piegasse del destrieri,
Poi cominciarno con le spade in mano:
E scontrarno Spinella ed Angelieri;
E il Re Morgante si scontrò con Gano;
E l' Argalifa e 'l Duca di Baviera;
E tutta insieme poi schiera con schiera.

Così le schiere sono insieme urtate;
Grandonio era affrontato con Dudone.
Questi si davan diverse mazzate,
Però che l' uno e l' altro avea il bastone.
Par che le genti siano accoppiate;
Re Carlo Mano è con Marsilïone:
E ben l' avrebbe nel tutto abbattuto,
Se non gli fosse giunto Ferraguto,

Che lasciò la battaglia d' Oliviero,
Tanto gl' increbbe di quel suo cïano.
Ma quel Marchese, ardito Cavaliero,
Venne a l' aiuto di Re Carlo Mano;
Or ciascun di lor quattro è buon guerriero,
Di core ardito, e ben presto di mano;
Re Carlo era quel giorno più gagliardo
Che fosse mai, perch' era su Bajardo.

Ciascuno gran Barone, o Re possente,
E per onore e gloria si procaccia;
Non si adopran gli scudi per nïente,
Ogni uom mena del brando ad ambe braccia:
Ma in questo tempo la Cristiana gente
La schiera Saracina in rotta caccia,
Del Re Marsilio è in terra la bandiera;
Ecco a la zuffa è tornato l' Alfrera.

Quella gente di Spagna se n' andava:
A tutta briglia fugge ogni Pagano;
Marsilio, nè Grandonio li voltava,
Anzi con gli altri in frotta spaccia 'l piano
E lo Argalifa le gambe menava,
E 'l Re Morgante quel falso Pagano;
Spinella si fuggiva a la distesa;
Sol Ferraguto è quel che fa difesa.

Quel ritornava a guisa di leone,
Nè mai le spalle al tutto rivoltava,
Addosso a lui sempre è il franco Dudone,
Olivieri e 'l Re Carlo martellava;
Quello, or di punta, or mena riversone,
Or questo, or quel de' tre spesso cacciava;
Ma com' egli era punto da' suoi mosso,
A furia tutti tre gli erano addosso.

E certamente l'avrian morto, o preso,
Ma, come è detto, ritornò l'Alfrera;
Mena il bastone di cotanto peso,
Al primo colpo divide una schiera;
Già Guido di Borgogna a lui s'è reso,
Con esso il vecchio Duca di Baviera;
Ma Olivier, Dudone e Carlo Mano,
Tutti tre insieme addosso a lui ne vano.

Chi di quà, chi di là gli venne a dare,
Ciascun gli è intorno con fronte sicura;
Ei la giraffa non può rivoltare,
Ch' è bestia pigra molto per natura;
Colpi diversi ben potea menare,
Ma Carlo e gli altri di schifarli han cura;
Ma poi che più non può, nanti a Gradasso
Con la giraffa fugge di trappasso.

Il Re Gradasso lo vede venire,
Che l'avea prima in buona opinïone,
Verso di lui si affronta, e prese a dire;
Ahi brutto manigoldo! vil briccone!
Non ti vergogni a tal modo fuggire?
Tanto sei grande, e sei tanto poltrone?
Va nel mio padiglion, vituperato,
Fa che più mai io non ti vegga armato.

E così detto, tocca la sua alfana,
Al primo scontro riversò Dudone;
Mostra Gradasso forza più che umana,
Riccardo abbatte e lo Re Salamone:
Movesi la sua gente Sericana,
A tutti fa il suo core di dragone:
Di ferro intorno è cinta la sua lanza,
Mai non fu al mondo sì fatta possanza.

E' si fu riscontrato al Conte Gano;
Giunse nel scudo a petto del Falcone,
A gambe aperte lo gittò su 'l piano;
Da lunge ebbe veduto 'l Re Carlone,
Spronagli addosso, con la lancia in mano,
Al primo colpo il getta de l' arcione;
La briglia di Bajardo in mano ha tolta,
Presto le groppe quel destrier rivolta.

Forte gridando, un par di calci mena,
Di sotto dal ginocchio il colse un poco:
La schiniera è incantata e grossa e piena,
Pur dentro si piegò gettando foco;
Mai non senti Gradasso cotal pena,
Tanta ha la doglia che non trova loco;
Lascia Bajardo e la briglia abbandona;
Dentro a Parigi va la bestia buona.

Gradasso si ritorna al padiglione;
Non dimandate s' egli ha gran dolore:
Radotto era nel campo un gran vecchione,
Che de la medicina avea l' onore;
Legò il ginocchio con molta ragione,
Poi di radici e d' erbe avea un licore,
Che come 'l Re Gradasso l' ha bevuto,
Par che quel colpo mai non abbia avuto.

Or torna a la battaglia assai più fiero;
Non è rimedio a la sua gran possanza:
Vennegli addosso il Marchese Oliviero,
Ma quel l' atterra d' un colpo di lanza;
Avolio, Avino, Guido ed Angeliero
Van tutti quattro insieme ad una danza:
A dire in somma, e' non vi fu Barone,
Che non l' avesse quel giorno prigione.

Il popol Cristïano in fuga è volto,
Nè contra a' Saracin più fan difesa;
Ogni franco Baron di mezzo è volto,
L' altra gentaglia fugge a la distesa;
Non vi è chi mostri a quei Pagani il volto,
Tutta la buona gente è morta, o presa;
Gli altri tutti ne vanno in abbandono,
Sempre a le spalle i Saracin li sono.

Or dentro da Parigi è ben palese,
La gran sconfitta, e che Carlo è in prigione:
Salta dal letto subito il Danese,
Forte piangendo, quel franco Barone.
Fascia la coscia, vestissi l' arnese,
Ed a la porta ne venne pedone;
Chè, per non indugiare, il Sir pregiato
Comanda, che 'l destrier gli sia menato.

Come quì giunse, la porta è serrata;
Di fuor di quella s' odeno gran stride,
Morta è tutta la gente battezzata;
Non vuol aprir quel portier omicide:
Perchè la Pagania non vi sia entrata,
Comporta che il Pagan sua gente uccide;
Il Danese lo prega e lo conforta,
Che sotto a sua difesa apra la porta.

Quel portier crudo, con turbata faccia,
Dice al Danese, che non vuol aprire;
E con parole superbe il minaccia,
Se da la guardia sua non s' ha a partire.
Il Danese turbato prende un' accia,
Ma come quello il vede a sè venire,
Lascia la porta e fugge per la Terra;
Presto il Danese quella apre e disserra.

Il ponte cala l' ardito guerriero,
Sopra vi monta lui con l' accia in mano:
Ora d' aver buon occhi gli è mestiero,
Che dentro fugge a furia ogni Cristiano,
E ciaschedun vuol essere il primiero;
Mescolato è con seco alcun Pagano;
Ben lo conosce 'l Danese possente,
E con quell' accia fa ciascun dolente.

Giunse la furia de' Pagani in questa;
Avanti a tutti gli altri è Serpentino.
Sopra del ponte salta con tempesta;
L' accia mena il Danese Paladino,
E giunge a Serpentino in su la testa,
Tutto s' avvampa a foco l' elmo fino,
Perchè di fatagione era sicura
Del franco Serpentin quell' armatura.

Sente 'l Danese la folta arrivare,
Giunge Gradasso e Ferragù possente;
Ben vede quel che non può riparare,
Tanto gl' ingrossa d' intorno la gente;
Il ponte a le sue spalle fa tagliare,
Giammai non fu un Baron tanto valente,
Contra tanti Pagan, tutto soletto
Difese un pezzo il ponte, a lor dispetto.

Intorno gli è Gradasso tutta fiata,
E ben comanda, che altri non s' impaccia;
Sente 'l Danese la porta serrata,
Ormai più non si cura e mena l' accia;
Gradasso con la man l' ebbe spezzata,
Dismonta a piedi e ben stretto l' abbraccia;
Grande è 'l Danese e forte campïone,
Ma pur Gradasso lo porta prigione.

Dentro a la Terra non è più Barone,
Ed è venuto già la notte scura;
Il popol tutto fa processïone,
Con veste bianca e con la mente pura;
Le chiese sono aperte e le prigione,
Il giorno aspetta con molta paura;
Nè altro ne resta, che, la porta aperta,
Veder sè stesso e sua città diserta.

Astolfo con quelli altri fu lasciato,
Nè si ammentava alcun che 'l fosse vivo;
Perchè, come fu prima imprigionato,
Fu detto a pieno, che di vita è privo.
Era lui sempre di parlar usato,
E vantatore assai più ch' io non scrivo;
Però com' udì 'l fatto, disse: ahi lasso!
Ben seppe com' io stava il Re Gradasso.

S' io mi trovava della prigion fuora,
Non era giammai preso 'l Re Carlone:
Ma ben lì ponerò rimedio ancora;
Il Re Gradasso vuo' pigliar prigione;
E dimattina al tempo de l' aurora,
Armato e solo io monterò in arcione;
State voi sopra a merli alla vedetta,
Tristo è il Pagan che nel campo m' aspetta!

Di fuor s' allegra quella gente fiera,
Stanno al gran Re Gradasso tutti intorno:
Lui sta nel mezzo con la faccia altiera,
Per prender la cittade al nuovo giorno;
Per allegrezza perdonò a l' Alfrera,
Or condutti i prigion davanti forno:
Come Gradasso vide Carlo Mano,
Seco l' assetta e prendelo per mano;

 Ed a lui disse; savio Imperatore,
Ciascun Signor gentil e valoroso,
La gloria cerca e pascesi d' onore;
Chi attende a far ricchezza, o aver riposo,
Senza mostrar in prima il suo valore,
Merta del regno al tutto esser deposo;
Io, che in Levante mi potea posare,
Sono in Ponente, per fama acquistare.

 Non certamente per acquistar Franza
Nè Spagna, nè Alemagna, nè Ungheria;
L' effetto ne farà testimonianza:
A me basta mia antiqua signoria;
Egual a me non voglio di possanza:
Adunque ascolta la sentenzia mia;
Un giorno integro tu, con tuoi Baroni,
Voglio ch' in campo mi siate prigioni;

 Poi ne potrai a tua città tornare,
Ch' io non voglio in tuo Stato por la mano;
Ma con tal patto: che m' abbi a mandare
Il destrier del Signor di Montalbano;
Chè di ragione io l' ebbi ad acquistare,
Abbenchè mi gabbasse quel villano:
E simil voglio, come torni Orlando,
Che 'n Sericana mi mandi 'l suo brando.

Re Carlo dice di dargli Bajardo,
E che del brando farà suo potere;
Ma il Re Gradasso il prega, senza tardo
Che mandi a torlo, che lo vuol vedere:
Così ne venne a Parigi Riccardo;
Ma com' Astolfo questo ebbe a sapere,
(Lui del governo ha pigliato il bastone)
Prende Riccardo e mettelo in prigione.

Di fuor del campo mandava un araldo,
A disfidar Gradasso e la sua gente;
Se lui dice, d' aver preso Ranaldo,
Ovver cacciato, o morto, che 'l ne mente,
E disdir lo farà come ribaldo;
Che Carlo ha a far in quel destrier niente;
Ma se lo vuole, esso el venga acquistare;
Doman su 'l campo l' averò a menare.

Gradasso domandava a Re Carlone,
Chi fosse questo Astolfo e di che sorte?
Carlo gli dice sua condizione,
Ed è turbato ne l' animo forte.
Gano dicea; Signor, egli è un buffone,
Che dà diletto a tutta nostra Corte;
Non guardar a suo dir, nè star per esso,
Che non ci attendi quel, che ci hai promesso.

Dicea Gradasso a lui; tu dici bene,
Ma non creder però, per quel ben dire,
Di andarne tu, se Bajardo non viene;
Sia chi si vuole, egli è di molto ardire:
Voi siete quì tutti presi con pene,
E quel vuol meco a battaglia venire;
Or se ne venga, e sia pur buon guerriero,
Ch' io son contento; ma meni il destriero.

Ma s' io guadagno per forza 'l ronzone,
Io posso far di voi il mio volere,
Nè son tenuto a la condizïone,
Se non m' avete il patto ad ottenere
Oh quant' era turbato il Re Carlone !
Che dove el crede libertade avere,
E Stato e roba ed ogni suo Barone,
Perde ogni cosa ; e un pazzo n' è cagione.

Astolfo, come prima apparve il giorno,
Bajardo ha tutto a pardi copertato ;
Di grosse perle ha l' elmo al cerchio adorno
Guarnito, e d' or la spada al manco lato ;
E tante ricche pietre aveva intorno,
Che a un Re di tutt' il mondo avria bastato ;
Il scudo è d' oro ; e su la coscia avia
La lancia d' or, che fu de l' Argalia.

Il Sole appunto allora si levava,
Quando lui giunse in su la prateria ;
A gran furore 'l suo corno sonava,
E ad alta voce dopo il suon dicia ;
O Re Gradasso, se forse t' aggrava,
Provarti solo a la persona mia,
Mena con teco il gran gigante Alfrera,
E se ti piace, mille in una schiera.

Mena Marsilio e 'l falso Balugante,
Insieme Serpentino e Falsirone ;
Mena Grandonio, che è sì gran gigante,
Che un' altra volta il trattai da castrone ;
E Ferraguto, ch' è tanto arrogante :
Ogni tuo Paladin, ogni Barone
Mena con teco, e tutta la tua gente ;
Che te con tutti non temo nïente,

Con tal parole Astolfo avea gridato:
Oh quanto il Re Gradasso ne ridia!
Pur s' arma tutto e vassene su 'l prato,
Chè di pigliar Bajardo voglia avia.
Cortesemente Astolfo ha salutato,
Poi dice: io non so già chi tu ti sia;
Io domandai di tua condizïone,
Gano mi dice, che tu sei buffone.

Altri m' ha detto poi, che sei Signore
Leggiadro, largo, nobile e cortese,
E che sei d' ardir pieno e di valore;
Quel che tu sia io non faccio contese,
Anzi sempre ti voglio far onore;
Ma questo ti so ben dirti palese,
Ch' io vuo' pigliarti, sii se vuoi gagliardo,
Altro del tuo non voglio, che Bajardo.

Ma tu fai senza l' oste la ragione,
Diceva Astolfo, e convienla rifare;
Al primo scontro ti levo d' arcione,
E, poi che t' odo cortese parlare,
Del tuo non voglio il valor d' un bottone,
Ma vuò ch' ogni prigion m' abbi a donare;
E ti lascierò andare in Pagania
Salvo, con tutta la tua compagnia.

Io son contento, per lo Dio Macone,
Disse Gradasso; e così te lo giuro.
Poi volta indietro, e guarda il suo troncone,
Cinto di ferro e tanto grosso e duro,
Che non di torre Astolfo del ronzone,
Ma credea d' atterrare un grosso muro:
Da l' altra parte Astolfo ben s' affranca;
Forza non ha, ma l' animo non manca.

Già su l' alfana si muove Gradasso,
Nè Astolfo d' altra parte sta a guardare;
L' un più che l' altro viene a gran fracasso,
A mezzo 'l corso s' ebbeno a scontrare;
Astolfo toccò primo il scudo a basso,
Che per niente non volea fallare
Siccom' io dissi, il scudo basso tocca,
E fuor di sella netto lo trabocca.

Quando Gradasso vede ch' egli è in terra,
Appena ch' a sè crede, che 'l sia vero:
Ben vede mo che finita è la guerra,
E perduto è Bajardo il buon destriero;
Levasi in piedi, e la sua alfana afferra,
Volto ad Astolfo, e disse; Cavaliero,
Con meco hai pur tu vinta la tenzone,
A tuo piacer vien, piglia ogni prigione.

Così ne vanno insieme a mano a mano,
Gradasso molto gli faceva onore;
Nulla sa Carlo l' Imperier Cristiano
Di quella giostra ch' è fatta il tenore;
Ed Astolfo a Gradasso dice piano:
Che nulla dica a Carlo Imperatore,
Ed a lui sol di dir lasci l' impaccio,
Ch' alquanto ne vuol prender di solaccio.

E giunto avanti a lui, con viso acerbo
Disse; i peccati t' han cerchiato in tondo.
Tanto eri altiero e tanto eri superbo,
Che non stimavi tutto quanto il mondo;
Ranaldo e Orlando che fur di tal nerbo,
Sempre cercasti di metterli al fondo;
Ecco usurpato t' avevi Bajardo,
Or l' ha acquistato questo Re gagliardo.

A torto mi ponesti in la prigione,
Per far carezze a casa di Maganza;
Or dimanda al tuo Conte Ganelone,
Che ti conservi nel regno di Franza;
Or non v' è Orlando fior d' ogni Barone,
Non v' è Ranaldo quella franca lanza,
Che se sapesti tal gente tenire,
Non sentiresti mo questo martire.

Io ho donato a Gradasso il ronzone,
E già mi son con lui ben accordato,
Stommi con seco, e servo da buffone,
Mercè di Gano, che me gli ha lodato;
So che gli piace mia condizïone;
Ognun di voi gli avrò raccomandato,
Ei Carlo Mano vuol per ripostieri,
Danese scalco, e per cuoco Olivieri.

Io gli ho lodato Gano di Maganza,
Per uomo forte e degno d' alto affare,
Sì che stimata sia la sua possanza;
Le legne e l' acqua converrà portare.
Tutti voi altri poi, gente da danza,
A questi suoi Baron vi vuol donare;
E se a lor sarà grata l' arte mia,
Farò ch' avrete buona compagnia.

Già non rideva Astolfo per nïente,
E proprio par ch' el dica da davvera:
Non dimandar se 'l Re Carlo è dolente,
E ciaschedun che è preso in quella schiera.
Dice Turpino a lui; ahi miscredente!
Hai tu lasciata nostra fede intera?
A lui rispose Astolfo; sì, Pretone,
Lasciato ho Cristo ed adoro Macone.

Ciascuno è smorto e sbigottito e bianco,
Chi piange, chi lamenta e chi sospira;
Ma poi che Astolfo di beffare è stanco,
Avanti a Carlo inginocchion si tira,
E disse; Signor mio, voi sete franco;
E se 'l mio fallir mai vi trasse ad ira,
Per pietade e per Dio, chiedo perdono,
Che, sia quel ch'io mi voglia, vostro sono.

Ma ben vi dico, che mai per niente,
Non voglio in vostra Corte più venire;
Stia con voi Gano ed ogni suo parente,
Che sanno il bianco in nero convertire;
Il Stato mio vi lascio ubbidïente,
Io dimattina mi voglio partire,
Nè mai mi posarò per freddo, o caldo,
Insin che Orlando non trovi e Ranaldo.

Non sanno ancor se 'l beffi, o dice il vero,
Tutti l'un l'altro si guardano in volto;
Sin che Gradasso quel Signor altiero
Comanda, che ciascun via si sia tolto:
Gano fu il primo a montare a destriero.
Astolfo, che lo vede, il tempo ha côlto,
E disse a lui; non andate, Barone,
Gli altri son franchi e voi sete prigione.

Di cui son io prigion? diceva Gano;
Rispose quel: d'Astolfo d'Inghilterra.
Allor Gradasso fa palese e piano,
Come sia stata tra lor duo la guerra:
Astolfo il Conte Gano prende a mano,
Con lui davanti di Carlo s'atterra,
E inginocchiato disse; alto Signore,
Costui voglio francar per vostro amore.

Ma con tal patti e tal condizïone,
Che 'n vostra mano e' converrà giurare,
Per quattro giorni d' intrare in prigione,
E dove e quando io lo vorrò mandare ;
Ma sopra a questo, vuo' promissïone,
(Perchè egli è usato la fede mancare)
Da' Paladini e da vostra Corona,
Darmi legata e presa sua persona.

Rispose Carlo ; io voglio che lo faccia ;
E fecelo giurare incontinente.
Or d' andare a Parigi ogni uom si spaccia ;
Altro ch' Astolfo non s' ode nïente,
E chi lo bacia in viso, e chi l' abbraccia,
Ed a lui solo va tutta la gente ;
Campato ha Astolfo, ed è suo quest' onore,
La fè di Cristo e Carlo Imperatore.

Carlo si forza assai d' el ritenire,
Irlanda tutta gli volea donare,
Ma lui s' è destinato di partire,
Che vuol Ranaldo e Orlando ritrovare :
Quà più non ne dirò, lasciatel gire,
Che assai di lui avrò poi a contare :
Or quella notte, innanti al mattutino,
Partì Gradasso ed ogni Saracino.

Andarno in Spagna e lì restò Marsiglio,
Con la sua gente ed ogni suo Barone ;
Gradasso ivi montò sopra il naviglio,
Ch' era una quantità fuor di ragione :
Or di narrarvi fatica non piglio
Il suo vïaggio, e quelle regïone
Di negra gente sotto 'l ciel sì caldo,
Ma tornar voglio, ov' io lasciai Ranaldo.

E conterovvi d' un' alta ventura,
Che gl' intravenne e ben maravigliosa,
E di letizia piena e di sciagura,
Che forsi sua persona valorosa,
Mai non fu a sorte sì spietata e dura :
Ma pigliar voglio adesso alcuna posa,
E poi vi conterò ne l' altro canto,
Cose mirabil d' allegrezza e pianto.

CANTO OTTAVO. [s. 1—2

Giunse Ranaldo al Palazzo Gioioso,
Così s' avea quell' isola a chiamare,
Ove la nave fè il primo riposo,
La nave che ha il nocchier, che non appare :
Era quello un giardin d' arbori ombroso,
Da ciascun lato in cerco il batte il mare ;
Piano era tutto, coperto a verdura ;
Quindici miglia in giro è per misura.

Di ver ponente, appunto sopra 'l lito,
Un bel palazzo e ricco si mostrava,
Fatto d' un marmo sì terso e pulito,
Che 'l giardin tutto in esso si specchiava :
Ranaldo in terra presto fu salito,
Che star sopra la nave dubitava ;
Appena sopra 'l lito era smontato,
Ecco una dama, che l' ha salutato.

La Dama gli dicea; franco Barone,
Quì v' ha portato la vostra ventura,
E non pensate, che senza cagione
Siate condotto, con tanta paura,
Tanto di lunge in strana regïone;
Ma vostra sorte, ch' al principio è dura,
Avrà fin dolce, allegro e dilettoso,
S' avete il cor, com' io credo, amoroso.
 Così dicendo per la man il piglia,
E dentro al bel palagio l' ha menato:
Era la porta candida e vermiglia,
E di ner marmo e verde e mescïato:
Il spazzo che co' piedi si scapiglia,
Pur di quel marmo è tutto varïato;
Di quà di là son loggie in bel lavoro,
Con rilievi e compassi azzurri e d' oro.
 Giardini occulti di fresca verdura
Son sopra i tetti e per terra nascosi;
Di gemme e d' oro a vaga dipintura
Son tutti i lochi nobili e gioiosi;
Chiare fontane e fresche a dismisura
Son circondate d' arboscelli ombrosi;
Sopra ogni cosa, quel loco ha un odore
Da tornar lieto ogni affannato core.
 La Dama entra una loggia co 'l Barone,
Adorna molto, ricca e delicata,
Per ogni faccia e per ogni cantone
Di smalto in lama d' oro istorïata:
Verdi arboscelli e di bella fazione,
Dal loco aperto la tenean ombrata,
E le colonne di quel bel lavoro,
Han di cristallo il fusto e 'l capo d' oro.

In questa loggia il Cavaliero entrava ;
Di belle dame ivi era una adunanza ;
Tre cantavano insieme e una sonava
Un instrumento, fuor di nostra usanza,
Ma dolce molto il cantar accordava ;
L' altre poi tutte menano una danza :
Com' entrò dentro il Cavalier adorno,
Cosi danzando lo accerchiarno intorno.

Una di quelle con sembianza umana,
Disse ; Signor, le tavole son pose
E l' ora de la cena è prossimana :
Cosi per l' erbe fresche ed odorose,
Seco 'l menarno a lato a la fontana,
Sotto un coperto di vermiglie rose
Quivi apparato, che nulla vi manca,
Di drappo d' oro e di tovaglia bianca.

Quattro donzelle si furno assettate,
E tolsen dentro a lor Ranaldo in meggio :
Ranaldo sta smarrito in veritate,
Di grosse perle adorno era il suo seggio ;
Quivi venner vivande delicate,
Coppe con gioie di mirabil preggio,
Vin di bon gusto e di soave odore ;
Servon tre dame a lui con molto onore.

Poi che la cena comincia a finire,
E fur scoperte le tavole d' oro,
Arpe e leüti si poterno udire ;
A Ranaldo s' accosta una di loro,
Basso a l' orecchia gli comincia a dire ;
Questa casa Real, questo tesoro,
E l' altre cose, che non puoi vedere,
Che più son molto, son a tuo piacere.

Per tua cagione è tutto edificato,
E per te solo il fece la Regina;
Ben ti dei reputare avventurato,
Che t'ami quella Dama peregrina;
Essa è più bianca che giglio nel prato,
Vermiglia più che rosa in su la spina;
La giovenetta Angelica si chiama,
Che tua persona più che 'l suo cor ama.

Quando Ranaldo, fra tanta allegrezza,
Ode nomar colei che odiava tanto,
Non ebbe a la sua vita tal tristezza,
E cambiossi nel viso tutto quanto;
La lieta casa ormai nulla non prezza,
Anzi gli assembra un luogo pien di pianto;
Ma quella Dama gli dice: Barone,
Anzi non puoi disdir, chè sei prigione.

Quà non ti val Fusberta adoperare,
Nè ti varria s'avesti il tuo Bajardo;
Intorno ad ogni parte cinge 'l mare;
Quì non ti vale ardir nè esser gagliardo,
Quel cor tant' aspro ti convien mutare:
Ell' altro non disia fuor che 'l tuo sguardo;
Se di mirarla 'l cor non ti conforta,
Come vedrai alcun, ch' odio ti porta?

Così dicea la bella giovenetta,
Ma nulla ne ascoltava il Cavaliero;
Nè quivi alcuna de le dame aspetta,
Anzi soletto va per il verziero:
Non trova cosa quivi che 'l diletta;
Ma con cor crudo, dispietato e fiero,
Partir di quivi al tutto si destina,
E da ponente torna a la marina.

Trova 'l naviglio che l' avea portato,
E sopra a quel soletto torna ancora;
Perchè nel mar si sarebbe gettato,
Più presto che al giardin far più dimora:
Non si parte il naviglio, anzi è accostato,
E questo è la gran doglia, che l' accora,
E fa pensier, se non si può partire,
Gettarsi in mare ed al tutto morire.

Ora il naviglio nel mar s' allontana,
E con ponente in poppa via cammina;
Non lo potria contar la voce umana,
Come la nave va con gran ruina:
Ne l'altro giorno una gran selva e strana
Vede, ed a quella il legno s' avvicina;
Ranaldo al lito di quella dismonta,
Subito un vecchio bianco a lui s' affronta.

Forte piangendo, quel vecchio dicia;
Deh non m' abbandonar, franco Barone!
S' onor ti move di cavalleria,
Ch' è la difesa di giusta ragione:
Una donzella, ch' è figliuola mia,
E m' è rapita da un falso ladrone,
E pur adesso presa se la mena . . . . .
Dugento passi non è lunge appena.

Mosso a pietade quel Baron gagliardo,
Benchè sia a piedi armato con la spada,
A seguir il ladron già non fu tardo,
Coperto d' arme corre quella strada;
Come lo víde, quel ladron ribaldo
Lascia la Dama, e già non stette a bada,
Pose a la bocca un grandissimo corno;
Par che risuoni l' aria e 'l ciel d' intorno.

Venne **Ranaldo** la vista ad alzare,
A sè davanti vede un monticello,
Che facea un capo piccioletto in mare;
A la cima di quell'era un castello,
Ch'al suon del corno il pont' ebbe a calare,
Fuora venne un gigante iniquo e fello,
Sedici piedi è da la terra altano,
Una catena e un dardo tien in mano.

    Quella catena ha da capo un uncino;
Or chi potrà quest' opra indovinare?
Come fu giunto il gigante mastino,
Il dardo con gran forza ebbe a lanciare;
Giunse nel scudo, che è ben forte e fino,
Ma tutto quanto pùr l' ebbe a passare,
Usbergo e maglia tutt' ebbe passato,
Ferì 'l Baron alquanto nel costato.

    Dicea Ranaldo a lui; deh tieni a mente,
Chi meglio di noi duo di spada fiera;
E vàgli addosso iniquitosamente;
Com' il gigante 'l vide nella cera,
Volta le spalle e non tarda niente;
Forte correndo fugge a una riviera;
Questa riviera un ponte sopra avea:
Una sol pietra quel ponte facea.

    Nel capo di quel ponte era uno anello,
Dentro gli attacca il gigante l' ancino;
E già Ranaldo è sopra 'l ponticello,
Che correndo al Pagan era vicino;
Tirò l' ingegno con gran forza il fello,
La pietra si profonda: oh Dio divino!
Dicea Ranaldo, aiuta! oh Madre eterna!
Così dicendo va ne la caverna.

Era la tana scura e tenebrosa,
E sopra d' essa la fiumana andava;
Una catena dentro v' era ascosa,
Che 'l caduto Baron tosto legava;
E quel gigante già non si riposa,
Così legato in spalla se 'l portava,
A lui dicendo; e perchè davi impaccio
Al mio compagno? ed io te ho giunto al laccio.

Non rispondea Ranaldo alcuna cosa,
Ma ne la mente, tristo me! dicia.
Or ti par che Fortuna ruïnosa
Una disgrazia dietro a l' altra invia!
Qual sorte al mondo è la più dolorosa
Non si pareggia a la sventura mia!
Ch' in tal miseria mi veggio arrivare,
Nè con qual modo lo saprei contare.

Così dicendo, già sono su 'l ponte,
Che del crudel castello era l' entrata;
Teste d' uccisi ne la prima fronte,
E gente morta vi pende appiccata:
Ma, quel ch' era più scuro, eran disgionte
Le membra ancora vive alcuna fiata:
Vermiglio è lo castello, e da lontano
Sembrava fuoco, ed era sangue umano.

Ranaldo sol pregando Iddio si aiuta;
Ben vi confesso, ch' ora ebbe paura;
Già davanti una vecchia era venuta,
Tutta coperta di una veste scura;
Magra nel volto, orribile e canuta,
E di sembianza dispietata e dura;
Lei fa Ranaldo a la terra gettare,
Così legato, e comincia a parlare.

Forse per fama avrai sentito dire,
Dicea la vecchia, la crudel usanza,
Che questa rôcca ha preso a mantenire;
Ora nel tempo che a viver t' avanza,
Poi ch' a diman s' indugia il tuo morire,
(Chè già di vita non aver speranza)
In questo tempo ti voglio contare,
Qual cagion fece l' usanza ordinare.

Un Cavalier di possanza infinita,
Di questa rôcca un tempo fu signore;
Vita tenea magnifica e fiorita,
Ad ogni forestier faceva onore;
Ciascun, che passa per la strada, invita,
Cavalier, dame e gente di valore:
Avea costui per moglie una donzella,
Che altra al mondo mai fu tanto bella.

Quel Cavalier avea nome Grifone;
Questa rôcca Altaripa era chiamata,
E la sua dama Stella, per ragione;
Chè ben parea dal ciel esser levata.
Era di maggio a la bella stagione,
Andava il Cavalier alcuna fiata
A quella selva, ch' è in su la marina,
Dove giungesti tu in questa mattina.

E passar per lo bosco ebbe sentito
Un altro Cavalier, che a caccia andava;
Sì come a tutti, fè il cortese invito,
Ed a la rôcca quì suso il menava:
Fu quest' altro, ch' io dico, mio marito:
Marchino il Sir d' Aronda si chiamava,
Lui fu menato dentro a questa stanza
Ed onorato assai, com' era usanza.

Or come volse la disavventura,
Gli occhi a la bella Stella ebbe voltato,
E fu preso d' amore oltra misura,
E seco pensò il viso delicato
Di quella mansüeta creatura:
In somma, è dentro il cor tant' infiammato,
Ch' altro no 'l stringe, nè d' altro ha pensiero,
Se non di tor la Donna al Cavaliero.

Da questa rôcca si parte fellone;
Torna cambiato in viso a maraviglia;
Altro che lui non sapea la cagione;
Parte d' Aronda con la sua famiglia,
Porta l' insegne seco di Grifone,
E di persona alquanto il rassomiglia;
I suoi compagni nel bosco nascose,
L' insegne e l' arme pur con essi pose.

Lui, come a caccia, tutto disarmato
Va per la selva e forte suona un corno;
Il cortese Grifon l' ebbe ascoltato,
Ch' era nel bosco ancora lui quel giorno,
In quella parte tosto ne fu andato:
Marchino il falso si guardava intorno,
E come non avesse alcun veduto,
Forte diceva; io l' averò perduto.

Poi ver Grifon el si venne a voltare,
Come 'l vedesse allor primieramente,
Diceva; io vengo un mio cane a cercare,
Ma in questo loco non so andar niente:
Or vanno insieme, e vengon a arrivare,
Ove Marchino ha nascoso la gente;
E per venir più tosto al compimento,
Ucciserlo costoro a tradimento.

Con la sua insegna la rôcca pigliaro,
Nè dentro vi lasciar persona viva;
Fanciulli e vecchi senza alcun riparo
Ed ogni dama fu di vita priva:
La bella Stella quà dentro trovaro,
Che la sventura sua forte piangiva;
Molte carezze le facea Marchino,
Mai non si piega quel cor peregrino.

Pensava ella l' oltraggio dispietato,
Che le avea fatto il falso traditore;
E Grifon, che da lei fu tant' amato,
Sempre le stava notte e dì nel core;
Nè altro disia che averlo vendicato,
Nè trova qual partito sia 'l migliore:
Infin le offerse il suo voler crudele
Quell' animal, che al mondo è di più fele.

L' animal, ch' è più crudo e spaventevole
Ed è più ardente, che fuoco che sia,
È la moglie, che un tempo fu amorevole,
Che, disprezzata, cade in gelosia:
Non è leon ferito più spiacevole,
Nè la serpe calcata è tanto ria,
Quanto è la moglie ria in quella fiata,
Che per altrui sè vede abbandonata.

Ed io ben lo so dir; chè lo provai,
Quando avvisata fui di questa cosa.
Io non sentetti maggior doglia mai,
E quasi venni in tutto rabbïosa:
Ben lo mostrò la crudeltà che usai,
Che forse ti parrà maravigliosa;
Ma dove gelosia stringe l' amore,
Quel mal ch' io feci in due è ancor peggiore.

Due fanciulletti aveva di Marchino,
Il primo lo scannai con la mia mano;
Stava a guardarmi l' altro piccolino,
E dicea; madre, deh per Dio, fa piano!
Io presi per li piedi quel meschino,
E diedi al capo un sasso prossimano:
Ti par ch' io vendicassi il mio dispetto?
Ma questo fu un principio e non l' effetto.

Quasi vivendo ancora lo squartai;
Del petto a l' un e a l' altro trassi 'l core:
Le piccolette membra minuzzai;
Pensa se ciò facendo avea dolore!
Ma ancor mi giova ch' io mi vendicai:
Servai le teste, non già per amore,
Ch' in me non era amor, nè anco pietade,
Servaile per usar più crudeltade.

Quelle portai quà suso di nascoso;
La carne, che fec' io, poi posi al foco;
Tanto potè l' oltraggio dispettoso,
Io stessa fui beccaio, io stessa coco:
A mensa le ebbe 'l padre doloroso,
E quelle si mangiò con festa e gioco:
Ahi crudel sole! ahi giorno scelerato,
Che comportò veder tanto peccato!

Io mi partii di poi nascosamente,
Le mani e 'l petto di sangue macchiata.
Al Re d' Orgagna andai subitamente,
Che già lunga stagion m' aveva amata.
Era costui de la Stella parente;
E raccontai l' istoria dispietata;
Quel Re condussi armato in su l' arcione,
A far vendetta del morto Grifone.

Ma non fu questa cosa cosi presta,
Che com' io fui partita dal castello,
La cruda Stella, menando gran festa,
A Marchin va davanti in viso fello,
E gli appresenta l' una e l' altra testa
De' figli, ch' io servai dentro a un piatello;
Benchè per morte ciascuna era trista,
Pur li conobbe 'l padre in prima vista.

La Damigella aveva il crin disciolto,
La faccia altiera e la mente sicura,
Ed a lui disse; l' uno e l' altro volto
Son de' tuoi figli: dàgli sepoltura;
Il resto hai tu nel tuo ventre sepolto,
Tu il divorasti, non aver più cura.
Ora ha gran pena il falso traditore,
Chè crudeltà combatte con amore.

L' oltraggio ismisurato ben l' invita,
A far di quella Dama crudo strazio;
Da l' altra parte, la faccia fiorita,
E l' affocato amor gli dava impazio.
Delibra vendicarsi a la finita;
Ma qual vendetta lo potria far sazio?
Chè, pensando al suo oltraggio, in veritade
Non v' era pena di tal crudeltade.

Il corpo di Grifon fece portare,
Che cosi ucciso ancor giacea nel piano;
Fece la Dama a quel corpo legare,
Viso con viso stretto, e mano a mano;
Cosi con lei poi s' ebbe a dilettare;
Or fu piacer giammai tant' inumano?
Gran puzza mena 'l corpo tutta fiata;
La Damigella a quel stava legata.

In questo tempo venne il Re d' Orgagna,
Ed io con esso con molta brigata ;
Ma come fummo visti a la campagna,
Marchin la bella Stella ebbe scannata ;
Nè ancor per questo punto la sparagna,
Ma usava con lei morta tutta fiata :
Cred' io che 'l fece sol per darsi vanto,
Ch' altro uom non fusse scelerato tanto.

Noi quì venimmo, e con cruda battaglia
La forte rôcca al fin pur fu pigliata ;
E Marchin preso, e d' ardente tanaglia
Fu sua persona tutta lacerata ;
Chi rompe le sue membra e chi le taglia :
La bella Dama poi fu sotterrata,
Dentro un sepolcro adorno per ragione ;
Posto fu seco il suo caro Grifone.

Il Re d' Orgagna poi se ne fu andato,
Ed io rimasi in questa rôcca scura :
Era l' ottavo mese già passato,
Quando sentimmo in quella sepoltura,
Un grido tant' orribile e spietato,
Ch' io non vo' dir che gli altri abbian paura,
Ma tre giganti ne fur spaventati,
Che 'l Re d' Orgagna meco avea lasciati.

Un d' essi alquanto più di core ardito,
Volse la sepoltura un poco aprire,
Ma ben ne fu poi presto repentito ;
Perocchè un mostro che non potè uscire,
Pur fuor gettò una branca ed ha 'l gremito,
In poco d' ora lo fece morire ;
Stracciollo in pezzi e trassel dentro possa,
La carne divorò con tutte l' ossa.

Non si trovò più uom tanto sicuro,
Che dentro a quella chiesa voglia entrare:
Cinger poi la fec' io d' un forte muro,
E quel sepolcro a ingegno disserrare;
Uscinne un mostro contrafatto e scuro
Tanto, che alcun non l' ardisce guardare;
L' orribil forma sua non ti descrivo,
Perchè sarai da lui di vita privo.

Noi poi serviamo così fatta usanza,
Che ciascun giorno qualcun è pigliato,
E lo gettiamo dentro a quella stanza,
Perchè la bestia l' abbia divorato;
Ma tanti ne pigliamo, che n' avanza;
Alcun si scanna, alcun vien impiccato,
Squartansi vivi ancora alcuna fiata,
Come veder potesti in su l' entrata.

Poi che l' usanza cruda, ismisurata
Fu per Ranaldo pienamente intesa,
E l' orribil cagion e scelerata,
Che fè la bestia a chi non val difesa,
Rivolto a quella vecchia dispietata,
Disse; deh! madre, non mi far contesa;
Concedimi per Dio, che dentro vada,
Armato com' io sono e con la spada.

Rise la vecchia e disse; or pur ti vaglia,
Quante arme vuoi ti lascierò portare;
Che il mostro con suo dente 'l ferro taglia,
Nè contra a le unghie sue si puote armare;
A te convien morir, non far battaglia,
Chè la sua pelle non si può tagliare;
Ma, per far il tuo peggio, io son contenta;
Perchè la bestia più l' armato stenta.

Si com' apparve 'l giorno e 'l Sol lucente,
Ranaldo dentro al muro è giù calato,
E fu una porta alzata: incontinente
Esce 'l mostro diverso e sfigurato;
Si forte batte l' uno a l' altro dente,
Che ciascun sopra 'l muro è spaventato,
Nè di star tanto ad alto s' assicura;
Altri s' asconde e fugge per paura.

Solo è Ranaldo allor senza spavento;
Armato è tutto ed in man ha Fusberta:
Ma credo che a voi tutti sia in talento,
Di quel mostro saper la forma aperta:
Acciò ch' abbiate 'l suo cominciamento,
Fèllo il Demonio, questa è cosa certa,
Del seme di Marchin che 'n corpo avea,
Quella Donzella, a cui diè morte rea.

Egli era più che un bove di grandezza;
Il muso aveva proprio di serpente;
Sei palmi avea la bocca di lunghezza,
Ben mezzo palmo è lungo ciascun dente;
La fronte ha di cinghiale, in tal fierezza,
Che non si può guardarla per niente,
E di ciascuna tempia usciva un corno,
Che move a suo piacer e volge intorno.

Ciaschedun corno taglia come spata;
Mugghia con voce piena di terrore;
La pelle ha verde e gialla e variata,
Di negro, bianco e di rosso colore;
Avea la barba sempre insanguinata;
Occhi di fuoco e guardo traditore;
La mano ha d' uom ed armata d' unghione,
Maggior che quel de l' orso, o del leone.

Ne l' unghie e dente avea cotanta possa,
Che piastra o maglia non gli può durare,
E la pelle sì dura e tanto grossa,
Che nulla cosa la potria tagliare.
Quella bestia feroce ora s' è mossa,
E va con furia Ranaldo a trovare
Su duo piè ritta, con la bocca aperta;
Mena Ranaldo un colpo con Fusberta,

 E proprio a mezzo 'l muso l' ebbe côlta;
Or par di fuoco la bestia adirata,
E con più furia a Ranaldo rivolta,
Con la man alta tira una zampata;
Troppo non giunse avanti quella volta,
Ma quanta maglia prese ebbe stracciata,
Tanto avea duro il dispietato unghione!
Sino a la carne disarmò il Barone.

 Ora per quèsto Ranaldo non resta:
Ben ch' abbia il peggio, pur non si spaventa;
Tira a due mani al dritto de la testa;
Quella bestia crudel par che non senta,
Anzi a ogni colpo mena più tempesta;
Salta d' intorno, nè giammai s' allenta;
Or d' una zampa, ora de l' altra mena,
Con tal prestezza, che si vede appena.

 In quattro parti è già il Baron ferito,
Ma non ha il mondo così fatto core;
Vedesi morto, e non è sbigottito;
Perde 'l suo sangue, e cresce il suo furore;
Lui certamente avea preso il partito,
Che al disperato caso era migliore;
Però che se non fa il mostro perire,
Pur lì di fame gli convien morire.

Già si faceva il giorno alquanto scuro,
E dura la battaglia tutta fiata;
Ranaldo s' è accostato a l' alto muro;
Il sangue ha perso e la lena è mancata,
E ben è del morir certo e sicuro,
Ma mena pur gran colpi della spata:
Vero è, che sangue al mostro non ha mosso,
Ma fracassato gli ha la carne e l' osso.

Or se 'l destina in tutto di stordire:
Mena un gran colpo quel Baron soprano,
La mala bestia il brando ebbe a gremire.
Or che dee far il Sir di Montalbano?
Difender non si può, nè può fuggire,
Perchè Fusberta gli è tolta di mano.
Ma poi vi dirò come andò tal fatto:
In questo canto più di lui non tratto.

NOTES.

BOOK I. CANTO I.

ST. 1.—The words *ascoltati, adunati,* &c. here occurring instead of *ascoltate, adunate,* &c. require some observations, which will serve not only for the present occasion, but for any other in which the letter *i* is used instead of *e,* or *viceversa.* Those who are conversant with Italian poets must be well aware that these letters are often substituted for each other, in such words as *credesse* for *credessi, crede* for *credi,* and the like, which are called poetical licences. This would be sufficient for the defence of BOJARDO, who, at the utmost might be accused of having used this *licence* too frequently. It must, however, be born in mind, that this change of *i* for *e* which appears so strange to us, was probably not so in BOJARDO's times. In old Italian poets, as we shall also find in BOJARDO, verbs ending in *ere* are changed into *ire* or *viceversa,* for the sake of the rhyme. *Giacere* and *vedere* are made to rhyme with *servire* and *venire.* Several ancient poets have used as corresponding together *sguardare* and *micidiari, avvinenti* and *piacente, ancide* and *fede, audivi (udii)* and *vive,* &c.

> Siccome dei *savere,*
> Quando degnò *venire.*
>   BRUN. LATINI, *Tesoret.* v. 53.

But it would be pedantry to quote examples. Even when not compelled by the rhyme, the old Italians said *dea, stea, diretta, deritto, desdece,* &c. instead of *dia, stia, diritta, diritto, disdice,* &c. These have been called licenses by some, by others, barbarisms, or idioms, or Sicilianisms, &c. Mr. RAYNOUARD, in his *Gram. de la Langue Romane,* pag. 17, thinks that this substitution of one vowel for another happened when the *corruption* of the Latin tongue took place. Did not the ancient Italians say *feles* and *volpes* before *felis* and *vulpis*, as well as *distisum* and *consiptum* before *distesum* and *conseptum?* PERTICARI, who has the merit of having turned the attention of the Italians to so eminently a national study, as the origin of the language, followed too servilely RAYNOUARD, and was sometimes blinded by party spirit. In the notes to the oath of Louis the *German,* so often referred to by all who have written on this subject, PERTICARI says positively, that the Romans did not say *Dius* and *Mius*, and then (*Dif. di Dante*, part ii. cap. 17,) he gives us a very long pedigree to trace the Italian *mio* to the Latin *meus*. The words *mi, dii,* and *diis,* afford evidence that *mius* and *dius* were once used. DIOMEDES, the grammarian says: Veteres *mius* dicebant. And VEL. LONGUS adds: *Mium,* . . . antiquis reliquamus. PUTSCHII edit. pp. 319 and 2236. As for *Dius* and *Dia,* they were used instead of *Deus* and *Dea,* as may be seen in VARRO *de L. L.* v. 2. GRUTER. *Vet. Ins.* pp. 84. 120. 121. MURATOR. *Thesaur.* pp. 312. 340. 341. PHILIP. A TURRE, *de Monum. Antiq.* p. 389. VARRO again *de R. R.* iii. 16, 7. The true origin of the Italian language, as well as of the Spanish and Provençal, has not yet been inquired into with that degree of learning and criticism, which might be wished. If this had been done, it would have been made evident that these pretended *corruptions* are the pure and genuine words, which were altered by writers, but preserved, in their original form, by the people. It ought to be kept in view, that fashion, caprice, and foreign idioms are among the principal causes of the alteration of a language; and that these causes act more powerfully on the higher, than on the lower classes. In the Yorkshire and Lancashire dialects are still prevalent sterling phrases of SHAKSPEARE, scarcely understood by the inhabitants of the Metropolis. It is owing to this tenacity of the uneducated part of the community, that ancient words and phrases are preserved among them. It seems that the Italians, after the middle ages, were as apt to use *i* for *e*, and *viceversa*, as their ancestors were ten or twelve centuries before. Extremam istius vocis (quinti) syllabam, tum per *e* tum per *i* scriptam legi ; nam sane quam consuetum iis veteribus fuerit litteris his plerumque uti indifferenter: sicuti *præficisni* et *præficisne, proclivi* et *proclive;* atque alia item multa hoc genus varie dixerunt. A. GELLII, *Noct. Att.* x. 24. Commentators forgetting this, have been puzzled by OVID, who once wanting a short syllable, wrote

> Jupiter esse pium statuit quodcumque juvaret,
> Et fas omne facit *fratre* marita soror.
> *Heroid.* Ep. iv.

They tortured grammar to prove that a poet might use an ablative for a dative; not thinking that *fratre* was exactly like *fatri;* thus *facile* and *facili, felici* and *felice* are both good ablatives. In the same manner as the Latins said *heri* and *here, vespere* and *vesperi,* we Italians say *mestiere* and *mestieri, cavaliere* and *cavalieri,* &c. In BOJARDO we find ' tutte le incantazione,' not because he took the liberty of uniting an adjective plural to a substantive singular, but because to the last *e*, he substituted an *i* without any scruple. In this same first stanza, some editions, read *smesurati*, and not *smisurati; mirabel* and not *mirabil.*

Odire was used instead of *udire*, as we may judge from several inflexions of that verb, as for instance; *odo, odi, ode,* &c. *Audire* was pronounced *odire* by the uneducated part of the community, when the Latin tongue was flourishing. Orata genus pisci appellatur (it is so called in Italian even to this day) a colore *auri*, quod rustici *orum* dicebant. POMP. FEST. in v. That to pronounce *o* for *au*, was not only the vulgar but the ancient custom, may be collected from the same author in v. *Cauda*. Several editions, strangely enough, have ' vederete i gesti,' instead of ' odirete i gesti.'

St. 2.—BOJARDO has the merit of having been the first to give more of a worldly character to Orlando, who is represented by old romancers as a saint. See the last note to the *Genealogical Table* of the Paladins in the first volume, and also *Life of Bojardo*, page lxiii. There is no doubt that the idea was taken from the romances of the Round Table, which BOJARDO thought superior to those respecting Charlemagne, as they were animated by a spirit of love and of gallantry. He opens the eighteenth canto of the second book of the *Innamorato*, with a kind of comparison between Arthur and his court with Charlemagne and his court; and, in that comparison, he gives the advantage to the British heroes, because although the French Paladins were brave, they were inferior to the others, as the Emperor ' gave himself only to holy battles, but shut the door against love.' The inferiority of the French romances is, therefore, clear according to BOJARDO ;

> Però che amor è quel che dà la gloria,
> E che fa l'uomo degno ed onorato ;
> Amore è quel che dona la vittoria,
> E dona ardire al cavalier armato;
> Onde mi piace di seguir l' istoria,
> Qual cominciai d' *Orlando innamorato* &c.
>
> II. xviii. 3.

It is evident from this passage that the story of Orlando was *sweetened* by love, in imitation of the romances of which the heroes were British.

All editions read *contar* not *cantar ;* which will not surprise any one who reflects that these were stories *told* as well as *sung.* Hence in the next stanza the subject of the poem is called a *tale,* ' novella.'

St. 3.—TURPIN was certainly wrong; and BOJARDO acted properly in publishing the whole truth. Car les faicts des nobles et puissans cheualliers doyuent estre ramentuz et publiez entre les bons par escript ou autrement. *Meliadus,* chap. 153.

St. 4.—After what has been said in the foregoing note, it is needless to add that this ' true history of Turpin' is only to be found in BOJARDO's library. An account of TURPIN's book may be seen in vol. i. p. 53.

Gradasso was king of Sericana according to romancers ; the country, it seems, where the *Seres* lived, the ancestors of the present Boukharians, according to the notes to WAY's *Fabliaux,* vol. ii. p. 222.

Ammirante, no doubt from the Arabic word *Emir* or *Amir,* chief.

St. 5.—The Mahometans were supposed to be Pagans. See vol. i. page 126. It is moreover to be remembered, that travellers often related that Idolaters, as well as Mahometans, lived in several of the Eastern provinces, and the poets were prone to confound different religions together. Hence a *neuter* religion arose, entirely new, which never existed but in their imagination.

Durindana, Orlando's sword, was so called, because *it hit hard*. See vol. i. page 274. *Escalibore*, the good sword of King Arthur, was preserved up to the times of King Richard Cœur-de-Lion, who, it is said, made a present of it to the King of Sicily on his way to the Holy Land. I am, however, afraid that this sword, if presented as asserted, was not the true *Escalibore*, but a copy. In the *Morte d' Arthur* we are informed that this monarch, when he was so sorely wounded that he felt he should be obliged to withdraw from his friends (we know he did not die; see vol. i. pag. 38) ordered ' Syr Bedwere' to take ' Excalybur' and throw it into the river. ' So Syr Bedwere departed, and by the waye he behelde that noble swerde that the pomel and the hafte was al of precyous stones, and thenne he sayd to hym self yf I throwe this ryche swerde in the water therof shal neuer come good but harme and losse.' He therefore put it under a tree; but the king perceiving he had been disobeyed, ordered the knight to go and execute the command he had given him. Sir Bedwere went; but still thinking ' synne and shame to throwe awaye that nobyl swerde,' he concealed it once more. Finally, being peremptorily commanded to throw it into the water, he fulfilled the injunction. ' And there cam an arme and an hande aboue the water and mette it, and caught it and so shoke it thryse and braundysshed, and then vanysshed awaye the hande with the swerde in the water.' Now if that ' arme and hande' did not return 'Excalybur' to king Richard, I do not see how he could give it to his brother of Sicily. Be this, however, as it may, I must add, that afterwards a boat full of ladies came to fetch King Arthur, who went away with them. *Morte d' Arthur*, xxii. 5. PULCI in the *Morgante Maggiore* asserts, that, not according to his history, but according to some other version of the events following the battle of Roncesvalle, *Ogier le Dannois* is said to be still alive (as I have already remarked, vol. i. p. 38), and likewise that Durindana was thrown into the sea by Charlemagne; that it did not go down, but is still to be seen floating above the waters, disappearing as soon as an attempt is made to catch it (as we have seen is the case with Bajardo, vol. i. pag. 41). It is observable that PULCI mentions together these two traditions respecting *Uggeri* and *Durindana*, which resemble so much the fables respecting *Arthur* and *Escalibore*. See *Morg. Mag.* xxviii. 36 and 37. Concerning the famous steed Bajardo, see vol. i. pag. 38, 70, 251, 350 and 399. In the last of these pages an error of the press has occurred, *Bojardo* having been printed instead of *Bajardo*.

St. 6.—The poet might have been clearer. These 'two merchants' are undoubtedly Rinaldo, the master of Bajardo, and Orlando, the possessor of Durindana. We may easily guess the meaning, but it does not appear from the poet's words, neither of the heroes having been hinted at before.

Franza is put for *Francia*, or, perhaps, strictly speaking, for *Franzia*. The use of the letter *z* for *c* occurs very often in BOJARDO. As it is but an antiquated manner of spelling I have substituted the modern orthography whenever the word was not at the end of a line, in which case I have not departed from the old form, for sake of the rhyme. I have said that the substitution of *z* for *c* or *cc* is only an orthographical difference; notwithstanding, in the dialect of my native province (which is that of BOJARDO and ARIOSTO), this abuse of *z* for *c* occurs very often. But although BOJARDO's ear may have thus been rendered more prone to the change, I do not think that it should be classed among the *Lombardisms*, peculiar to this poet. *Franzia* instead of *Francia* is very frequently to be met with in old writers; and there is no pedant who would not affect to write *Franzesi* instead of *Francesi*, even in our own days. The *i* was commonly suppressed after *z*; hence, according to modern orthography, we no longer write *prudenzia, scienzia*, &c; but *prudenza, scienza*. Anciently they did not scruple to write *graza, giustiza, silenzo, vizo*, instead of *grazia, giustizia, silenzio, vizio*, &c. Even the elegant PETRARCA used *divorzo* instead of *divorzio*. *Trionf. del Temp.* v. 99. The word *stazone*, which occurs in several old authors, and the meaning of which has been rather guessed than understood, is but *stazione*. In this same manner, FRANCESCO DA BARBERINO, GIUSTO DE' CONTI, and others, said *trezza* and *trezze* for *treccia* and *treccie* ;

il crino
Partito sanza *trezze*.
BRUN. LATINI, *Tesoret.* III. 63.

CINO DA PISTOJA has not scrupled to suppress the *i* even in words in which there was no *z*, having written *lada* for *laida:*

E che s' ardesse ogni femmina *lada.*
Sonet. cii. CIAMPI edit.

St. 7.—*Avvantare* is but the verb *vantare*, with the preposition *a* joined to it, which was by no means uncommon with ancient writers. Thus we find, *ablasmare, accommettere, amenare, amostrare, assembrare, aschierare*, &c. in BARBERINO, LATINI, NOPPO D' OLTRARNO, GIACOPO DA LENTINO, and other early writers. In some words the *a* is still used or omitted at will; for instance in *assecondare* and *secondare, assottigliare* and *sottigliare*, &c. There is little doubt that *arrecare, arrabbiare, arrendere*, &c. have been formed in the same manner.

St. 8.—The edition of Zoppino reads:

Lascioli anche pel mare Indïano
Andar, che sentirete ben sua gionta.

Others:

Lasciam costor che a vela se ne vano
Che sentirete poi, &c.

Vano for *vanno* is not a peculiarity of BOJARDO. It has been often remarked in old authors that they wrote *fano* instead of *fanno*. *Ama, amano;* and thus *fa, fano*, and *va, vano*. The Italian use *fano* to this day in the verb *soddisfare*: *soddisfano* and *soddisfanno* being considered equally correct.

The substitution of *u* for *o*, or *vice versa*, is similar to that of *e* for *i*, or of *i* for *e*, of which enough has already been said. *Gionta* instead of *giunta* is not a Lombardism nor a poetical licence, but it is the more ancient of the two, if we may judge from the words *voltus, consol*, &c. which were used instead of *vultus, consul*, &c. by the oldest writers. On the contrary, the *o* has been substituted for the *u* in *hominem* instead of *huminem*, which was discarded with other like words, 'quasi rustico more dicta.' PRISCIAN. p. 554. The letter *u* has been preserved in *humanus, humanitas*, &c. and united to the *o* in the Italian word *uomo*. Orion was named *Urion* by the ancient Italians; but in more modern times,

<blockquote>Perdidit antiquum litera prima sonum.
Ovid. *Fast.* v. 535.</blockquote>

No wonder, therefore, if Dante said *lome* for *lume*, and if poets, to this day, are very apt to say *vui* and *nui*, instead of *voi* and *noi*. For the same reason that Bojardo said *gionta* instead of *giunta*, we say *tempo, alito, lucro*, instead of *tempu, alitu, lucru*. In the southern extremity of Italy and in Sicily, *tempu, capru, alitu*, &c. are the forms adopted in dialect. The Italian nouns ending in *o*, are the Latin objective case dropping the *s* or the *m*, which was the ancient or vulgar form. *Pondo* for *pondus* is remarked as a barbarism, or vulgar termination by Quinctilian. *Instit. Orat.* v. 5. 15; and any one conversant with the fragments of Ennius and other old Latin poets is aware that the *s* was constantly dropped. The *m* is not sounded in Latin verses before a vowel; and we know that ' *m* obscurum in extremitate dictionum sonat.' Priscian, p. 555. This was particularly the case with the ancients. *Neno* pro *nenum*, quod et *nenu* dicebant (veteres) etiam non sequente vocali. Scaliger. ad Varron. *de R. R.* II. iv. 83. Before concluding this note, I shall quote four lines of Cino da Pistoja, from which will be seen how easily the old Italians used *u* for *o* as well as *e* for *i*, and *vice versa*.

<blockquote>L' anima mia che va sì pellegrina
Per quelle parti, le quali fur *sui*,
Quando trova il signor parlar con voi,
Per la vostra vertute se gl' inchina.
Sonet. xxxviii.</blockquote>

Sui is for *sue*, and not for *suoi*, as commentators have dreamt; and it rhymes with *voi*, which a modern poet would spell *vui*. In sonnet fifty-one this poet makes the following words rhyme together: *colui, voe, lui,* and *soe*; that is, *colui, voi, lui,* and *sue*, which words, it is easy to see, have nothing very extraordinary when the foregoing principles are applied to them.

I am afraid that 'Carlomano' instead of 'Carlomagno,' is owing to a mistake of romancers, who confounded together *Charlemagne* and *Carloman*. Charlemagne had a brother as well as a son called *Carloman*. See vol. i. p. 93 and 94; and the latter name was very common in the Carlovingian race.

Si affronta. They meet him.

Giostra, strictly speaking, means an encounter with lances:

> E' non aveano lancia i cavalieri,
> Però insïeme giostrar non potero.
>
> BOCCAC. *Teseid.* v. 65.

See also S^{te}. PALAYE, *Memoir. sur l' ancien. cheval.* ii. note 54. It is however often taken, as here, in the sense of *tournament*. This kind of chivalrous festival has been so frequently and so well described, that I need not spend many words concerning it. I shall only insert an extract from the *Notes to* WAY'S *Fabliaux*, vol. ii. p. 248, on the subject.

'It seems to be generally admitted that tourneys, or tournaments, are of French invention, and that the earliest exhibitions of this kind were those which were celebrated by Preuilli, a little before the time of the first crusade. We hear indeed of combats between knights, which were exhibited at Strasburg, in honour of the reconciliation which took place there, in the middle of the ninth century, between Charles the Bold and his brother Louis; but these were probably nothing more than a kind of *review*, in imitation of those equestrian exercises which were common among the Arabians, and are still in use among the Turks, and various other Tartar nations. As our ancient cavalry was not formed into squadrons, its strength depended on the address of each individual, which could only be acquired by exercises which probably took place in publick; but this does not amount to a regular publick shew or tournament.

'Some time before the intended exhibition of a tournament took place, heralds were dispatched through the country, and into the neighbouring kingdoms, to invite all brave knights and squires to come and contend for prizes, and to merit the affections of their mistresses. If the tournament took place in a town, the mayor and municipal officers were charged with the accommodation of the strangers: if under the walls of a castle, an encampment was formed for their reception.

None could be admitted to tourney but such as were without stain or reproach.

' The place of combat was a large space surrounded by ropes covered with tapestry, or by double rows of railing, with an interval of about four feet. Within this interval were placed the minstrels, the heralds and kings-at-arms, to regulate the order of combat, and the attendants on the knights, to assist their masters when unhorsed or disabled. The people stood on the outside. An amphitheatre was erected for the kings, queens, ladies, judges of the tournament, and ancient knights.

' In general, the arms of the combatants were lances and swords, whose points and edges were blunted: these were called *courteous arms*. Sometimes indeed sharp weapons were used, but in this case the blows were numbered. In either kind of combat it was forbidden to thrust with the point of the sword, or to strike at the *limbs*, these being seldom perfectly defended.

' There were two sorts of tournament. In the one, the combatants were arranged in two opposite lines, as in war, and charged each other with their lances; but a double boarded railing was sometimes extended along the lists from end to end, dividing the whole area into two equal parts. The shock of the horses was by this contrivance prevented, while the riders could nevertheless overthrow each other with their spears, and unhorsed combatants ran much less risque of being trampled to death. The other sort of tournament was perfectly irregular: every combatant attacked his neighbour indiscriminately; and on these occasions it required great attention to the several armorial devices on the shields and surcoats, to judge who had performed the most extraordinary feats, and merited the prize. In this species of tournament the offensive weapons were the sword, the hatchet, and the mace; but not the lance. Each day ended by the exploits of some champions who undertook to break a certain number of lances in honour of the ladies.

' The general superintendant of the tournament, who was called the *knight of honour*, and was invested with the power of terminating all differences, was chosen by the ladies, who presented to him some article of female dress, which he bore on his lance, as the badge of his office. At the approach or touch of this sacred badge the most exasperated combatants dropped their weapons, and the conflict and confusion ceased in an instant.

' Notwithstanding these precautions, however, accidents of the most fatal kind were not unfrequent. At a tournament given at Nuits in 1240, sixty knights and squires lost their lives, either from the wounds they had received, or from the trampling of the horses, or from suffocation: hence the many excommunications thundered out against tournaments. But the real use of these exercises as a preparation for actual service; the opportunities they afforded to the combatants of displaying their valour, their address, and their magnificence; the increased freedom of intercourse which took place on these occasions between the sexes; and the enthusiasm produced by the smiles of beauty, the applause of royalty, the praises of the minstrels, and the acclamations of the people, all conspired to drown the censures of religion; and tournaments maintained their ground till the unfortunate death of Henry the IId. of France, in 1559, by the lance of Montgomeri.'

Pasqua Rosata.—Pentecoste, or Whitsunday, was one of the festivities, upon which a most solemn tournament was held at the Court of King Arthur. See *Morte d'Arthur*, i. 8. It was on such a day that ' alle the felauship of the Round Table' met. Ibid. xiii. 1. It is also remarkable that ' the king hadde a custom that at the feest of Pentecost in especyal afore other feestes in the yere he vold not goo that daye to mete, vntyl he had herd or sene of a grete merueylle. And for that custome alle maner of straunge aduentures came before Arthur as at that feest before alle other feestes.' *Morte d'Arthur*, vii. 1. Arthur was crowned on Whitsunday. See GEOFFRY OF MONMOUTH, ix. 12. and RITSON. *Met. Rom.* notes to *Ywaine and Gawin*.

The *Paladini* or *Paladins* were undoubtedly so called from their being attached to the *palace*, or household of the sovereign, whose attendants or *comites* they were. One *Anselmus, Comes Palatii*, was killed at Roncesvalle. See vol. i. p. 96.

St. 9.—A *Corte Reale*, or *Cour plenière*, was held at the same time as the tournaments by King Arthur:

It was the time of Pentecost the feast,
When royal Arthur will'd high court to hold,
Statelier than e'er before time: thither press'd,
At his commands, kings, dukes, and barons bold:
And for great jousts and tourneys were design'd, &c.
　　WAY, *Fabliaux; the Mantle made amiss.*

I have great pleasure in here inserting the short notice of a court *plenière* by the annotator of this tale. For more information on the subject, as well as on jousts and tournaments, see ALAMANNI's *Letter to King Francis I. of France prefixed to the Giron Cortese.* MURATORI, *Antiq. Med. Ævi.* Diss. 29. FERRARIO, *Analis. dei Rom. di Cavall.* vol. ii. Diss. 5. and the *Memoires* of S[te]. PALAYE.

' In the early feudal times, the kings and sovereign princes kept no regular court, but, like their barons, lived privately in their castles or cities, with their families and the great officers of their household, and subsisted on the revenues of their domains. It was only on the three or four great annual festivals of the church that they ordinarily convoked their barons, and displayed their magnificence. These assemblies were called *Cours Plenières*, and in the present translations are indiscriminately rendered *plenar, plenary, high, full*, or *open courts.* They were announced in the different cities by heralds and publick messengers, and were resorted to not only by the nobility of the country, but by strangers. At these seasons of general festivity were united all the pleasures and pastimes of those ages: banqueting, dancing, minstrels, buffoons and jugglers, *(jongleurs,)* dancing-bears, &c. At the same time presents of clothes and money, under the name of *largesse*, were distributed to the populace with inconceivable profusion.

' The *plenary courts* seem to have been an imitation of the famous *diets* established by Charlemagne, and were continued in France by Hugh Capet and his successors till the reign of Charles VII. who very wisely abolished them.' WAY'S *Fabliaux.* vol. i. p. 126. Nous voyons plusieurs de nos rois chasser aussi en hiver, au printemps, à Pâque, et à la Pentecôte. Ils ne tenoient jamais leur cour plénière, qu' il n' y eût quelque grande chasse. . . . . . Dans la suite on y substitua les joutes, les tournois, et d'autres exercices de cette espèce. S^te. PALAYE, *Mém. sur la Chasse*, prem. part.

St. 10.—Grandonio was celebrated for his ferocity and treacherous disposition. See vol. i. p. 341, et seq. *Ferraguto* or *Ferracuto*, (sharp-iron), better known by the name of *Ferraù*, is a very famous character in all romances. See vol. i. p. 404. In TURPIN we read that ' he was from Syria, of the race of Goliath.....He feared neither spear, nor arrow, nor sword, and possessed the strength of forty men.....He was nearly xx cubits high; his face was almost one cubit long; his nose was exactly one span in length; his arms and thighs were four cubits, and his fingers three spans.' *De Vit. Car. M. & Rol.* xviii. After a very hard fight, Orlando killed him, if we are to believe the Archbishop, whose authority is not, however, in this respect, followed by the Italian romancers, as we shall see in due time. He had eyes ' grifagni;' namely, like those of bird of prey: a kind of animal pretty much resembling a warrior. I think it is for this reason that DANTE says,

Cesare armato con gli occhi grifagni. *Inf.* iv. 123.

Compounded names like that of *Ferracuto* often occur in romances. Sir Caradoc, or Karados Freich-fras, or *strong-armed*, is a famous British hero, celebrated in the Welch Triades, and mentioned in them as Lord of the *Douleureuse tour*, as he is in the romance of *Sir Lancelot*. WAY'S *Fabliaux, notes,* vol. i. p. 214. Mr. ELLIS says : ' Possibly the terrible Ferragus may be a giant of Celtic origin : for Selden has told us that the war-song in use amongst the Irish kerns was called Pharroh, and the vulgar Irish, as Mr. Walker informs us, suppose the subject of this song to have been Forroch, or *Ferragh,* a terrible giant, of whom they tell many a marvellous tale.' *Specim. of Ear. Eng. Met. Rom.* ii. 290. See Note to st. 21. inf.

Charlemagne was married to Galerana, sister of Marsiglio and Balugante. Marsiglio was a Saracen King of Spain. See vol. i. p. 96. In the *Reali di Francia,* vi. 21, there is the following portrait of Balugante. Fu grande di persona e nell' arco si dilettava molto; verità in lui non si trovava niuna :

contra gl' inimici egli era crudele, e degli amici non avea misericordia. Isoliero was Ferraù's brother.

Serpentino, generally called *dalla stella*, because he had an or-star, on an azure camp, was son of Balugante.

St. 11.—Several editions have *grandir* instead of *gradir*.

St. 12.—I have preferred *duo* and *due* or *dui*, to *dua*, which is a broad Florentinism, very old, however. See QUINCTIL. *Inst. Orat.* v. 5. 15.

St. 13.—The institution of the *Round Table* is generally attributed to King Arthur. Some say there were two round tables, the old and the new; the former instituted by Uther-Pendragon, the latter by Arthur. It has been suspected that the Round Table was a chivalrous order, and, perhaps, the origin of the Order of the Bath. I leave this point to some learned king-at-arms to settle. The *Round Table* appears to have been used on solemn occasions by knights to dine upon, without distinction of place. It is a well-ascertained fact, that knighthood was at one time a very high honour, which sovereigns were ambitious to have conferred upon themselves, and, till they had obtained it, they were not considered equal to a knight, with respect to chivalrous honours, distinctions, and etiquette. The Round Table of King Arthur, we are told, consisted of one hundred and fifty knights, ' for thenne was the Round Table fully complisshed.' *Morte d'Arthur*, vii. 1. When Charlemagne took possession of the crown, after having defeated the two usurpers, Oldrigi and Lanfroi, he created exactly the same number of knights. *Real. di Fr.* vi. 47. RITSON was mistaken in saying, that ' to this famous table were attached one hundred knights.' *Notes to Launfal*.

The Moslems, who lay down cross-legged, are said to be like mastiffs; a kind of comparison by no means new. Saracens are often called dogs, in contempt, by the old chroniclers; whilst, in return, *Cristiano cane* is an appellation commonly applied to Christians by the inhabitants of the coast of Barbary. See RITSON, notes to the *King of Tars*, v. 93.

St. 14.—Of *Ottone* I know nothing. See the *Genealogical table*, and the 38th note to it. *Desiderio* was far from being an ally of Charlemagne, as we have seen, vol. i. p. 94. Liutprand was an ally of Charles Martel. Ibid. p. 89. Concerning *Salamone,* see what has been said, vol. i. p. 72 and 120. *Bertone* for *Bretone;* like *Bertagna* for *Bretagna.*

St. 15.—Some editions read *Gaino* instead of *Gano.* See vol. i. p. 114 and 279, and also *Life of Bojardo,* page civ. For his pedigree, and for the name *Maganzesi,* that is of *Maganza,* see the genealogical tree, and the notes 9 and 23. This tribe was very powerful and numerous. In the *Reali di Francia,* v. 9, the author says, that he does not think it proper to give the names of all the descendants of Galione, as his grand-sons were altogether more than sixty. They were all traitors by a kind of birth-right, except Baldovino, Gano's son, and Orlando's half-brother. See vol. i. p. 276.

It seems that Bojardo wrote *Ranaldo* instead of *Rinaldo;* both words meaning *Rainaldus.* For his birth and pedigree see vol. i. p. 109 and 113. He is called *Principe, Signor di Montalbano,* &c. See ibid. p. 66 and 76.

St. 21.—An attempt to show what giants really were has been made, vol. i. p. 15, et seq. Mr. Southey says that the giants of romances ' were not larger than those who are sometimes imported from Ireland; they are frequently represented as fighting on horseback, and it was never thought necessary to imagine a breed of gigantic horses for their use. Bojardo, indeed, or Berni, exceeds this; but his license is that of a burlesque writer, the vice of all the Italian romantic poets.' *Pref. to Morte d'Arthur,* § xx. I think that, from what we read in Turpin, *Ferracutus* was a giant a little taller than those which are imported from Ireland. Un géant bien fier qui se disoit Amphion avoit sa femme nommée Amiotte partie de géans, qui avoit fait sa gesine de 2 fils qui n' avoient que quatre mois, et chacun d'eux avoit de long environ dix pieds, comme dit l'histoire. *La conqueste du Grand Charlemagne,* page 166. If these two babies grew to man's estate, of which I am not sure, they were likely to be even taller than Ferraù. As for the horses, it may be proved that they were not always used by giants, from the book to which the excellent *Preface* above alluded to was prefixed. There were giants so great, according to that work, that no horse could bear them. ' Erle Fergus made his complaynte vnto Syre Marhaus that there was a gyaunt by him that destroyed al his londes . . . . Syr, sayd the knyghte, whether vseth he to fyghte on horsbak or on foote, nay, sayd the Erle, there maye no hors bere hym.' *Morte d'Arthur*, iv. 26. I never heard that Morgante rode, nor Ascapard, of whom I spoke, vol. i. p. 236. In the *Historia Imperatorum* by RICOBALDO, there is the following narrative: Eo tempore (anno circiter M.XXXIX) Romæ corpus cujusdam Gigantis incorruptum inventum est, cuius vulneris hiatus fuerat quatuor pedum et semis, altitudinem vero corporis altitudinem muri vincebat... Ajunt quod Turnus hunc occiderit, et hoc ipsius erat epitaphium.

> Filius Evandri Pallas, quem lancea Turni
> Militis occidit, more suo jacet hîc.
> *Rer. Ital. Scrip.* vol. ix. col. 121.

RICOBALDO repeats the story in about the same words in the *Compilatio Historica;* ibid. col. 242; so that the poet had authorities enough, without having recourse to classical fictions, for imagining giants as big as he pleased. It is remarkable that, in the *Istoria Imperiale*, this relation has been omitted, evidently because the writer did not believe it. We may from this also infer, that BOJARDO was far from intending to record what he knew to be false, when he wrote the *Istoria Imperiale*. To what has been said above, in his life, page xlix. et seq., respecting this point, I think it is proper to add, that after having inserted the long quotation from EGINHART already mentioned, p. liii, concerning Charlemagne, BOJARDO added: Questo è quanto ritroviamo di questo Imperatore scritto verisimilmente. Imperocchè sono di lui molte cose favoleggiate, le quali lasciando tutte, passeremo al regno del secondo Imperatore Lodovico suo figliuolo. col. 299.

Other editions have ' giglio *d'oro*' ; but I confess, I do not understand how it can apply to beauty. ' Giglio d' *orto*,' on the contrary, expresses that *freshness* which so much enhances its charms. FERRARIO has preferred ' giglio d' *oro*.' The following lines of BOJARDO, in his lyrical compositions, are in favour of the reading which I have followed. He says, speaking of his lady:

> Ciò che odo e vedo suave ed ornato
> A lo amoroso viso rassomiglio,
> E convenirsi al tutto l' ho trovato.

> Più volte già nel rogiadoso *prato*,
> Ora a la rosa l'aggio, ed ora al *giglio*,
> Ora ad entrambi insieme accomperato.

That is *comparato*.

St. 22.—Galerana, or Galeana, was daughter of Galafro King of Spain, and sister of Marsiglio, Balugante, and Falsirone. She fell in love with Charlemagne, who was five years older than herself, when he lived *incognito* as page at the Spanish court, his throne having been usurped by Oldrigi and Lanfroi. Seeing that the boy was rather shy, she told him that she was in love with him, and in due time they eloped. I wish the reader should not be scandalized at this. The ladies in Romances are in general the first to make advances, because a hero must be irresistible in all respects. Hence, the eldest son usually wants to be legitimated *per subsequens matrimonium*. Galerana was a very fine creature, and one Bramante of Africa, who was forty-five years of age, having gone into Arragon with thirty thousand men, to ask her in marriage, Galafro saw no objection, but Marsiglio, who ' was a very learned man, and fond of necromancers,' said ' that it was not reasonable that a lady only fifteen years old, should marry a man who was forty-five,' and the others agreed with him. These stories are told in the *Reali di Francia*, which I believe to have been written by a young blue-stocking, married to an old man; and this I judge from seeing the great aversion which the writer invariably expresses at any such marriage.

Alda was called also *Bellalda*, or *Alda la Bella*. See in the first volume the *genealogical table*, note 49.

Clarice, wife of Rinaldo, was sister of Yon King of Bordeaux. See vol. i. p. 76 and 85.

Armellina or *Ermellina* was, I think, daughter of Namo, and wife of Ogier the Dane.

St. 25.—*Uberto dal Leone*, like *Ottaviano dal Leone*. See vol. i. p. 69.

St. 26.—*Reggemo* for *reggiamo;* like *vedemo, credemo*, &c. In Jacopone da Todi, we find,

> Uomo pensa di che *semo*,
> Di che fummo, ed a che gimo.

Where the words '*semo* and *gimo*' rhyme together for the reasons already given. The sixth line is as follows in some editions:

E come nè *cittaie*, nè tesoro.

St. 27.—There were two enchanters of the name of *Merlin*, according to the Welch writers. The one is the *Myrrdyn Emrys*, or *Ambrose Merlin* of GEOFFRY OF MONMOUTH; the other is *Myrrdyn ap Morfryn*, or *Myrddyn Wylt;* in Latin, *Merlinus Sylvester*. They are both mentioned by TALIESSIN. *Notes to* WAY's *Fabliaux,* i. 216. *Merlin Ambrose,* who was the one living at the Court of King Arthur, taught his mistress, Viviane, commonly called the *Lady of the Lake,* how, by enchantment, to make a place of confinement which could never be undone; for which ' il en fut depuis et est encore tenu pour fol:' as she shut him up in an enclosure thus prepared. Some assert that it was a kind of tomb in which he was imprisoned, and that it was fastened so securely that not even his soul could find an issue, so that there he lies, still exercising his prophetic powers. Others say, that passing by a cavern, made by enchantment, with Nyneve, on whom he ' felle in a dotage,' she persuaded him to enter into it, ' but she wroughte so ther for hym that he cam neuer oute, for alle the crafte he coude doo.' It is disputed whether Merlin's cave or tomb be in Cornwall, Wales, Brittany, or Aquitania.

Of the other Merlin, that is *Myrddyn Wyllt*, or *Merlin the Wild,* the following account is given by Sir W. SCOTT: ' That this personage resided at Drummelziar, and roamed like a second NEBUCHADNEZZAR the woods of Tweeddale, in remorse for the death of his nephew, we learn from FORDUN. In the *Scotichronicon,* lib. iii. cap. xxxi. is an account of an interview between ST. KENTIGERN and MERLIN, then in this distracted and miserable state. He is said to have been called *Lailoken,* from his mode of life. On being commanded by the saint to give an account of himself, he says, that the penance which he performs was imposed on him by a voice from heaven, during a bloody contest betwixt Lidel and Carwanolow, of which battle he had been the cause. According to his own prediction, he perished at once by wood, earth, and water; for, being pursued with stones by the rustics, he fell from a rock into the river Tweed, and was transfixed by a sharp stake, fixed there for the purpose of extending a fishing net.

> Sude perfossus, lapide percussus et unda:
> Hæc tria Merlinum fertur inire necem.

FORDUN, contrary to the Welch authorities, confounds this person with the MERLIN of ARTHUR, but concludes by informing us, that many believed him to be a different person. The grave of MERLIN is pointed out at Drummelzear, in Tweeddale, beneath an aged thorn tree.... The memory of MERLIN SYLVESTER, or the WILD, was fresh among the Scots during the reign of JAMES V.' *Minstrel. of the Scot. Bord.* vol. ii. p. 269. The ' Perron of Merlin' was a famous place in romances, and many warriors met at it to fight. The fifth chapter of the tenth book of the *Morte d'Arthur* informs us, ' How syr Tristram mette at the perron with syr Launcelot, and how they faught to gyder unknowen.' I shall transcribe part of the chapter, which gives the origin of the place: ' Thenne departed sire Tristram, and rode stryghte into Camelot to the Peron that Merlyn had made to fore, where sire Lancyor, that was the kinges sone of Irland was slayne by the handes of Balyn; and in that same place was the fayr lady Columbe slayn that was loue unto sir Lanceor, for after he was dede she took his suerd and threst hit thorou her body. And by the crafte of Merlyn he made so entiere this knyght Lanceor and his Lady Columbe under one stone. And at that time Marlyon profecyed, that in that same place shold fighte the two best knyghtes that euer were in Arthurs dayes, and the best louers, so whanne syre Tristram came to the tombe where Lancyor and his lady were buryed, he loked aboute him after sir Palomydes. Thenne was he ware of a semely knyght came rydyng against hym..... They fought the space of four houres, that neuer one wold speke to other one word.... Thenne, said sir Tristram, I requyre you to telle me your name, fair knighte he said my name is sir Launcelot du Lac. Allas, said sire Tristram, what haue I done, for ye are the man in the world that I loue best. Faire knyght said sir Launcelot telle me your name. Truly said he my name is sir Tristram de Lyones. O Jhesu said sir Launcelot, what aduenture is befalle me. And there with syr Launcelot kneled doune and yelded hym up his suerd, and there with alle sir Tristram kneled adoune, and yelded hym up his suerd. And soo eyther gaf other the degree.... Fair sir said sir Tristram I came in to thys countrey, by cause of syr Palomydes, for he and I had assygned at this day to have done bataille to gyders at the Peroun.' Ibid. and c. vi.

The following note of LE GRAND to the *Lai de Lanval*, will show what were these *Petroni* or *Perrons*. Les perrons dont il est parlé a chaque page dans les Romans, étoient des massifs de pierres, avec des degrés, placés sur les chemins et dans les forêst, pour aider à monter à cheval, ou pour en descendre, secours souvent nécessaire, malgré les étriers, à cause de la pesanteur des armes. Dans une ordonnance de Philippe de Valois année 1328, ils sont nommés *pierres avaloires*, du vieux mot *avaler*, *monter*. C'étoit ordinairement aux perrons, que les chevaliers qui proposoient des défis suspendoient leurs écus, afin d'avertir du défi tous ceux qui s'arrêtoient là. Les Romains avoient de même établi des pierres sur les grands chemins pour la commodité des cavaliers.......... Pour rendre les perrons plus commodes par leur ombrage, on y plantoit un arbre, ordinairment un orme. *Fab. et Cont.* vol. i. p. 193, (8vo. edit. of 1829.) BOJARDO mentions '*Il Pino*.'

Delibrato for *deliberato;* as we have seen in BELLO, vol. i. p. 54 and 317, *libramente* for *liberamente*. The *e* before *r* was frequently dropped by the ancients, and for this reason we have *vedrò*, *cedrò*, &c. instead of *vederò*, *cederò*, &c. BELLO also used *povra* for *povera*. See vol. i. p. 371. ARIOSTO employed it in the satires:

Che sovvien alle *povre* bisognose;

which, through ignorance, has, by some modern editors, been changed into *pover'*. Thus, from the ancient verb *addare,* was formed *addrei*, &c. PULCI said in the *Beca*,

La Beca solo è un po' piccina, e zoppica
Che appena te ne *addresti*.

Nor is it rare to find *guardrei* instead of *guarderei*. The Crusca has honoured with its approbation *liverare* and *livrare;* why should we object to its near relation, *delibrare* from *deliberare?*

NOTES TO C. I.

Contrastare is here used in its primitive signification of *stare contra;* and it is a very good and expressive word.

St. 28.—Others, *fia questo,* or *sia questo.* The last line in the editions 1518 and 1538 is,

  Esso *anderà con* suoi giganti via.

Repugnare, that is, *pugnar di nuovo.*

St. 32.—BOJARDO always says *Naimo* not *Namo,* which is nearer the ancient French *Naymes.* This hero, according to the romanesque poets, was Duke of Bavaria, and an old man. *Avolio, Avino, Ottone,* and *Berlinghieri* were his sons; and I think that he was the same person, who is mentioned as the son of *Amerigo* of *Narbona,* under the name of *Namieri di Spagna.* Although only *Gualtieri* and *Berlinghieri* are called his sons, it is added, by the author of the *Reali di Francia,* that he had others. See the Genealogical tree in the first vol. and note 54. *Carlone,* for *Carlo,* is often used by ancient romancers, perhaps because, according to their chronology, the Emperor was very old, as well as powerful.

St. 34.—BOJARDO and, as we have seen, vol. i. p. 312., BELLO always say *Malagise* or *Malagisi,* instead of *Malagigi.* It is nearer *Maugis* or *Malgis* as this enchanter was called, See vol. i. p. 69., and resembles more the word *Malgesi,* occurring in the Spanish ballads. See ibid. p. 74. In the like manner DANTE said *Parisi* for *Parigi:*

  l' onor di quell' arte
 Che alluminare è chiamata in *Parisi.*
     Purgator. xi. 77.

See *Life of Bojardo,* pag. lxxxi. note o.

St. 35.—The last line is as follows in the editions of 1518 and 1538,

  Lei con il gigante e con il fratel si parte.

St. 36.—*Quaderno,* that is *libro.* *Malagigi* had a book by which he commanded the devil, who was bound by its spells: a thing not impossible, it seems, according to those who have written on the subject.

St. 37.—*Galafrone* or *Galafro,* according to the *Reali di Francia,* is the name of the father of *Marsiglio.* There is a brother of *Marsiglio*, called *Argalia*, and mentioned in the *Mambriano*. See vol. i. p. 341. *L'Engoullafre* was a terrible Saracen vanquished by Ogier. See ibid. p. 80. *Gallafre* was a giant whose acts are recorded in the *Conqueste du gran Charlemagne*. See vol. i. p. 324. In TURPIN, c. 21, we read that the historian might say; quemadmodum Galafrus admiraldus Tolletæ illum (Carolum) in pueritia exulatum adhornavit habitu militari in palatio Tolletæ: et quomodo Carolus amore ejusdem Galafri occidit in bello Brahimarum magnum ac superbum regem Saracenorum Galafri inimicum. He, however, adds that he has no time to tell all this, and leaves the tale to be related by others; and we accordingly find it, with slight variations, in the *Reali di Fran.* lib. vi. from c. 21. to c. 37. ELLIS seems to think, that what GAGUIN says in his translation of TURPIN, which is about the same as is contained in the words above quoted, is an addition of that translator: but it is a mistake. See *Eng. Met. Rom.* ii. 286. 'Sir Galafre' is mentioned in the twenty-second line of *Launfal Miles*, published by RITSON, in the first volume of his collection of *Metrical Romances*. The editor says in a note to that verse: 'No such name occurs among the knights of the Round Table, or is to be met with in any old romance. It is, probably, a corruption of *Galehaut, Galahalt* or *Galahad*, of whom, in Morte d' Arthur.' It is clear, from the preceding quotations, that the positive assertion, that the name 'is not to be met with in old romances,' is rashly made. Had PERCY or WARTON been guilty of such an oversight, we may be sure that strong words would have been used by RITSON in correcting their mistake.

Incantazione is for *incantazioni*.

St. 38.—The enchanted armour of this knight was evidently the work of the armourer, who forged those of Achilles, Æneas, &c. The golden lance (or rather the gilt lance, for *dorata* means *gilt*) is undoubtedly imitated from the weapon given by Diana to Procris, who gave it to Cephalus her husband. The spear of Argalia only knocked down those whom it touched; the dart of Cephalus never missed its aim and always wounded.

. . . . jaculum, cujus fuit aurea cuspis

Consequitur quodcunque petit; fortunaque missum
Non regit, et revolat, nullo referente, cruentum.
Metamorph. vii. 679, 689 & 690.

In the course of the two poems we shall often have occasion to thank BOJARDO for the change of these effects; the one which he attributes to Argalia's lance being much more poetical than that imagined to belong to the weapon of Cephalus. PIGNA says that the richness of the lance, and particularly the metal of which it was made, have an allegorical meaning; that is, that money in war is irresistible. The golden lance has been copied by BELLO, and introduced into the *Mambriano*, as forming part of a present made by Malagigi to Ivonetto. See *Mamb.* c. xxvi.

The horse of Argalia, mentioned by BOJARDO, was called *Rabicano*.

St. 39.—In the *Editor's Preface* to WARTON's *History of English Poetry* lately published in 4 vols. 8vo., a work of the most extensive information, the following words occur. 'Another object enumerated among the thirteen marvellous productions of Britain, is the veil or mask of Arthur, which had the power of rendering the wearer's person invisible, without interrupting his view of the things around him. In other fables of the same country, this property is also given to the ring of Eluned, the Lunet of the old English romance of Ywaine and Gawaine: and in several German tales the hero is made to conceal himself from the "ken" of his companions by the assistance of an enchanted cloak. The romance of King Laurin, and the far famed Nibelungen-lied, follow the general traditions of the North, which confine this mysterious attribute to a nebel-kappe, or fog-cap. But, however varied the objects to which this quality has been assigned, we cannot fail to recognise the same common property which distinguished the helm of Pluto, worn by Perseus in his combat with Medusa, or the equally notorious ring of Gyges whose history has been recorded by PLATO, *De Rep.* iii. p. 359.
.... Eucrates in Lucian's Philopseudes, unblushingly affirms, that he had one of these rings in his possession, and had used it on a very trying occasion.' page (63.) BOJARDO probably took the story from PLATO, or perhaps from CICERO, who mentions it. Gyges .... hominis mortui vidit corpus mag-

nitudine inusitata, anulumque aureum in digito; quem ut detraxit, ipse induit: (erat autem regius pastor) tum in concilium pastorum se recepit. Ibi, cum palam ejus anuli ad palmam converterat, a nullo videbatur: ipse autem omnia videbat: idem rursus videbatur cum in locum anulum inverterat. Itaque hac opportunitate anuli usus, reginæ stuprum intulit, eâque adjutrice, regem dominum interemit; sustulitque quos obstare arbitrabatur . . . Atque hoc loco philosophi quidam, minime mali illi quidem, sed non satis acuti, fictam et commenticiam fabulam dicunt prolatam a Platone: quasi vero ille, aut factum id esse, aut fieri potuisse, defendat. *De Offic.* iii. 9. Two girdles have been mentioned, vol. i. p. 355, endowed with the same power, which the fortunate possessors attempted to use in the same manner, as Gyges did his ring with the queen. This coincidence makes me suspect that the story came from PLATO through CICERO. A ring of a very remarkable power was possessed by Morgain. See vol. i. p. 81. The *Elitropia*, a stone mentioned by BOCCACCIO, *nov.* viii. *gior.* 3. had a much less incredible quality. No man who carried it about could be seen where he was NOT. Calandrino overlooked this monosyllable and was sorely deceived. It is very probable that the idea of this tale was suggested to BOCCACCIO by the first of the *Novelle Antiche*, in which a stone like the *Elitropia*, as Calandrino understood it to be, is mentioned: La vertude dell' una (pietra) lo celò sie, che lo 'mperadore, nè sua gente no'l potero vedere. The power of resisting charms in the ring of BOJARDO, is, I think, another clever addition of this poet. It is from BOJARDO that BELLO took the idea of the enchanted ring, which destroyed the spell under which Lodorico laboured. See *Mambriano*, c. xxii. See also WAY's *Fabliaux*, notes, vol. i. p. 211, where the ring belonging to *Eluned*, the mistress of *Ewein* or *Owain ap Urien*, is mentioned. *Eluned* and *Ewein* are celebrated by Taliessin and Llywarch-Hên, as well as in the historical Triades.

In the notes to the first stanza I have already had occasion to remark, that the open Italian *o* is but the ancient and vulgar pronunciation of the Latin diphthong *au*. And it is on this account that all the third persons singular of the perfect tense of verbs of the first conjugation end in *ò*.

The *o* is accented, because these are all contracted words, it being well known that ancient writers used to say *amoe, ornoe,* &c. instead of *amò, ornò,* which now prevail. In some editions of BOJARDO we find *mandoe, donoe, adoproe* instead of *mandò,* &c. which I have preferred. There is no doubt that *amoe,* &c. was the popular and most ancient pronunciation of *amavit*. In the fragments of the inscription on the *Columna Rostrata,* there occurs the word *ornauet,* which subsequently became *ornavit*. For the reasons already assigned, this word must have been pronounced *ornoet* by the old Romans and by the people. It is well known that words are always maimed by the vulgar, and the genius of the Italian language is to avoid endings with consonants. It is therefore certain that *ornoe* was the pronunciation of *ornavit* more than two thousand years ago, as it is now with the lower classes; and that instead of this and the like words being *corruptions,* they are the genuine and original forms, from which the classical and more modern ones were formed by the Latin writers.

St. 40.—*Mane* is not the plural of *mana,* a Tuscan barbarism, but is the word *mani,* the *e* being used instead of the *i*.

St. 42.—' Quattro giganti sempre la *guardava*,' that is *guardavano*. It is a strange licence, which is not, however, peculiar to BOJARDO. DANTE said,

Le mura mi parea che ferro *fosse*. *Inf.* viii. 78.

DANTE, BOJARDO, and other poets like them, may, no doubt, be excused; but to praise them for such ungrammatical expressions one must be born a pedant.

St. 47.—The two last lines are as follow in some editions:

Qual sonnacchioso, il giovane garzone
E disarmato uscì dal padiglione.

We must not be surprised at the word *sveglione* instead of *svegliò*. Ancient writers often used to add the particle *ne* to words ending with an accent, chiefly in rhyme.

A Dio, a sè, al prossimo si *puone*
Far forza.
DANTE, *Inf.* xi. 31.

E come donna onesta che permane
Di sè sicura, e, per l'altrui fallanza,
Pure ascoltando timida si *fane*.
Parad. xxvii. 33.

St. 52.—*Cataio* is the northern part of China, which to this day is called *Kitay* or *Kithay* by the Tartars who conquered it. In the collection of old travellers, by RAMUSIO, *Cataio* or *Catai* is sometimes described as a province, and at others as city. MARCO POLO says that the capital of the province is *Cambalù*, which name means the ' city of the Lord.' An Armenian gives the following account of the inhabitants of Catai, which is, he says, the largest kingdom in the world. Gli uomini e le donne sono bellissimi.... La fede di questi popoli è varia.... nè pensano esser peccato ammazzare gli uomini..... nè pensano esser peccato la fornicazione nè la lussuria. See RAMUSIO, *Naviga. e viaggi*, vol. ii. pp. 24 and 64. From this we may guess why Angelica was supposed to be from that country.

Ceso is a Lombardism for *Cece*.

St. 57.—This is a very celebrated character in the Italian romanesque poems. See what has been said, vol. i. p. 364. I can find very little satisfactory about his origin. He is mentioned in TURPIN, c. xxx. as *Comes Lingonensis*, which is Langres in Champaigne. Is not this a mistake of the compiler of Turpin's history, who took from the popular lays his characters and stories, and who confounded Langres with *Logres*, the name, as is well known, by which England was designated in romances? This might explain why Astolfo is supposed by the Italian romancers to be son of the King of England. Langres was, however, a place of great celebrity in the romances of the Round Table. We are told in *Le Premier volume de Merlin. Qui est le premier livre de la Table ronde. Avec plusieurs choses moult recreative;* that Claudas asked assistance from his Imperial Majesty Julius Cæsar, the Emperor of Rome. Mais ce nestoit pas ce Julius Cæsar que le chevalier Mars occist en son pavillion au royaume de Perse, mais fut celuy que messire Gauvain occist en la bataille dessoubz Langres pour ce que celuy Julius avoit deffié le roy Artus. (The reader is requested to take particular notice of this chronology, in which one thing is clear: *viz.* that the Emperor

Julian and one Julius Cæsar have been mistaken for one another). The character of Astolfo is usually ludicrous, and intended to make the reader laugh at the expence of the good Duke. There is all probability that ballads existed, turning into ridicule Astolph King of Lombardy, who had the misfortune of being defeated by Charlemagne, and detested by the clergy, as we have seen vol. i. page 91. This supposition is strengthened by the tale of Giocondo in ARIOSTO, which I need not more particularly allude to, in which Astolfo King of Lombardy bears a very silly character. In the British romances there is a knight very much like Astolph. This is Sir Kay or *Cai*: the French call him *Queux*. ' Sir Kay is represented by the romance writers as caustick and fond of scandal, always boasting of his prowess, often fighting, and as often beaten. .... In the *Triades* the name of *Cai* occurs with considerable distinction. He is associated with Trystan and with Huail, and is styled one of " the three crowned chiefs of battle of the isle of Britain."' WAY's *Fabliaux, notes*, pp. 203 and 214.

In ELLIS we find, that ' Sir Kay the seneschal (of King Arthur) was constantly eager for adventures, which as constantly brought him to disgrace.' *Eng. Met. Rom.* i. 312. We learn also from the *Morte d' Arthur*, that Sir Kay was very apt to make sport of strangers who happened to arrive at Arthur's court. An unknown young man ' the goodliest and the fairest that euer they al sawe,' requested the King to give him ' mete and drynke sufficyauntly' for the next twelve months. ' The Kyng' granted the boon, and ' betook hym to Sir Kay the steward, and charged hym that he shold gyue hym of al maner metes and drynkes of the best.' Sir Kay took for granted that the stranger who made such a request was a ' vylayne borne .... for and he had come of gentylmen he vold have axed of you hors and armour .... And sythen he hath no name, I shall yvue hym a name that shal be Beaumayns that is fayre handes. .... Sir Launcelot bad Sir Kay leue his mocking ... Upon payne of my lyf, sayd Syr Kay, he was fostred vp in some abbay, and how someuer it was they failed mete and drynke, and soo hyther he is come for his sustenaunce.' *Morte d' Arthur*, vii. 1 and 2. Upon another occasion, ' at the Courte of Kinge Arthur there cam a yonge man and bygly made, and he was rychely besene, and he desyred to be made Knyghte of the King, but his ouer garmēt sat ouerthwartly, how be hit, hit was ryche clothe of gold. What is your name said Kynge Arthur. Syre sayd he, my name is Brennor le noyre, and within shorte space ye shalle knowe that I am of good kyn. It may wel be said syr Kay the seneschal, but in mockage ye shalle be called la cote mal tayle, that is as moche to saye the euyl shapen cote . . . . Thenne syr Kay ordeyned sir dragonet, Kinge Arthurs foole to folowe after la cote mal tayle . . . . and profer hym to juste and soo he dyd . . . So, sir la cote mal tayle smote sir Dragonet ouer his hors croupe. Thenne the damoysel mocked la cote mal tayle, and sayd fy for shame, now art thou shamed in Arthurs courte, whan they sende a foole to haue adoo with thee, and specially at the first Justes, thus she rode longe and chyde.' Ibid. ix. 2 and 3. From all this it appears that PERCY was not justified in saying that the distinct character of Sir Kay in romances was to be always ' rugged and disobliging.' His character is like that of Astolfo in every respect. But if Sir Kay be the original of Astolfo, how did it happen that the name was so completely altered? Did *Falstaff* come from *Astolph*, or are they brethren?

St. 58.—*Dudone* called *Dudon Santo*, as he was sanctified, and also *Dalla Mazza*, as he always used such a weapon, was son of *Oggeri il Danese*. *Dudo de Cons, (Consa* in the kingdom of Naples) ' rufus capite, bello doctissimus,' as he is called by ALB. AQUEN. *Hist. Hieros.* ii. 23., was a celebrated hero of the first crusade. TASSO has immortalized him in the *Jerusalem Delivered.* See c. i. st. 53. and c. iii. st. 45. I think he was sanctified in consequence; and, being from an Italian province, although most probably of Norman origin, his deeds became popular in Italy. In the *Mambriano*, c. xiv., we are told that he was called *Dudon Santo* at first; but on having taken a *mace*, in single combat, from the Khan of Tartary, he was thence called *Dudon Dalla Mazza.* According to some romancers, a son of Uggeri was called *Mervin*, and there are romances named after him. He was born from the Fairy Morgana, with whom Uggeri had gone to live. See vol. i. p. 81.

Maces or clubs were of different forms. Some were

like a hammer, others were simply handles of iron with a heavy piece of the same metal at the top, shaped in different ways. The maces with chains had one or more chains hanging from the top of the handle, like a whip, having at their extremity an iron ball. These weapons were of great effect in knocking down warriors, who, being cased in armour, could seldom enter battle again when once dismounted. It was for this reason that to jump on a steed without touching the stirrup was considered one of the greatest knightly accomplishments; and it must have been a very difficult performance, if at all possible. It has been said that Ecclesiastics used the *mace* as an offensive weapon, to indulge their warlike disposition, and at the same time not to infringe the canons, which forbade their *shedding blood*. In later days, and for the same reason, inquisitors ordered persons to be burnt, and at the same time *recommended* them to the *mercy* of a lay officer, who would himself have been burnt, had he dared not to execute the sentence.

BOJARDO often uses *arguto* in the sense of *superbo, altiero,* and even *alto, elevato.* He sometimes applies the epithet *arguto* to a mountain. In the sixth Latin Eclogue, he boldly says;

. . . . . *Arguti* quatiunt capita ardua montes.

It is but fair to add, that this passing strange effect was produced by some poems like those of ORPHEUS. As he drew stones to his verses, so the shepherd mentioned by BOJARDO may have moved mountains. The verses of two other shepherds could stop rivers.

. . . . . Stupefactæ carmine lynces
Et mutata suos requierunt flumina cursus.
VIRGIL. *Eglog.* viii. 4.

The epithet *arguti* was here applied, perhaps, in imitation of VIRGIL, who wrote, speaking of a horse:

Illi ardua cervex
Argutumque caput.
Georg. iii. 65.

BOJARDO himself says in his lyrical pieces,

Venir mi vide *(vidi)*
A l' incontro un destrier fremente e *arguto.*

. St. 59.—This stanza is omitted altogether in Pincio's edition. The fifth line in some editions stands as follows,

  Ben che la notte viene e 'l ciel s' annera.

 St. 59.—In all the editions which I have seen, the second line is

  Ben ebbe di bellezze il simigliante ;

which is an evident error, as it greatly diminishes the beauty of the stanza, and makes scarcely any sense. I have substituted *non*, which was adopted, not only by DOMENICHI but even by BERNI, as may be seen in the first edition. See *Life of Bojardo*, page cl.

 The word *ferrante* appears to have been an object of dislike to BERNI who constantly removed it from the poem. *Afferrante*, however, or *ferrante*, is a very favourite name of a battle-horse in old romancers.

  Egli era sopra un gran caval *ferrante*.
      Bocc. *Teseid.* vi. 24.

  E' montò sopra un feroce *afferrante*.
      PULCI, *Morg. Mag.* xxii. 49.

In *Graelent's Lay*, by MARIE DE FRANCE, we read:

  Sur un cheval *ferrant* monta ;

on which the editor remarks : ' *Ferrant;* cheval d'Afrique, cheval barbe, cheval gris tirant sur le blanc. On disoit aussi *auferrant*, du Latin *Afer, Africanus*, et bas Latin *aferans*.' Those who are not satisfied with this, for the legitimacy of the word, will perhaps have their scruples removed by what follows. Ferdinand Comte de Flanders s'étant revolté (in 1214) contre Philippe II. Roi de France, surnommè Auguste, dont il étoit feudataire, ce Prince marchat contre lui avec une armée formidable, le défit entièrement, et le fit prisonnier : cette bataille est connus sous le nom de Bovines. Le Roi fit une entrée solemnelle à Paris, où le Comte de Flandre y parut, chargè de chaines sur un chariot attelé de quatre chevaux *ferrans*, c'est à dire, de couleur gris de fer. Le peuple en le voyant ainsi ajusté, chantoit ces deux vers,

  Quatre *ferrant* bien *ferrez*
  Trainent *Ferrant* bien *enferrez*.

BARBAZAN, note to ' Chroniques de S. Magloire' *Fabliaux et Contes* (MEON's edition), vol. ii. p. 221.

St. 62.—Astolfo had *pardi* on the harness of his steed, he being of the royal house of England.

Whenever a knight was seen from a castle where some strange adventure was to be met with, or whenever a warrior approached any place where he knew some cavalier was waiting to oppose him, and also upon all occasion, when a combatant wanted to challenge another, whom he knew to be ready for battle against whoever chose to present himself, a horn was blown either by the guards who were kept watching, or by the warrior himself. Robin Hood, who, as we have seen, vol. i. p. 112, had more of the real feudal lord about him than might perchance be supposed, always carried a horn, at the sound of which Little John and his faithful attendants never failed to appear.

St. 63.—The edition of 1538 reads with evident error ' *Vedendo* il corno.'

St. 64.—Several editions *gli*, instead of *li*.

St. 65.—Some read ' *A me* nemica,' others ' Tu *me*,' which is, I think, ' Tu m' e' ' instead of *ei*, which I have adopted. *Ei* for *sei* is often used by BOJARDO even in his lyrical poems. He once addressing the city in which his lady resided, regretting her absence, says,

> Gentil città, com' *ei* fatta soletta?
> Com' *ei* del tuo splendor fatta oggi priva?

The first line reminds us of Jeremiah, ' The city sits solitary.' Again,

> Tu sola in terra *ei* quella.

St. 66.—All the editions which I can consult read ' *ebbe* pigliato,' instead of *ebber*, which means just the contrary of what the poet intended. Some ' E lo *menarno*.' Several editions ' nel viso il *guardone*—Nel qual.'

St. 67.—It seems that in old times, when a syllable ending in *n* preceded a vowel, an elision took place, as is the case with words ending in *m* in Latin; hence the word *col* from *con il*. The seventh line of this stanza in several editions is as follows:

> Essa *con il* suo fratello e *con i* giganti.

This occurs very often. The reason is, that the word *con* was written purely according to Latin orthography *cum*. In the first edition of the lyric poems of BOJARDO it is spelt both ways. Hence we find,

> *Cum* bianchi gigli e *con* vermiglie rose,
> *Cum* i vaghi fiori e *con* l' erbetta nuova.

But *cum*, as we see also here, is constantly used, when an elision is intended with the vowel immediately following:

> *Cum* il scudo mi copria;

and again,

> *Cum* il bianco petto e *cum* l' adorno volto.

Con is not a recent *corruption* from *cum*. It is as old as *concludo, confacio, confabulo, confluo*, &c.

St. 70.—' L' asta *arresta;*' that is *arrestata*. Thus it is said *compro* for *comprato*, &c. Perhaps ' L' asta *a resta;*' viz. the lance *on the rest*.

St. 71.—This stanza stands as follows in the two Milanese editions, and in that of 1538:

> Ma come prima la lancia il toccò
> Nel core e nella faccia sbigotti;
> Ogni sua forza in quel punto mancò,
> E l' animoso ardir da lui parti,
> Tal che con pena a terra traboccò,
> Nè sa in quel punto s' egli è notte o dì.

St. 72.—*Subitano; collerico*, passionate, violent.

St. 74.—Ancient writers said both *trono* and *tuono*. The Lombards say *trono* in their dialect.

St. 77.—Others: ' Nè d' aver fatto 'l gran colpo.'

St. 81.—Others: ' Giunselo *in* capo.'

St. 82.—Compare *Teseid*. v. 69, quoted vol. i. p. 170.

St. 83.—The two last lines have been changed in various ways. Some editions read,

> Aver la voglio, ovver morir al tutto:
> Queste parole dicea Ferragutto.

That of PINCIO has

> Aver la voglio al dispetto del mondo:
> Questo dicea Ferraguto iracondo.

St. 84.—Others:

Ma Ferraguto non vuole ascoltare.

CORBINELLI, in one of the MS. notes which he has put in the margin of the copy of the poem once belonging to him, observes on *scoltare:* ' Noi (that is the Florentines) la scolta.'

St. 86.—Instead of ' saria gettato,' omitting the *si*, as the Latins sometimes did with *insinuo* and similar verbs, other editions have ' s' *avria.*' COR. remarks ' s' haria,' which is the same: *aria* for *avria*.

NOTES TO CANTO II.

ST. 1.—' Cima di possanza.' COR. remarks ' noi, cima d' uomo.'

St. 2.—' S' *hanno* offesi :' *Si sono offesi*, would have done much better.

St. 3.—Instead of *Gridando*, some editions have ' Guardandosi l' un l' altro.' In BERNI's *Rifacimento* the two last lines of the second stanza, and the four first of the third, have been altered as follows;

E par che il ciel paventi e a terra vada
Solo al fischiar dell' una e l' altra spada.
  Si danno colpi con mortal furore
Gridando l' un ver l' altro in vista cruda;
Si crede quì ciascuno esser migliore,
Trema la terra e dal tremor ne suda.

It has been doubted whether the first stanzas of this canto are BERNI's, and it is certainly difficult to believe that he would have spoiled the lines of BOJARDO in so unjustifiable a manner.

St. 5.—The last line is imitated from DANTE, who says of himself, on seeing Lucifero,

Io non morii, e non rimasi vivo.
Inf. xxxiv. 25.

St. 6.—In the duel between Orlando and Ferraù, which is recorded by TURPIN, Ferraù confesses to his antagonist that he was enchanted, and that he could not be wounded except in a part of his person which he mentions. This he did in answer to a question from Orlando, who wondered at Ferraù's indifference to blows. The Paladin thrashed the giant from morning till noon with a cudgel, and then hit him with large and round stones, which were plentiful at hand, and yet the Saracen did not seem to mind the blows: whereupon, on Orlando asking him; per nullum, inquit gigas, locum vulnerari possum, nisi per umbilicum. *De vit. Car. M. & Rol.* c. 18. It is undoubtedly from this avowal of Ferraù that the dialogue, which BOJARDO supposes to have taken place between Argalia and Ferraù, has been imitated. It is to be remarked that whilst the confession in BOJARDO is reciprocal, in TURPIN it is Ferraù only who speaks of his being enchanted; and, what is worse, Orlando profits by it, and kills the giant by wounding him in the very part where he knew that he was not enchanted. In the poem *La Spagna*, the avowal is reciprocal.

> Orlando disse: tu ove sei fatato?
> Dì dove sei tu, e poi ti dirò io.
> Ferraù disse: sappi, in ogni lato
> Non mi potresti ferir per mio Dio,
> Se non nel pettignon che è disarmato:
> Dimmi il tuo fatto, poichè ho detto il mio.
> Orlando disse: poichè mi richiedi,
> In ogni lato, fuor le piante de' piedi.   C. V.

The Lord of Anglante was not charmed, according to TURPIN; on the contrary, he died at Roncesvalle, 'quatuor lanceis vulneratus, immo fustibus et lapidibus graviter percussus.' *De Vit. Car. M. & Rol.* c. xxiii. The enchantment of Orlando was said to be, by a special privilege, like that of Achilles. This was the explanation given by BERNI in the *Rifacimento*.

> Orlando era uomo; e, se si fa romore,
> Io dirò che anche Achille fu fatato.   I. VI. 3.

Achilles was not enchanted, according to HOMER, who tells us that this hero was once wounded. *Iliad*. xxi. 166. Yet it was in imitation of the classical traditions, that these enchanted skins and armours were imagined by romancers.

' A singular property of the blood of a dragon was supposed to be its imparting to the skin, which was bathed in it, perfect impenetrability, and security from the usual effects of any weapon, by giving it a kind of horny consistence. Siegfried, a very celebrated hero of German romance, thus obtained the same quality which is ascribed to Achilles and Orlando. Unfortunately, a leaf being attached to his back, the part covered by it was not hardened by the property of the blood, and in this part he was stabbed by his treacherous kinsman, while stooping to drink the water of a rivulet. From this impenetrability he obtained the epithet of hurnin *(i. e.* horny); but the ignorant modern printers of his prose history always represent him in the wood-cuts with two horns, though the text gives the authentic reason for his denomination. In one of the German romances of Troy, by Conrad Von Wuerzburg, consisting of about sixty thousand lines, the armour of Peleus is said to have been hardened and rendered impenetrable in the fat and gall of a dragon by " a smith y-cleped Vulcan." ' WEBER, *Met. Rom.* vol. iii. p. 36. We are not told by what means Orlando was rendered *horny*. There was, however, a sufficient reason for it; he was to fight against the Moslems. This is the key, with which romancers explain the bravery of the Christian heroes, and their extraordinary strength. Rinaldo said of himself;

> Yo les quiero demostrar
> Las fuerzas que Dios me diò
> Por su santa fe ensalzar.
>
> *Don Reynaldos.*

St. 12.—*Macone* is undoubtedly *Mahon;* viz. *Maometto* or *Macometto*, Mahomet; the *h* being pronounced like *c* hard, as I observed vol. i. page 414, note 3. How it happened that Mahomet was supposed to be adored by the Mahometans, see vol. i. p. 126.

The *selva Ardenna* is the *forest of Ardennes*, the favorite scene of romantic adventure. " This tract of wood," says Sir W. Temple, whose words are quoted by Mr. ROSE in the notes to the third Canto of *Parthenopex de Blois*, " in Charlemagne's time extended as high as Aix, and the rough country some miles beyond it; and was commonly used by that

Emperor for his hunting. This appears by the ancient records of that city, which attribute the discovery, or at least the retrieving the knowledge of the hot baths, to the fortune of that prince, while he was hunting; for, his horse, putting one of his legs into some hollow ground, made way for the smoking water to break out, and gave occasion to the Emperor's building that city, and making it his usual seat, and the place of coronation for the following Emperors." 'The name of *Ardenne,*' continues Mr. ROSE, after having quoted the above passage, 'is derived from the British words, *Ar*, great, and *Denne*, a forest. Hence our *Arden* and *Denny Walk*, in the New Forest, and probably the forest of *Dean.*'

In the editions of 1518 and 1538, the last two lines of this stanza are,

> Destrier non è che 'l tuo segua di lena,
> Io fermarome a la selva de Ardena.

St. 14.—*Corse* here is no doubt used instead of *accorse*, which is preferred by the edition of 1538; but then the line is too long.

St. 15.—The third and fourth lines read rather awkwardly. They would be quite correct if we could substitute ' *le* guardava *il* volto.'

Instead of ' al *corso* non ha pare,' the editions of 1518 and 1538, read ' al *mondo* non ha pare.'

St. 17.—*Torniamo, amiamo, parliamo,* &c. are the forms now used, and which I have adopted. The old editions of BOJARDO, generally have *tornamo, amamo, parlamo,* &c. *Amamo* is certainly nearer *amamus*.

St. 20.—The first two lines have been changed by BERNI as follows;

> E per la selva, de' gran boschi piena,
> Si volge, e non rispose a quel del pardo.

How far this may be said to be an improvement, I leave for others to judge.

St. 21.—These abrupt transitions are very common in old romances, and they have already been explained in vol. i. p. 31. Mais tant laisse pour le present le compte a parler d'eulx,

&c. is a formula often occurring in ancient books of this description. Old ballads are likewise remarkable for the ease with which the poets pass from one subject to another.

>No prosigo mas del rey
>Sino que lo dexo estar.
>Tornemos a Don Grimaltos.

And soon after

>Dexemos lo de la corte
>Y al conde quiero tornar.
>
>*El Conde Grimaltos.*

St. 28.—With respect to Orlando's coat of arms, see vol. i. page 58: and the *Orl. Innam.* II. xxix. 69. The colour chosen by Orlando showed at the same time grief and firmness in love, according to chivalrous distinctions of colours. Thus *green,* indicated hope; *yellow,* jealousy ; *red,* love, &c.

Brigliadoro, one of the most famous coursers in romances, and second only to Bajardo, was Orlando's steed. Its name signifies *Bridle of gold (Briglia d' oro).* According to other romances, the name of the Paladin's horse was *Vegliantino,* I dare say that these writers are both right. It will not be too much to suppose that Orlando had *two* horses.

St. 30.—*Ringo,* or, as some editions read, *rengo* is only *aringo*; and nearer its original, which I have no doubt is *ring* Being a chivalrous term, it came to the Italians from Germany, whence, as I have already said, there is reason to believe, jousts and tournaments were introduced into the rest of Europe. See vol. i. page 7.

St. 31.—*Giostra dal ferro polito* means, probably, a kind of combat in which two knights tried to dismount each other with their lances, which had blunt points *(courteous lances),* when the joust took place only for amusement. He who succeeded in unhorsing his antagonist, was the conqueror. See what has been said above, speaking of tournaments, in the note to st. 8. c. i. Of this phrase, *ferro polito,* I shall have occasion to speak again.

St. 32.—*Gaglia* for *gaja* is a Lombardism peculiar to BOJARDO, who said likewise *noglia* for *noja,* &c. In Lombardy the words *doglia, voglia,* &c. are pronounced *doja, voja,* with slight variations in the sound of the *o,* which in the province of

Mantua, for instance, is open; but very near *u* in that of Reggio, where BOJARDO was born. If, therefore, *doglia* and *voglia* were the correct words, instead of *doja* and *voja*, the poet thought he might, by analogy, use *gaglia* and *noglia*, instead of *gaja* and *noja*.

An emperor on horseback, with a stick in his hands, is a very grotesque figure according to our notions; and yet it is particularly recorded of the Franks of the times of Charlemagne, that a stick formed part of their ceremonial dress and ornaments. Tunc baculus de arbore Malo, nodis paribus admirabilis, rigidus et terribilis, cuspide manuali ex auro vel argento, cum cælaturis insignibus præfixo, portabatur in dextra. Quo habitu, lentus ego et testudine tardior, cum in Franciam numquam venirem, vidi caput Francorum in monasterio Sti. Galli præfulgens. MONACH. SANGALLEN. *De Ecc. Cur. Car. M.* § 36 ap. DUCHESNE, *Scrip. Franc.* II. 121. *Bastone*, in BOJARDO, signifies also *sceptre* as well as *staff;* an emblem of command.

St. 33.—*Ringe* from *ringere*, to neigh; and *brofa* from *brofare*, (or *borfa* from *borfare*, according to some editions), to snort, are verbs peculiar to BOJARDO instead of *nitrire* and *sbuffare*. If I am not greatly mistaken, they are more expressive than those which are admitted in the dictionary.

St. 36.—The line

  Che 'l *Paradiso* ne sarebbe adorno

appeared too strong to BERNI, in whose *Rifacimento* we read,

  Che il *teatro di* Giove è meno adorno.

I observe this to show that BERNI, if the line be his, was not so irreligious a person as was supposed by the *Saints* of Italy. Had he been an irreligious man, would he have scrupled to leave BOJARDO's lines as they originally stood? If it were really proved that he had no religion, we might deem the alteration apocryphal.

St. 37.—Who *Angelino* of Bordeaux was, I know not.

The *resta*, was firmly attached to the armour of the knight. It served to support his lance, thereby to thrust it against his adversary with greater force; from *restare;* hence *to rest.*

St. 39.—Whether *Riccardo di Normandia* was the *Lionhearted*, I shall leave others to judge. As for the trifling mistake in chronology, which would arise from this supposition, I do not think it of any importance. A *few* centuries more or less are not worth mentioning. Normandy was not so called in the times of Charlemagne, and yet we see here that a Lord, who took his title from that province, was fighting at that Emperor's tournaments or jousts. We have seen that romancers found fault with Arthur for not having fought against the Mahometans. See vol. i. p. 50 and 418, note 31. Yet the Saxons and Lombards, against whom Arthur had so often occasion to fight, according to romancers, were said to be Saracens.

St. 40.—The last two lines of this stanza, according to the editions of 1518 and 1538, are as follow :

Ma Serpentino a mezzo il scudo il fiere,
E lui getta per terra, e 'l suo destriere.

St. 42.—The same two editions read the third line,

Perchè sperava gittarlo al *rivagio*.

St. 43.—Concerning Uggero enough has been said in the first volume.

Basalisco, or *Basilisk*, (Βασιλισκος, or Little-King) is a kind of serpent which never existed but in coats of arms, so called from having a crest or tuft, like a crown, on its head. It was supposed to be born from the egg of a cock, which was laid, awkwardly enough, by this animal when seven years old. The most terrible of its qualities was that of killing with its looks.

St. 46.—REDI, in the notes to his *Bacco in Toscana*, has collected a large number of authorities to show that *drudo*, originally from the same source as *true*, and meaning nearly the same, viz. *loyal, honest, fair,* and consequently, *brave*, was used by old Italians in a very innocent sense, from which it has since passed to express a *gallant* or *lover* in a criminal signification. In referring to this very passage of BOJARDO, which he quotes as if it were BERNI's, he adds that the word *drudo* was used by old French writers in the same way. In the Romance of *Bertrand du Guesclin*, cap. 28, we find :

Quant vous serez en bataille, allez si avánt, comme il vous plaira, et assemblez aux greigneurs, et aux plus *drus*. And again: Grant temps doura l'assault, et le trait de nos gens, les quels trayoient si *dru*, que à pene osoient les Engloiz mettre la teste dehors. We see from this that it was a favorite word with romancers speaking of warriors, and in the second canto of the old romance, *Trojano*, REDI found a line from which BOJARDO seems to have taken his:

  Ma quando vide il franco Baron *drudo*.

It seems that *dru* was also used in the sense of *rich*, speaking of a country: Le païs qu' ils trouvoyent plein et *dru*. FROISSART, *Chroniq*. i. 89. The phrase *dru et menu* signifies *plentiful*, or more properly *thick;* and I believe that such is the meaning in the second example quoted by REDI.

St. 52.—In the edition of 1518 we find;

  La sua possanza par cosa incredibile;
  Porta per lancia un gran fusto d'antena.

St. 54.—I suppose *Turpin di Rana* means *Turpin of Reims*, of which city the gallant prelate was Archbishop, according to the romancers. See vol. i. p. 53, and 128. BERNI has changed the two last lines as follows:

  E disteso anco in su la terra piana,
  Come un ranocchio, fu Turpin di Rana.

St. 55.—*Cavallo portante*, is an ambling horse. A *Palafreno* or *Palafredo*, is a palfrey. A battle-horse was properly called *destriere*. In journeying from one place to another, the knight rode on a *palafreno* or a *ronzino*, whilst his battle-horse was led after him by his squire. The horse was hence called *destriere*, or *dextrarius* in low Latin, from *dextra*. *Addrextrer* in general meant to lead. Là descendit Madame la Duchesse, et print sa premiere Damoiselle sa queüe, et Monsieur de Bourbon l' *addrextroit*. Upon which S^{te}. PALAYE observes. *Addrextrer* signifie seulment mener, accompagner en donnant la main, sans distinction de la droite ou de la gauche. *Les Honneurs de la Cour*. There is a law of the Emperor Frederic I. declaring that any one who should attack a knight going to the camp on his *palfrey*, would be guilty of a breach of the peace; but that no fault could be found with him who should attack a knight on his *steed* (*dextrarius*). See FERRARIO, *Dissertaz.* iv. 'A white horse,' says the annotator of WAY's *Fabliaux*, vol. ii. pag. 227, 'was usually a sign of royalty. When Edward the Black Prince conducted his prisoner, King John to London, he assigned a white horse to the captive monarch, and was himself mounted on a small palfrey. At the entry of the Emperor Charles IV. into Paris, the King, Charles VI., rode a white horse, and mounted the Emperor on a black one, lest, by a contrary conduct, he should seem to acknowledge his own inferiority.' The distinction was prevalent in Italy in BOJARDO's time. A dì XIII di Maggio venne in Arimino il Magnifico Signore e Capitano Conte Francesco ... E anco venne la sua donna Magnifica Madonna Bianca figliuola del Duca di Milano con otto Donzelle, con tutti i *cavalli bianchi*. *Cron. Rimin.* ad an. 1442, ap. MURATORI, R. I. S. xv. 941. Even royal messengers used white horses. See LE GRAND, *Contes & Fab.*, notes to the *Lai de Lanval* and to the *Medecin de Brai*.

The inclination to flirting shown by Astolfo, was one of the principal features in his character. When Orlando and his companions, amongst whom was the Duke, entered Utica in triumph, (see vol. i. pag. 332), Astolfo distinguished himself for his gay manner of looking about.

> Ogni uscio, ogni finestra, ogni contrata
> Ritenea in sè qualche gentil figura . . . . .
>   Astolfo pien d'amorose faville,
> Giunto nella città, quà e là balestra ;
> Con gli occhi sollazzò con più di mille,
> Mirando or questa or quella a la finestra.
> Fra sè diceva: oh magnanimo Achille !
> La tua memoria tutta m' incapestra
> Ne' bei lacci d' amor ; chè chi non ama
> Vive senza diletto e senza fama . . . .
>   L' uom forte e senz' amor, è pien d'asprezza,
> E non sa in cosa alcuna farsi onore . . . .
> E così borbottando, si nutriva
> Di vento, come fanno i gavinelli. *Mambrian.* c. xix.

St. 56.—*Guido di Borgogna* is a famous Paladin, particularly celebrated in the *Conqueste de Charlemagne*.

St. 58.—*Ricciardetto* and *Alardo* were Rinaldo's brothers. See the genealogical tree in the first vol.

St. 59.—*Uscitte* for *Uscì*, I think is a word peculiar to BOJARDO; although *uscitti* for *uscii*, and *uscette* for *uscì* are not without example. BOCCACCIO did not scruple to use the latter.

   Nè quella notte di quel tempio *uscette*.
             Teseid. vii. 41.

In the south of Italy they are very apt to add the syllable *te* to a word ending in *t*, and they have the greatest difficulty in pronouncing the word *street*, which they often utter as *streetté*. It is therefore likely that to this manner of pronouncing *exiit* we owe *exitte*, and afterwards *uscitte*. The same may be said of *fuggitti*, or *fuggitte; sentitti*, or *sentitte*, &c.

St. 60.—To hit high up the breast of his antagonist was a proof of chivalrous accomplishment, as it is now to touch only the breast of the adversary in fencing. It seems that the joust between Grandonio and Olivieri was not ' *real* giostra,' nor ' a ferro *polito*,' that is *courteous*. See above, notes to st. 31. We have already seen that Grandonio killed *Ugo* of Marsiglia, st. 58.

St. 64.—The last line of this stanza in the edition of 1518, is as follows,

   Ov' ene Orlando traditor e bastardo?

The rhyme is faulty.

St. 65.—As for the improper expressions which romancers put into the Emperor's mouth, see vol. i. p. 264, note r. We cannot wonder at his Majesty's threat of turning executioner, since, as we have seen, the profession was not by any means disreputable. See vol. i. p. 109, note i, and 249, note e.

Stu is *se tu*. *Spazza* instead of *spaccia;* from *spacciare*.

St. 66.—I cannot refrain from observing that the consciousness of his own weakness renders Astolfo's devotion to his sovereign still more interesting than it would be, either if he were confident of conquering, or really brave.

St. 68.—The threats of Astolfo are a clear proof that now the joust was *à outrance*, and that the conqueror was the master of his enemy's life.

NOTES TO CANTO III.

St. 2.—*Parone*, on the Po, is called the master of a barge, from *Patrone* or *Padrone*. The Venetians say *pare* and *paron* instead of *padre* and *padrone*, and they have introduced the word with their commerce. I have little doubt that BOJARDO wrote *Paron* as I have printed it; and, with respect to this word, the Venetians are a better authority than grammarians and academicians.

St. 3.—*Cavezzi; parti*. The word *cavezzo* is used in Lombardy, and means *part*, more properly the remaining part of a piece of cloth, which can be turned to any useful purpose. Although this be not considered Italian, the words *capezzolo, scapezzare, capezzale, scavezzare, raccapezzare, scapezzone,* &c. are proofs that it is not out of the rules of analogy, and that it is related to *capo* in the sense of *end, extremity*. Why it should not be received as a good expression in its primitive signification, I really cannot see.

St. 6.—*Spriccando* from *spriccare* is a Lombardism instead of *sprizzare* or *spicciare*, which ARIOSTO substituted in copying this line:

Spicciando il sangue da sì larga vena, xix. 16.

In the edition of 1538, the word *spargendo* has been preferred, which is far less proper than *spicciando*.

St. 8.—*Spata* for *spada* is not more strange than *scuto* for *scudo*. Although PERTICARI, *Difes. di* DANTE, part. ii. c. 8., has registered the word *spada* among 'le voci novelle del tutto diverse dalle latine,' AULUS GEL. *Noc. Att.* x. 25. asserts that *spata* was the name of one of those weapons, ' quæ in historiis veteribus scripta sunt.' It is therefore an old Italian word, preserved as well as many others, by the common people. All interpreters agree in saying that it was a weapon of the same kind as *gladium*, although larger; and we know that the swords of knights were remarkable for their unwieldy size. Whence do the English words *spade, spaddle*, and *spattle* come?

St. 9.—' *Rossia*' means *Russia*.

' *La Tana*' is the river *Tanai* or *Don*.

St. 11.—For '*gugliardo*' read *gagliardo*.

St. 12.—' A *frontiera*,' a *fronte;* opposite. The last two lines stand thus in the editions of 1518 and Mil. 1539 :

> Dovea aggradir quante più genti *vano*
> A riscontrarlo per gittarlo al *piano*.

St. 13.—' *Pongo cura;*' metto *differenza*.

St. 15.—*Pinabello* was a famous Maganzese, son of Anselmo of Altaripa, according to ARIOSTO, *Orl. Fur.* xxiii. 4. He is mentioned as a traitor in the *Trebisonda istoriata*, c. i. In the *Quatre-filz-Aymon*, ch. xiv. we find the name of this same worthy ' Pinabel, une espie qui estoit à Charlemagne.'

' *A cotal via;*' in tal modo, in such a manner.

I have substituted ' *vergogni*' for *vergogna*, which I have found in all editions, not only because the subjunctive was here requisite (BOJARDO very frequently disregards these niceties); but because it might have been difficult to understand the meaning of the passage, as *vergogna* might be mistaken for the noun.

St. 16.—*Dimenarsi;* to swagger.

' *Portato per piede e per mano;*' carried away as if he were dead.

St. 17.—I can scarcely believe that *Bojardo* wrote '*Questo surgendo*,' that is: ' On this man rising;' as he had already told us that Smeriglio could not stir. I have left it as I found it in all the editions; but I think that the true reading is either *Questo sentendo*, as DOMENICHI says, or rather, *Questo scorgendo*.

Falcone was probably the same as *Foulques* celebrated in ancient romances, as well as Pinabel, Grifon, the Count of Altafoglia, &c. for his treacherous disposition. All these worthies belonged to the house of Maganza. The expedient to which *Falcone* had recourse, in order not to lose his seat, fully justifies the romancers in giving him a bad character. ' To be fastened on the saddle was one of the most disgraceful actions which a knight could commit, and it was part of the duties of the heralds at tournaments to ascertain, by accurate inspection, that no combatant was guilty of such practice. In the combat which, by permission of King Richard II., took place on the London bridge in 1390, between ' Schyr David de Lyndyssay, and the Lorde of the Wellis,'

The Lindsay there with manful force
Struck the Wellis fra his horse
Flatlyngis down upon the green.

'The exploit having occasioned a rumour that Sir David was tied to his horse, and the calumny having reached the King's ears, the good knight was, of course, much scandalised; and

Even forth to the King he rode,
And off his horse deliverly *(readily)*
He lap down, that the King clearly
Ken'd well that they falsely lied,
That said the Lindsay before was tied.

After this;

Withouten help of any man,
But by his own agile force,
Again he lap upon his horse,
All the lave *(remainder)* to fulfill.'
WAY's *Fabliaux*, notes, vol. ii. p. 253.

St. 19.—COR. observes: '*Agognare* da agonia.' I do not doubt this etymology. It is a very good and forcible Grecism. Gano must have certainly been *full of anxiety and distressed*. In this sense, *agognare* is not received in the dictionary, although the signification, which is commonly given to it, proves that it comes from the same root.

St. 20.—To make sense of the 4th and 5th lines we must suppose the words 'avea fatto pensieri' repeated. Some editions read '*riscontral*' a fronte;' but that is worse.

St. 21.—'*Malvaso;*' malvagio.

St. 22.—'*Gioso;*' giuso, giù. DANTE said *soso* instead of *suso*, *su*.

Ond' ei levò le ciglia un poco in *soso*.
Inf. x. 45.

St. 23.—'Elmo *acciarino*' means either as hard as steel, or made of steel. This adjective is not used by any other writer.

Read *comincia* instead of '*cominica*.'

Si cacciano would be clearer, as well as more correct than '*si caccia*.'

St. 24.—It may be allowed that the conduct of the Emperor was not dignified, but there is scarcely any doubt that he did his best to impress forcibly on his barons the impropriety of their behaviour. As the Emperor had a stick, we must not be surprised if, in the spur of the moment, he made use of it to restore order.

Some editions read ' *brando* resta,' instead of ' *baron* resta;' but it is an error to suppose that he used his sword. There is no reason for this, as it would imply that the stick had broken. I was induced by DOMENICHI, who reads ' *drapello*,' to print it so, thinking it was meant for *drappello*, and supposing that *trapello*, which I found in all my editions, was an error of the press, or else a substitution of *t* for *d*, which very often occurs. On consideration, however, I think that *trapello* is the right word. In my native province we say *trapello* to signify *noise, confusion, uproar*, occasioned by a quantity of people who either quarrel, or play, or argue in an obstreperous manner.

St. 25.—Other editions read

Diceva a Gan: *ahimé! che cosa è questa?*

St. 26.—Some editions read *Inglese* instead of *Anglese*, which is nearer the Latin *Anglia*, and the old word *Anglesch*.

St. 28.—The second line ought to be,

Per non far disonore al Signor mio.

' Oaths are very frequent throughout these poems, and in most kinds of ancient poetry; being manifestly in common use amongst our ancestours; and even with young ladies and princesses of the blood-royal; by all of whom, it is presume'd, they were regarded as perfectly innocent. Our ancient monarchs had their peculiar oaths: William the Conquerour usually swore, By . . . . . &c.;' and thus *Mister* RITSON proceeds to give a very long, learned, and, no doubt, accurate and correct catalogue of the *royal* oaths of not less than ten English monarchs, including Queen Elizabeth. And what is more strange is, that he sneeringly mentions that ' the historian of English Poetry' has ' accurately ennumerateëd' the several oaths of ' Chaucer's fellow-pilgrims.' See notes to the beautiful romance of *Ywaine* and *Gawin*, v. 85.

St. 29.—' *Contenire*' for *contenere*.

St. 31.—The second line in some editions is,

A rispetto de' tre altri innamorati.

St. 32.—Others; *Baron animoso* instead of ' *amoroso ;*' and *incerca* in the edition of 1538 : (perhaps *incerchia* from *incerchiare* for *accerchiare.)*

St. 33 and 34.—Stimulating potions were evidently the originals from which philtres were drawn. They were known to the ancients.

. . . . . . Thessala vendit
Philtra, quibus valeat mentem vexare mariti.
JUVENAL, vi. 610.

Their powers, however, were not blindly admitted by all poets:

Nec data profuerint pallentia philtra puellis;
Philtra nocent animis, vimque furoris habent.
OVID. *de A. A.* ii. 105.

The whole romance of *Sir Tristram* is founded on the effect of a philtre, which the ' beal Isoud' and the hero drank in mistake; and it is to this potion that BOJARDO alludes. The fact is narrated as follows in the *Morte d' Arthur.* ' Soo to make short conclusion la beale Isoud was made redy to goo with syre Trystram and dame Bragwayne went with her for her chyef gentylwoman with many other, thenne the quene Isouds moder gaf to her and dame Bragwayne her doughters gentilwoman and vnto Gouernaile a drynke and charged them that what day Kinge Marke shold wedde that same daye they shold gyve hym that drynke, soo that Kinge Marke shold drynke to la beale Isoud, and thenne said the Quene' (of Ireland, Isoud's mother) ' I undertake eyther shalle loue other the dayes of their Lyf. Soo this drynke was yeuen unto dame Bragwayne and unto Gouernaile. And thenne anone syre Tristram tooke the see and la Beale Isoud, and whan they were in their caban, hit happed soo that they were thursty, and they sawe a lytel flacked of gold stand by them, and hit semed by the coloure and the taste that it was noble wyn. Thenne sire Tristram toke the flasket in his hand, and sayd Madame Isoud here is the best drynke that euer ye drank that dame Bragwayne youre mayden, and Gouernayle my seruaunt have kepte for themself. Thenne they lough and made good chere, and eyther dranke to other frely, and they thoughte never drynke that ever they dranke to other was soo swete nor soo good. But by that theyr drynke was in their bodyes, they loued eyther other so wel that neuer theyr loue departed for wele neyther for wo. And thus it happed the loue fyrste betwixe sire Tristram and la beale Isoud, the which loue neuer departed the dayes of their Lyf.' Book viii. chap. 24. It is not surprising that the philtre took effect on Isoud, since the very moment Sir Tristram arrived at her father's court, she was uncommonly glad, 'for of alle men erthely she loued hym moost.' Ibid. c. 23.

The fountain here imagined by BOJARDO, as well as the river (or spring) mentioned in the following stanza 38, possessing such opposite powers, the former of producing hatred, the latter of exciting love, are two of the most famous inventions of BOJARDO. They have been already observed as imitations of the mythological tale of Cupid's arrows, one of which having a gold point produced Love, whilst the other with a leaden point had the contrary effect. There is no doubt that the two fountains are a judicious substitution for the arrows, and rich in poetical consequences. A fountain of Love is recorded by BOJARDO in one of his Italian eclogues, which VENTURI has not thought proper to publish. See *Poesie Scelte di* BOJARDO, pag. 69. TALIESSIN, speaking of the fountain mentioned in the *Introd. Essay*, p. 224, note e, and ' recollecting the extraordinary properties ascribed to different fountains, some of which are said to cure sore eyes, while others give or take away memory, or communicate an oily appearance to the skin, or change the colour of the sheep who drink them, seems to think it very natural that a draught of water should afford a cure for madness.' ELLIS, *Ear. Eng. M. Rom.* i. p. 83. The ancients likewise attributed various powers to waters; and many rivers or springs were known, which instead of curing madness produced it.

>Inter, ait, viridem Cybelen altasque Celenas
>   Amnis it insana, nomine Gallus, aqua;
>Qui bibit inde furit.
>   OVID. *Fast.* iv. 364.

>Æthiopesque lacus; quos, si quis faucibus hausit
>Aut furit, aut mirum patitur gravitate soporem.
>   ID. *Metam.* xv. 320.

'It has been believed that any person who bathes in the river Silemnus ceases to love. If this were but true, the waters might be deemed of more value than any sum of money.' PAUSAN. vii. 23. On the other hand:

Cui non audita est obscenæ Salmacis undæ?

Its waters produced the passion of love. The origin of the story is given in the following words: Salmacis nomine nympha Cæli & terræ filia fertur causa fontis Halicarnasi aquæ appellandæ fuisse Salmacidis, quam qui bibisset, vitio impudicitiæ mollesceret, ob eam rem quod eius aditus angustatus parietibus, occasionem largitur juvenibus petulantibus antecedentium puerorum puellarumque violandarum, quia non patet refugium. POMP. FEST. in v.

St. 37.—Between st. 37 and 38 of the poem of BOJARDO, BERNI has introduced an original stanza which is the 40th of the *Rifacimento*, and which seems to me deserving of being inserted here. It is a description of the total change effected in Rinaldo's mind, with respect to Angelica's charms, on drinking the enchanted water:

Quei begli occhi seren non son più belli,
L' aria di quel bel viso è fatta oscura,
Non son più d' oro i bei biondi capelli,
E brutta è la leggiadra portatura:
I denti eran di perle, or non son quelli,
E quel ch' era infinito, or ha misura,
Et odio è or quel ch' era prima amore,
Vergogna e disonor quel ch' era onore.

St. 38.—To what has been said in the note to st. 33 and 34, I have only to add that the precise declaration of BOJARDO, that this water had not been enchanted by Merlin, but that its effects were natural to it, makes me suspect that the poet introduced this river in his poem in imitation of the story Salmacis. BERNI has altered the first four lines in the following manner:

Chiamasi la riviera de l' amore,
La qual non volse Merlino incantare,
Ma la fe' per natura d'un sapore
Che fa, chi d'essa gusta, innamorare.

Is it an improvement on the original?

'*Odete*' for *udite*.

St. 41.—The two last lines are given as follows in some editions.

> Questa disfoglia, ed empie ambe le mano
> E danne in viso al sir di Montalbano.

St. 42.—Among the various readings of this stanza, the most remarkable is that of *lui ne la faccia*, instead of *quel ne l' aspetto*.

St. 45.—Others, *indreto*, instead of '*indietro*.'

St. 46.—' *Escegli*, ought properly to be *escele*; but it would sound strange to an Italian, and the use (or abuse) of *gli* for *le* can be justified by a thousand authorities.

Di cattivo fiele, in Italian, means ' of a bad disposition.' ' *Con mal* fiele,' seems here to mean ' with bitterness, and in a bad temper against fate.' It appears to me that *male* is a redundant epithet, since no one would think of saying *con buon fiele*. The Latins said *mali fures*, for instance, without meaning there were *boni fures*.

St. 47.—The meaning of the last four lines seems to be that ' the beauty of Ranaldo has not so far deprived her of reason, as that she might not see how much superior the Paladin was to herself.'

In the last line *lui*, which is found in several editions, was perhaps written by the poet instead of *quel*, which I have adopted.

St. 49.—I have printed *toccasti*, because I found it so in all my texts. It may, however, mean *toccaste*, for the reasons already given in the note to st. i. c. i.

' *Bagna* quell' erbe' is a spurious reading. I was misled by the edition of Domenichi, 1588, Venice, Alberti, 4to. which I have consulted in forming my text, and into which this ridiculous *bagna* has crept. Thence it passed into the Dublin edition of 1784. The true reading is ' *Basa* (bacia) quell' erbe.' If I were determined to defend that unlucky word *per fas et nefas*, I might say that it is *bagna* not *basa*, in imitation of Ovid, whom Bojardo had here evidently before his eyes:

Et tua, quâ possum, pro te vestigia tango,
Strataque, quæ membris intepuere tuis.
Incumbo, lacrymisque, *toro manante*, profusis, &c.
Heroid. x. 52. et seq.

BERNI has introduced *bagna*, but not with good effect:

Oscuro fa quel bel viso sereno
La nebbia de' sospir, *bagna* ed allaga
Quel delicato petto, e quel bel seno
L' acqua del pianto, del qual sol s' appaga. St. 58.

St. 51.—Instead of '*maravigliati*' and '*sappiati*,' other editions have *maravigliate* and *sappiate*, as well as *navi arrivate*, instead of ' *navigli arrivati.*'

'*Che più* tre giorni,' instead of '*più di* tre giorni,' is to be found in some editions.

St. 54.—The regard of Ferraù to Argalia's comfort, is in the genuine spirit of chivalry. This is imitated from the *Teseide*. See vol. i. p. 169.

St. 55.—Sir Tristrem and Moraunt went to a small island to fight a duel. On landing, Sir Tristrem turned his boat adrift, saying, that one would be sufficient to bring back the victor.

Thai seylden into the wide,
With hir schippes tuo:
Moraunt band his biside,
An Tristrem lete his go.
Moraunt seyd that tide,
— " Tristrem, whi dostow so ?
Our on schal here abide,
No be thou never so thro,
Y wis."—
— " Whether our to live go
We have anough of this."—

Sir Tristrem by THOMAS THE RYMER, Fytte, i. s. 93.

St. 56.—The last line in the two Milanese editions is,

Se non, lasciar la vita ti conviene.

St. 57.—Per battaglia *saccio ;*' perhaps,'*per esser sazio* di *battaglia ;*' or possibly ; *saccio* (that is, *so, I know*) ch' io non

VOL. II. P

fuggii per fuggir battaglia. In both the Milanese editions this line has been, whimsically enough, altered as follows,

> Ch' io non fuggitti *oltra il dovere.*

Fuggitti (others *fuggetti*), that is *fugii.*
The 7th line is,

> Ma sol me ne fuggitti oltra 'l dovere.

St. 58.—' *Nel salto si riscosse.*' I do not clearly understand the meaning of this phrase. Perhaps ' he revenged himself, leaping and giving him a blow.'

St. 61.—In the combat *à outrance*, a knight was not bound to shew any mercy to his antagonist until he surrendered, *rescue or no rescue;* which implied, that if even he had been delivered after this surrender, by the assistance of his party, or in any way whatever, except by the consent of him to whom he had yielded, he was still bound in honour to consider himself a prisoner. Besides other arms, every knight was provided with a poniard or dagger *(daga)*, with which he used to dispatch his enemy, when they were so close that other weapons could not be employed, and which was thrust through the joinings of the armour. The following quotation will give a better idea of the occasions on which the dagger was used, as well as of the precise manner in which Argalia was killed. ' The seigneur de Languerant came before the walls of an English garrison in Gascony, and defied any of the defenders to run a course with a spear: his challenge was accepted by Bertrand Courant, the governor of the place, they couched their spears, like good knights, and dashed on their horses. Their spears were broke to pieces, and Languerant was overthrown, and lost his helmet among the horses' feet. His attendants were coming up; but Bertrand drew his dagger and said; " Sir, yield up my prisoner, rescue, or no rescue; else ye are but dead." The dismounted champion spoke not a word; on which, Bertrand, entering into fervent ire, dashed his dagger into his skull. Besides, the battle was not always finished by one warrior obtaining this advantage over the others. In the battle of Negara, the famous Sir John Chandos was overthrown and held down by a gigantic Spanish cavalier, named Martino Fernandez. " Then Sir Johan Chandos remembered of a knife that he had in his bosome, and drew it out, and strucke this Martine so in the backe, and in the sydes, that he wounded him to dethe, as he laye upon him." The dagger, which the knights employed in these close and desperate struggles, was called the *poniard of mercy.*' Sir W. SCOTT, *Minst. of the Scot. Bord.* iii. 41. The reason of this dagger being called *poniard of mercy*, or simply *misericorde*, was from its being used to compel the adversary to call out for mercy, or die. Ferraù kills Argalia exactly as Sir John killed Fernandez. One Argalia was slain by Orlando. See DOLCE, *Prim. Impr. d'Orl.* xvii. 18.

St. 63.—*Cavelleria* is a misprint for *cavalleria.*

Escalibore as well as *Durindana* and *Bajardo* were thrown into a river or the sea. See note to st. 5. c. i.; and vol. i. pag. 39.

St. 65.—I should have preferred, *E ti prometto*, but all editions agree ' *A te.*' *Chiede* for *chiedi.*

St. 66.—Several edit. have *alzò* instead of *alza.*

St. 69.—Although the two last lines are not very correct in point of grammar, this stanza has been deservedly quoted for its elegance and softness both of images and diction. See MURATORI, *Perf. Poes.* i. 15.

St. 70.—Others,

Stavasi il Conte attento a rimirarla.

' *Quivi* per quì, nella vita d' Ezzellino, e ne' fioretti.' CORBINELLI.

St. 73.—*Senza mancanza; sans faute.*

St. 74.—' *Il* mal giorno.' Edit. 1538.

St. 75.—*Lì* is very often used by BOJARDO instead of *ci* or *vi.*

Ritrovassi il instead of *ti trovasti un*, is adopted in several texts.

St. 76.—*S' è turbato* instead of ' allor *turbossi.*' Mil. edit. 1539.

Aggio for *ho;* very common in ancient poets.

St. 80.—*Non, non.* Mil. 1518.

NOTES TO CANTO IV.

St. 1.—Others *fusse*, and some ' *ave* durata.' It was one of the privileges of Orlando, conferred upon him by the blessed St. James of Gallicia, that no one could resist him for three days together.

> Scrive Turpin, che Orlando fu dotato
> Di tre virtudi dal celeste coro.
> L'una, che ognun che seco combattesse
> Durar il terzo giorno non potesse;
>   E questa il Santo Apostolo gli diede
> Che da Gallizia il suo cognome prese.
>   DOLCE, *Prim. Imp. d'Or.* l. xvi.

According to this author, Don Chiaro was killed by Orlando on the second day of their combat. See ibid. xxiii. 26. Don Chiaro was the son of Milone Alemanno. See the *Geneal. Table* in the first volume.

St. 4.—' Cosi le cose *tra quei due ne vano*.' Thus in both the Mil. edit. The reading which I have followed does not make clear sense. I think the poet meant that ' the battle was *not far from even*.'

Ladies are very commonly introduced as messengers in romances. As knights were bound to protect and assist them, they were sure of being allowed to go unmolested on their errands.

St. 5.—Other editions, ' contenne *suoi* destrieri.' It was the privilege of ladies to enter between the combatants, and put a stop to the fight. Not only themselves, personally, but any part of their dress was looked upon with the greatest veneration, and was a protection even for a knight, who might render himself guilty of some misconduct at a tournament. Le champion des dames, armé d'une longue pique ou d'une lance surmontèe d'une coiffre n'avoit, pas plutôt abaissé sur le heaume de ce chevalier le signe de la clemence et de la sauve-garde des dames, que l'on ne pouvoit plus toucher au coupable. S^{te}. PALAYE, *Mem*. ii.

St. 9.—The edit. of 1518 and 1538, *Un altro Re*.

NOTES TO C. IV.

The edit. of 1538, '*Disfatto* ha Zibeltarro.' COR. observes: '*Zibeltarro,* come Villani, *exequio.*'

St. 10.—*Scodi* or *scuodi* from *scuodere* that is *scuotere, liberare;* to rescue, which I have little doubt comes from *riscuotere* in the same sense.

St. 12.—*Parton densieme;* according to the edit. of 1518; *de sieme,* several others; and this is, perhaps, to be preferred.

The edit. of 1518 reads ' *i suoi* pensieri,' instead of *il suo.*

St. 15.—' Sta contento *al sodo,*' that is, he is not satisfied with the Spanish land. Others read ' *il sodo,*' which might be understood to mean *brave,* and the sense would be, ' nor is the brave (Gradasso) satisfied with Spain.' But neither interpretation is satisfactory.

St. 17.—Rinaldo is here created Warden of the Spanish Border. See vol. i. page 110.

Bastone here means staff. Charlemagne gave to Rinaldo a general's staff.

St. 18.—Some editions read ' e non so *dov' è.*' CORBINELLI, in the copy which once belonged to him, has corrected *dov' è,* and substituted *dove.*

St. 19.—*Ivone* or *Huon* was King of Bordeaux. Rinaldo married his sister Clarice. See vol. i. p. 76.

Of *Angelino* I know nothing. Several editions read the 3d and 4th line,

> Givone ed Angelin di Montalbano
> Col Sir, e gli altri che seco ha passare.

I cannot make sense of this reading.

St. 20. Some read *vargarno;* others, *varcarno.*

Pertuso is *Pertuis, Pertusium; Sirona,* Girona.

St. 23.—*Taprobana* is *Selan* or *Zeilan,* that is Ceylon. It was once supposed to be of an inordinate magnitude; and now it is said to have been reduced to its actual size by some convulsions of nature, or by the corroding effects of time. *Travels of* MARCO POLO *by* MARSDEN, Book iii. Chap. 29, note 1249.

St. 24.—The editions of Mil. 1518 and 1539, as well as that of Pincio have *naro* and *Zibeltaro* to rhyme with the 6th line, which stands thus,

Sibiglia nè Toledo *fier riparo*.

St. 25.—*Rafina*, that is *rifina;* from *rifinare*, to cease.

St. 26.—*Marsilione* or *Marsilio;* like *Carlone* for *Carlo*. He is sometimes called *Marsirio*, and in the accusative case *Marsirionem* even by TURPIN.

Malegno for *maligno*.

St. 27.—The use of signals of fire is very ancient. A fire lighted on the top of a hill, or on a tower, was seen at a good distance. In the night the blaze served the purpose, as the smoke did during the day-time. This kind of telegraph is mentioned by HOMER, *Iliad,* xviii. DANTE also alludes to it. *Infer.* viii. 4. On this passage the *Ottimo Commento* observes: Il segno è fatto dalli torrigiani, a guisa che si fa quà nelle terre di guardia . . . . Di notte (si) fa segno di fuoco per vincere le tenebre, sicchè il segno paia a colui cui il fa, e di dì per fumo.

St. 29.—The two Mil. edit. read ' *e l' óra* sventilava.'

St. 30.—When Rizieri was prisoner in Tunis, Barsirocco said to him: Io non mi tenerei vendicato del mio fratello, per la tua morte, ma io ti prometto farti tanto stentar in prigione, che io averò Fiovo e Costantino, e con teco insieme vi farò mangiare a cani. E il Re Archiro lo voleva far impiccare, se non fosse stata questa promessa che fece Barsirocco. *Real. di. Fr.* i. 48.

St. 31.—The first three lines of this stanza have been changed by BERNI as follows:

Eran tutti Indïani i re prefati;
Ed avean sotto lor tanti furfanti,
Che non ha San Francesco tanti frati.

Alfana is said in the dictionaries to be ' the name of a mare in BERNI,' who has never been supposed to have taken words from BOJARDO, to whom in justice the word *alfana* belongs. See st. 72 in this canto. MENAGE thought it came from *equus*. He thus traces the progression of this strange transformation. ALFANA; dallo Spagnuolo *Alfana* che vale l' istesso, e che forse fu cosi formato dall' articolo Arabo *al*, e *equa. Equa; eka, aka, haka; faca* colla mutazione dell' H in F; *facana* e per contrazione *fana*, e poi coll' articolo Arabo *(al)* ALFANA. On this metamorphosis the following epigram was written.

>*Alfana* vient d' *equus*, sans doute;
>Mais il faut avouer aussi,
>Qu' en venant de là jusqu' ici,
>Il a bien changé en route.

St. 36.—Some have *a rivare. Arrivare* is formed from *riva;* a ship when it reaches the shore it goes *a riva.*

St. 37.—Some editions, ' *si fece* vicino.'

St. 38.—' Altre *voce*,' that is *voci.* An *Alfana* seems in general to have been from a gigantic breed of horses; such as would do for giants. See above note to c. i. st. 21.

St. 39.—*Di rondone.* On dit qu' un oiseau fond en *rondon* pour dire qu' il fond avec impetuosité sur sa proie. ALBERTI. The word was probably taken from the manner in which the best of all hawks, called *randione* in Italian, fell on the bird. *De randon,* in speaking of jousting, occurs often in books of chivalry. Adonc esperonnerent leurs cheuaux de *grand randon,* et s' en vinrent l'un sur l'autre de plain eslais. FROISSART, *Chron.* iii. 49. CORBIN. observes, '*Andar di rondone,* en ronde; noi, di rondoni.' I do not understand the drift of this note. *Andar di rondone* is a low Italian phrase, applied to affairs which succeed according to one's wishes; luckily. But this cannot be the meaning attached by BOJARDO to this '*va di rondone;*' for, Serpentino was any thing but lucky.

St. 40.—*Mandone,* that is *mandò.*

St. 41.—*Cuoi',* a contraction of *cuoio,* which in some editions is spelt *coi.* Several editions read *cor,* which is nearer the Latin *corium.* The Italian word *corame* shows that *cor* is not a very strange word. *Cuoi'* for *cuoio* is a contraction, like *Tegghiai'* for *Tegghiaio, Uccellatoi'* for *Uccellatoio, Pistoi'* for *Pistoia,* &c. All those who affect to say *i'* instead of *io* must admit that *cuoi'* is even better than *cuoio;* in which I do not concur.

Coraccia for *corazza.*

St. 47.—All editions read, *gambeli* or *gambili,* none, *cammelli.* That of 1518 has *dromendarii* also.

The grammar of the second line is not very correct; therefore the two Mil. edit. read

>Gambili e dromendarii a terra vano.

St. 48.—I think '*fuggieno*,' is for *fuggono*, from *fuggie*, which was sometimes used instead of *fugge*, as was the case with *fuggia* for *fugga*.

>...... I Fiamminghi ....
>Fanno lo schermo perchè il mar si *fuggia*.
>
>DANTE, *Inf.* xv. 6.

It may also be for *fuggiano*, that is *fuggivano*; like *sentieno* for *sentiano* or *sentivano*; *capieno* for *capiano* or *capivano*, &c.

St. 50.—Others ' Ma *domentre* con,' instead of *mentre che*. Domentre is nothing but the Latin *dum inter*, which has since been reduced to *mentre*.

'*Halle*' instead of *Ha loro*. BOJARDO often uses *li* or *le* for *loro*.

Anfrera is frequently used instead of *Alfrera* by several editions here and elsewhere.

St. 52.—*Oggi* instead of *ancoi*, in some editions. But *ancoi* is as good a word as any, is used in many Italian provinces, and was honored by DANTE's sanction, who employed it three times in the *Purgatory*. MAFFEI, *Ver. Illustr.* lib. xi., says it is derived from the Latin *hanc hodie*; of which the Italian *quest' oggi* is a literal translation. Some modern editors of DANTE say, that it is more probable that this word *ancoi* comes from the Provençal *ancui*; but where does this *ancui* come from? Provençal etymologies are one of the greatest obstacles to the study of the true origin of Italian. They put the inquirer on a wrong scent, which has all the appearance of being true. Provençal words prove only that the Italian expressions, which resemble them, are very old, when they are to be found in that ancient dialect of *Roman* (not *Latin*) language. To say that Italian words are derived from the Provençal, is the same as to contend that German is derived from English. The common people of Italy did not learn their language from a few Provençal poets. The inhabitants of Provence formed their dialect from that of the Italians, who settled in that country. This dialect resembled Italian more than any other, because

Provence was the *Province*, which was first conquered by the Romans out of Italy, and hence it was called PROVINCIA *par excellence*. The conquerors had more time to introduce into it their language as well as their manners, and even in PLINY's time it was ' Italia verius quam Provincia.' *H. N.* III. 4.

St. 60.—Others, *Bertresche*. '*Baltresche o Bertresche,* che trovansi menzionate dagli antichi autori della lingua Italiana, erano, come ci pare, casotti o torricelle di legno o di muro ove stavano sentinelle pronte a scagliar saette contro i nemici. FERRARIO, *Anal. dei Rom. di Cav.* Dissert. iv. p. 40. This, however, does not embrace all the significations of *Bertresca*. When Rodomonte jumped from the outer to the inner wall of Paris, he found himself upon the *Bertresche,* as ARIOSTO says, adding that the French garrison stood on them, as on a bridge, defending the city.

> Non sì tosto a l' asciutto è Rodomonte
> Che giunto si senti su le *bertresche,*
> Che, dentro a la muraglia, facean ponte
> Capace e largo a le squadre Francesche.
> *Orl. Fur.* xiv. 121.

It seems, therefore, that *bertresca* meant also that space behind the parapet of the walls on which the soldiers stand to oppose the assailants from without. In PULCI, *Bertresca* seems to mean the highest part of a tower, or, perhaps, simply a lofty tower.

> Era a veder il popol Saracino,
> Chi in su le mura, e chi presso a le porte.
> . . . .
> E la fanciulla con faccia serena
> Era salita in sur una *bertresca.*
> *Morg. Mag.* iv. 59. & 60.

St. 61.—*Diverso,* used repeatedly by DANTE in the sense of *cruel* or *strange,* does not simply mean *different from good.* In my humble opinion it means *barbarous :* and it was used in this sense by the Latins, although vocabularists have not observed it. Helen says to Paris :

> . . . . *Diversa* quamque a gente venires ;

adding soon after:

. . . . at certe *barbara* terra tua est.
                    OVID. *Heroid.* xvii. 7. & 64.

In the following passage from TACITUS the irony is lost, if this interpretation of the word be not adopted. Recitatæ et Drusi epistolæ, quamquam ad modestiam flexæ, pro superbissimis accipiuntur. Huc recidisse cuncta, ut, ne juvenis quidem, tanto honore accepto, adiret Urbis Deos, ingrederetur senatum, auspicia saltem gentile apud solum inciperet. Bellum scilicet aut *diverso* terrarum distineri: litora et lacus Campaniæ cum maxime peragrantem . . . . Druso, quod, nisi ex adrogantia, impedimentum? *Ann.* III. lix. The irony consists not in the distance only, it seems, but in the life which Drusus led in Campania, contrasted with that which he would have had to lead had he been among barbarians.

St. 61.—The English word *battlement* answers perfectly to the Italian *merlo*.

St. 62.—Boiling pitch, burning brimstone, as well as boiling oil or water, quenched lime, and other substances which could penetrate under the armour which covered the knights, were poured from within a fortress on those who assaulted it, besides large stones as well as missile weapons; which, indeed, were hurled from both parties, but generally with greater advantage, owing to the position, by those who were on the top of the fortifications which defended the place.

That elephants were used in battles is so well known that I need not quote proofs. These animals carried wooden towers on their backs, with warriors inside, as is affirmed even by MARCO POLO, book iii. ch. 38, from whom, probably, the old Italian romancers drew their information. The following note is appended by Mr. MARSDEN to that passage of the Italian traveller. ' In regard to the number of fighting men that could be placed, with any effect, on the back of an elephant, I am assured by competent judges, that it does not exceed eight, and that in modern Indian warfare even that number would be extraordinary. " Turres dorso imponunt" says Linschoten, in the sixteenth century, " ex quibus quinque vel sex viri balistis, tormentis, ac igneis patinis instructi depugnant et in hostes conjiciunt." Cap. xlvi. p.

55. By comparison, on the other hand, with the accounts furnished by ancient historians, our author's computation will appear moderate' (M. POLO said that each tower carried from fifteen to twenty men). " Sometimes," says Grose, describing the use made of elephants by the Persians, Syrians and Romans, " they built upon the back of those monstrous creatures great wooden towers of several stories, upon which the archers mounted, and shot in safety, having almost their whole body under covert. In the battle which Antiochus Eupator gave to Judas Maccabeus, that king of Syria had more than thirty elephants of this kind, on each whereof were thirty-two archers, who shot arrows from all sides, and an Indian who guided them." Vol. i. p. 270. In our version of the apocryphal books the words are : "And upon the beasts there were strong towers of wood, which covered every one of them, and were girt fast unto them with devices: there were also upon every one, two and thirty strong men, that fought upon them besides the Indian that ruled him." 1. Maccabees, chap. vi. v. 37.' Note 1451. Wooden towers, either placed on the back of elephants, or on wheels, moveable, and of enormous height were undoubtedly used to besiege fortresses. One of the most famous engines of this kind, is that employed by Godfrey Bouillon for taking Jerusalem.

Tra for *trae* from *traere* or *trarre* which has been sometimes spelt *trare;* or, perhaps, *tra,* for *tira,* from *tirare.*

St. 64.—In both the Mil. edit., the last line, without any regard to the rhyme, is

Ne pone indugio che 'l colpo redopia.

St. 72—Other editions read *spazza* and *brazza.* Here in fact *spaccia* is for *spazza* from *spazzare.* Rinaldo *swept away* his enemies with his sword.

St. 73.—*Il mondo non stimava un asso;* that is; ' he did not care for all the world ;' the ace being the lowest point at dice. Or, perhaps, *asso* for *asse* from the Latin *assis.* ' He cared not one farthing for the whole world.'

Temanza instead of *temenza.*

A leap sixteen feet high was a trifle for Bajardo. Le plus petit sault que Bayard faisoit c'estoit xxx piedz et plus. *Les Quatre-Filz-Aymon,* ch. xii.

St. 76.—Even BOCCACCIO has sometimes used *mai* without *non* in sense of *numquam*. If any scrupulous reader be not satisfied with so high an authority, it will be some consolation for him to know, that several editions read the fourth line

Mai da che nacque *non fu sì* contento.

Others ' *lì* avrà' *(lì* for *ci* or *vi*, there) ; instead of ' *egli* avrà.'

St. 78.—Others, ' la *facea* levare,' instead of ' la *fece* levare.'

St. 80.—It is not perhaps necessary to observe, that instead of *giraffa*, several editions read *ziraffa;* which is the same word differently pronounced.

'*Flagella*' for *flagello*, in the sense of *ruin, destruction*. *Flagella* has been sometimes used as the plural of *flagello*; one of those neuter nouns, which have a regular, as well as an irregular plural in Italian. Of these the latter is a mere Latin word. Such are *fondamenta, peccata, braccia*, &c. which the common people, mislead by their ending in *a*, supposed to be feminine; and as such they are now used, not without affectation, however, in most cases. ' *Tutte* flagella' would be still quainter than the singular, which I have adopted. CORBIN. remarks : ' *Flagella, o* in *a; come travaglia.* D.—Sopra *indugia.*'

St. 84.—The last line seems to have been written only to fill up the stanza.

St. 88.—*Aver l' occhio al tavoliere;* a proverb like *tener l' occhio a pennello;* to mind one's own business; to keep a sharp look out.

' *Dimandati*' for *dimandate.*

St. 87.—' *Dislongato*' for *dilungato.*

Offender stretto; to attack closely. Others ' stretto non offenda' omitting the pronoun *lo.*

St. 89— *Dubbïosa* instead of *dubbitosa* is in the edition of 1538 and Mil. 1539.

NOTES TO CANTO V.

St. 2.—' E *quella* aspetta,' the edit. of 1538.

St. 3—*Fusberta* was the name of Rinaldo's sword. In the Spanish ballads it is called *Fisberta*:

>Y quebrada la su lanza
>A *Fisberta* fue à sacar.
>*Don Reynaldos.*

St. 6.—*Zuffelare* for *zufolare, fischiare.*

St. 5.—'Quel re non *si può levar d' opinione* il colpo;' *non può dimenticarsi.*

Signare, that is *segnare, far segno.* Some editions have *cignare.*

St. 8.—*Far difetto*; for *commetter una mancanza*; to misbehave, to act in an improper manner.

Venir a l' effetto, to come to a conclusion;

>E per *venire*, uditore, *a lo effetto*
>E' perdonaron solamente a queste.
>*Morg. Mag.* xxvii. 253.

BOJARDO uses *effetto* elsewhere clearly for conclusion.

>Ma questo fu un principio e non *l' effetto.* i. 8. 39.

St. 9.—For ' il *suo* ronzone' read ' il *tuo* ronzone;' that is Bajardo.

St. 13.—' *Scrimire*' that is *schermire.* We say *scrima* and *scrimaglia*, why not *scrimire?*

'*Ebbe* a contare,' which we find in several editions, is clearly used for ' *ebbi.*'

St. 14.—' The edit. of 1538, ' più *feroce* affretta.'

St. 17.—Angelica was therefore an enchantress or witch; and if she was as beautiful as BOJARDO asserts, it is certainly very extraordinary that *her charms* did not destroy the effect of the enchanted waters on Rinaldo. ' Though, in romance, there are instances of knights dabbling in magic, we shall generally find this science ascribed to clerks *(i. e.* men of letters) and women. Perhaps a skill in faëery, so often assigned to ladies of distinction in the old romances, may be attributed to their superior education. In the MORT D'AR-

THUR, we find, that Morgue, the fay, was " put to schole in a nunnery, where she learned so much that shee became a great clarke in *nygromancy*." ROSE, *notes to Parthen. de Blois*. c. i. Herbs had great powers. The *hierabotane* or *peristereona*, as well as the *anacampseros*, (three words, the utterance of which alone can conjure the devil,) had wonderful faculties, if properly used. Anacampserotem . . . cujus omnino tactu redirent amores, vel cum odio depositi. PLIN. *N.H.* xxiv. § 102. Magi utique circa hanc (verbenam) insaniunt. Hac peruncti impetrare quæ velint, febres abigere, amicitias conciliare, nullique non morbo mederi. Colligi circa Canis ortum debere, ita ut ne Luna aut Sol conspiciat. ID. *H. N.* xxv. § 59. I have for this reason preferred ' *scuro il sole*' to ' *caldo* il sole' of the edition of 1538. The great influence of the moon on charms is very well known, and the tale of Thessalian women, having the power of bringing that planet into the earth to be assisted by it in their enchantments, needs not to be particularly explained. Who does not know that

Carmina vel cælo possunt deducere lunam?

The time chosen by Angelica for gathering the herbs was particularly well selected for such unlawful pursuits as magic; as it is certain, that to any vegetable gathered in the time of the new moon, was attached a kind of curse. Omnia quæ cæduntur, carpuntur, conduntur, innocentius decrescente luna, quam crescente fiunt. PLIN. *N. H.* xviii, § 75. Precious stones had likewise wonderful magical effects, and a gem was called *Magorum gemma*, owing, probably, to the peculiar faculties of which it was supposed to be possessed. PLIN. *N. H.* xxxvii. § 70. See note to st. 39. c. i. It is asserted that JOSEPHUS the historian, mentions one of his countrymen who possessed a ring of still more extraordinary power than any other hitherto known. When the fortunate owner touched with that ring the nose of a person possessed of a spirit, the devil decamped immediately; (probably for fear of having to marry. See MACHIAVELLI'S novel of *Belfagor*.) It is, however, true, adds my author, that JOSEPHUS does not assert that there was a diamond in that ring, although there is no doubt that diamond possesses the power of turning the fiends adrift.

> Et noctis Lemures, et somnia vana repellit.

See BODIN, *della Demonom.* iii. 6. Be this as it may, we must not forget, as I have said, that jewels had certain magical powers most undoubtedly. An author enumerates ' libram, *gemmam*, vel cornum magicum, quibus habitis, facile si quis vellet, se mundi monarcham instituerit.' ARBALETUS quoted by Mr. ROSE, l. c. Canidia was at a loss, like Angelica, not knowing why her enchantments did not succeed :

> Atqui nec herba, nec latens in asperis
> Radix fefellit me locis.

She too experienced that all her resources were of no use.

> Venena magnum fas nefasque, non valent
> Convertere humanam vicem.
> HOR. *Epod.* v.

But Canidia was old and ugly, and Angelica was young and beautiful.

St. 18.—The edit. of Pincio has ' *caro* cugino' instead of *saggio*.

St. 23 and 24.—I have observed, vol. i. p. 209, note w, that in *La Spagna*, among other poems or romances, there is the story of a devil carrying Charlemagne from Spain to Paris. It is evident that BOJARDO had that poem before him when he wrote these two stanzas, as will be seen on comparing them with the following lines.

> E sappiate, Signori, che in quel punto
> Era già il sole ove si corca, giunto.
> Mossesi il demonio con Carlo Mano,
> Andando via per l'aria brunita ......
> Da Pamplona il demonio si partie
> Con Carlo per l'aria bruna volando,
> In su la sera, già passato il die,
> E sempre in sue parole narrando ......
> Dicevagli Carlo : va a la tua via
> E non mi ricordar nulla menzogna.
> C. xx and xxi.

St. 26.—*Trapontino* here would seem to mean a sort of mattress. *Trapunto* or *traponto*, of which *trapontino* is the diminutive, in the native province of BOJARDO means a quilt; and probably it has the same meaning in this passage. A soldier in his tent may be supposed to have slept on a quilt.

St. 27.—The editions of 1518 and 1538 read *piglio* instead of *periglio*. Among other objections to this reading there is this; the verse is too short.

St. 30.—I have written ' *odìa*,' that is, *odiva* or *udiva*, to distinguish it from *odia* from *odiare*.

' *Sapìa*' for *sapea* or *sapeva*.

St. 31.—' *Guarti*' for *guardati*, from *guardare*. This contraction is not uncommon in old writers; and in the *Rime Antiche* it is used to express a sentiment, in the justice of which Malagigi would have readily concurred.

Ma *guarti* dal servire a l'uomo ingrato.
ANT. BUFFONE.

St. 32.—Others ' *presto* ' instead of *tosto*.

St. 33.—Several editions read ' *al qual scriveva*,' instead of ' *il* qual *serviva;*' which is an error.

There were several classes of heralds; *king-at-arms, heralds, pursuivants,* and *chevaucheurs*. I shall not enter into particulars respecting their different ranks, but I shall be satisfied with offering some remarks on their office and dress. L'impiego degli Araldi nell' arme, says FERRARIO, consisteva principalmente nel rappresentare la persona del principe nelle diverse negoziazioni di cui venivano incaricati, trattati di nozze fra i grandi, proposizioni di pace, disfide di battaglie: per questa ragione essi andavano vestiti degli stessi abiti di que' signori, da' quali dipendevano. *Anal. dei Rom. di Cav.* Dissert. vi.

La *cotte d'armes* étoit une sorte de tunique, sans manches, assez semblable à celles de nos diacres, ou plutôt à celle que portoient jadis les mousquetaires. On l'appeloit *cotte*, d'un nom commun à divers habillements extérieurs, et *cotte d'armes*, parce qu'on ne la portoit que quant on étoit armè ..... Elle s'abolit peu-à-peu, et n'est plus restée qu'aux hérauts d'armes dans les grandes cérémonies. LE GRAND, *Fabliaux*, notes, vol. i. p. 98.

Heralds and kings at arms wore a sceptre as well as a crown in their ceremonial dress. As they acted as officers of the peace on many occasions, there is little doubt that the constable's staff is an ensign of office of the same kind as the herald's *wand, staff, sceptre,* or *stick,* (*bastone,* as BOJARDO calls it.) The most ancient heralds of which there is any account, those recorded by HOMER, had sceptres, with which they separated Hector and Ajax, who were fighting a duel. It seems, therefore, that the sceptre was the principal mark of their authority. Mercury, the prototype of all subsequent heralds or messengers, was armed with a rod, as every one knows, in which his power consisted, and with which he performed wonders. I might quote a great many passages to prove it.

Pleiade nate, mone, *virga venerande potenti.*
OVID. *Fast.* v. 447.

. . . . *virgaque* levem coerces
Turbam.
HORAT. *Carm.* i. x. 18.

See also VIRGIL, *Æn.* iv. 242.

LE GRAND, in his notes to the *Siege preté et rendu* observes, that sometimes ' les mènétriers ètaient appellés Hérauts.' This is remarkable on the following account. Carolus, mutatis vestibus suis optimis, sine lancea, retro supra dorsum clypeo verso, ut mos nunciorum belli est, cum solo milite, venit ad urbem. Illico quidam ab urbe egressi venerunt ad illos, sciscitantes quid quærerent? Nuncii sumus, inquiunt, Caroli Magni regis missi ad Aigolandum regem vestrum. At illi duxerunt illos ad urbem ante Aigolandum, qui dixerunt ei: Carolus misit nos ad te, quia ipse venit, ut imperasti cum sexaginta militibus, et vult tibi militare, et effici tuus homo, si vis illi dare quod pollicitus es; id circo veni ad eum cum sexaginta de tuis similiter pacifice, et loquere ei. Tunc armavit se Aigolandus, et dixit ut redirent ad Carolum, et dicerent ut expectaret eum; non tamen putabat Aigolandus illum esse Carolum, qui sibi loquebatur. Carolus vero illum tum cognovit, et exploravit urbem qua parte erat ad capiendum fragilior, et vidit reges in ea qui erant, et redit, &c. TURPIN, c. ix. If *minstrels* or *juglars* were sometimes *heralds,* have we not reason to suspect that the stories of Baldulph, Athelstan, or Alfred, are but copies of this related by TURPIN, which must have existed in lays anterior to the eleventh century? See RITSON, *diss. on Rom. & Minst.* pag. clxxii. who argues vehemently, and it seems with great reason, against the truth of these stories of the Saxon monarchs, which he, in his usual manner, politely calls ' nothing more than a legend and a lye;' although he did not refer to this passage of TURPIN, which supports so strongly this conclusion.

St. 34.—' *Dispartito;*' others, *dipartito.*

' *Torna* la sua gente,' that is *rendi,* in the sense of *riconduci, rimena.*

St. 37.—Rinaldo breaks his agreement with Gradasso by leaving Bajardo to the Emperor. If Gradasso conquered the Prince, Bajardo became the conqueror's property. See above st. 9 to 13.

St. 41.—Others, ' *Ed* un riverso.'

Cossa for *coscia.* The words *lexi, dixi,* are now spelt *lessi dissi,* whilst *Brixia* and *Brixellum* were *Bressa* and *Bressello,* a few centuries ago, and now are *Brescia* and *Brescello.* Thus *coxa* has been spelt *cossa* by the old Italians, as well as *coscia,* which at last prevailed. It seems moreover that *cossa* was spelt instead of *coxa* even by the Latins. CASAUBON, GRUTER, and SAUMAISE, read and approved *Cossa* instead of *Coxa* in SPARTIAN. *Adrian.* §. 25.

St. 44.—Others; Vien; te lo piglia: a che *ti* tieni a bada?

St. 45.—Others, ' niente l'aspetta;' and ' *qual,*' instead of ' *quel* per la poppa.'

St. 48.—The edit. of 1538, ' sarò creduto.'

St. 52.—Others, ' *puote* dir *il* traditore.' Probably the correct reading is ' pote' *dirli* traditore,' that is *traditori.*

St. 54.—No mark of interrogation ought to be put at the end of the second line. This wonderful ship passed the straight of Gibraltar (coming from Barcellona, and entering the ocean) and then after having turned to the south, being pushed by a north-west wind, she finally took an easterly direction, which, it is needless to say, was towards the country where Angelica dwelt.

St. 55.—A ship of this description has been mentioned, vol. i. p. 396; and in the *Amadis de Gaula* there are several ships of this kind, from which BERNARDO TASSO drew those which are mentioned in his *Amadigi*. A note of Mr. ROSE to the following lines of his beautiful romance *Partenopex de Blois*, will throw some light on the history of these matchless vessels.

> 'Twas eve; when from afar was heard the roar
> Of hollow billows, bursting on the shore;
> And from those wilds forth issuing on the strand,
> He view'd a bark fast anchor'd by the land.
> Gay was the hull, and seemly to behold
> The flag was sendal, purfled o'er with gold.
>   Scarce might he climb the deck, with toil foredone,
> But in the shallop living wight was none.
> While long and sore he mused, a gentle gale
> Blew, rustling from the shore, and swell'd the sail.
> Self-steer'd o'er sparkling waves the vessel flew;
> The shore, receding, lessen'd from his view.
> Wo was the boy; the land might hope afford
> To him, who back'd a steed, and grasp'd a sword;
> Alone upon the deep, what power could friend,
> What skill direct him, or what force defend?
> Wrapt in such phantasies, (the work of spell)
> A balmy slumber on his eye-lids fell.

' In the *Morte d'Arthur* is a fine wild adventure, which, in its commencement, bears some resemblance to the present. King Arthur, together with one of his knights, being separated from his suite during a severe chase, perceives a beautiful barque at anchor on a lake. The monarch and his companion go on board, and are sumptuously-entertained. The parallel between the two stories ends here, for Arthur having fallen asleep, wakes prisoner in a dungeon.

' The *Lay of Gugemer* is built on an incident precisely similar to the present.

' There is also an adventure of a similar nature in the Romance of CLARIS and LARIS, where a ferry is served by a self-navigated boat . . . . .

' The fiction of these enchanted vessels is, together with many other parts of romantic machinery, to be found both in Grecian and in Celtic fable. In the eighth book of the Odyssey, Alcinous says to Ulysses:

" So shalt thou instant reach the realm assign'd,
In wonderous ships, self-moved, instinct with mind;
No helm secures their course, no pilot guides;
Like men intelligent, they plough the tides,
Conscious of every coast, of every bay,
That lies beneath the sun's all-seeing ray."
' POPE'S *translation of the Odyssey.*

'Mr. Macpherson has also given an extract from an old Gaelic tale, which is built upon a similar foundation . . . . Very little reliance is to be placed on the Gaelic tales, as exhibiting faithful pictures of original Celtic superstitions; but Mr. Macpherson has vouched the authenticity of this national legend by a passage from Procopius.' ROSE, *notes to Part. de Blois,* c. i.

Of the garden at which Rinaldo arrived I shall speak when the author returns to it.

St. 59.—' Non veggio com' io *soglio*,' that is ' com' io *soleva.*'

St. 61.—The edit. of 1518, ' Nol *vedo* ancora.' I think it means that the giant was so quick, that the old man did not even see him.

St. 67.—' Questo libretto voglilo accettare.'

The pronoun *lo*, when there is already *questo libretto*, is redundant. It is, however, not uncommon even in BOCCACCIO.

St. 70.—The animal here mentioned is a mere copy of the Theban Sphynx, and one of the riddles, which she proposes in the seventy-second stanza, is like that solved by Œdipus. I think that the riddle contained in the sixth line of that stanza is BOJARDO's own invention; for which, however, I am not disposed to bestow great praise on him.

St. 73.—Orlando was enchanted by a particular favour that he had received from the chivalrous Saint George :

San Giorgio poi che da la cima al piede
Impenetrabil sia, gli fu cortese.
DOLCE, *Prim. Imp. d' Orl.* xvi. 28.

According to the Spanish ballads it was Orlando's horse and armour that were enchanted, not his person.

Por mas que fueran los moros
No me podian hacer mal,

> Questas armas y caballo
> Son de mi tio don Roldan;
> Caballero que las lleva,
> Non le pueden hacer mal.
> *Gayferos.*

We may suppose that Durindana was enchanted, since to be wounded by it, however slightly, was death. Nullatenus vivere potuit, says the dying Orlando in addressing that noble sword, qui a te vulneratus aliquantulum extitit. TURPIN. cap. xxiii.

St. 89.—Judging from his forehead, Zambardo must have been sixteen feet high, or thereabouts, since Charlemagne, whose forehead was nearly one foot deep, was about eight feet in height. See vol. i. p. 16. note w.

'Armato *d' un serpente,*' that is, covered with the skin of a serpent; a very common defensive armour in romances.

NOTES TO CANTO VI.

St. 1.—Other editions read *taglia* instead of '*vaglia.*'

' Qual forse non fu mai, nè la maggiore'

is a very careless phrase. If Orlando was never as much distressed, it is preposterous to say he never was more.

St. 3.—Here also several editions read *cor* instead of '*cuoi*.'

St. 5.—' *Straluanto*' is a misprint for ' *stralunato.*' *Vincolare* or *vincare* are words peculiar to BOJARDO's province in the sense of *to bend, to twist. Vinco (vimen)* is the Italian for a souple twig; so that *vincolare* is from *vincolo*, the diminutive of *vinco*, from which comes *vincare*, or *avvincare*. They mean *to twist like a twig*. These twigs, mostly of osier or willow, are particularly used to tie up vines; and, although I know how dangerous it is to indulge in etymologies, I hope to be excused, if I venture to suspect that *vincire, vinculum*, as well as *vincere* and *victoria*, came from the same root as the Italian *vincolare* and *vinco*, of which the Latin *vinculum* seems to be a diminutive. Hence *avvinchiare* or *avvinghiare*.

'Ben quattro dita *dall'* elsa *alla* ponta.'

It was my intention to spell *de la, a la, da la, su lo,* &c. instead of *della, alla,* &c., but I regret to find that I have not uniformly adhered to my plan. Although this be not of any consequence, I think it proper to acknowledge the error, and plead as my excuse the want of uniformity in the several editions which I have been obliged to consult. Having had to direct my attention to so many other things of greater importance in forming my text, and in correcting the press, I have not always been able to attend to this trifling point. It was the more natural for me to overlook it, as both modes of spelling are correct.

St. 6.—'*Pancirone*' or *panciera* from *pancia;* a kind of defensive armour which covered the stomach or breast. It is taken as synonymous with *corazza* in the Italian dictionaries. *Usbergo* is also generally understood to mean *corazza*, which may be true with respect to the times in which the *cuirasse* or *breast-plate* succeeded the *haubert* or *hauberk*. In order that the reader may have a general and correct idea of the different kinds of defensive armour used by knights, I shall here insert the description of its several parts from the notes to the tale of *Aucassin* and *Nicolette*, in the first volume of WAY's *Fabliaux*, mostly taken from LE GRAND's notes to the *Fabliau* '*La Mule sans frein*.' I am sorry to say that I have not found a satisfactory and distinct account of these several parts of defensive armour *(usbergo, corazza, pancirone,* &c.) in FERRARIO; which is the more to be regretted, as it appears to me that these words have not been hitherto kept properly distinct, in the country where the best chivalrous poems were written. The note to WAY's *Fabliaux*, before alluded to, is as follows:

'*Mail Armour*, of which the hauberk is a species, and which derived its name from *maille*, a French word for *mesh*, was of two kinds : *plate* or *scale* mail (squamata vestis), and *chain* mail (hamata vestis). It was originally used for the protection of the body only, reaching no lower than the knees; it was shaped like a carter's smock-frock, and bound round the waist by a girdle. Gloves and hose of mail were afterwards added, and a hood, which, when necessary, was drawn over the head, leaving the face alone uncovered. To protect the skin from the impression of the iron net-work of the chain mail, a quilted lining was employed, which, however, was insufficient; and the bath was used to efface the marks of the armour . . . . .

'The bauberk was a complete covering of double chain mail. It consisted of a hood joined to a jacket, with sleeves, breeches, stockings, and shoes; to which were added gloves or gauntlets of the same construction. Some hauberks opened before like a modern coat: others were closed like a shirt.

'The chain mail of which they were composed was formed by a number of iron links, each link having others inserted into it, the whole exhibiting a kind of net-work, of which (in some instances at least) the meshes were circular, with every link separately riveted.

'The hauberk was proof against the most violent blow of a sword; but the point of a lance might pass through the meshes, or drive the wires into the flesh. To guard against this, a thick and well-stuffed doublet was worn underneath, called a *gambeson*, under which was commonly added an iron breast-plate. Hence, (or rather, perhaps, from the usage of the 14th and following centuries, when a cuirass was frequently worn *over* a shirt of mail,) the expression of ' piercing both plate and mail,' so common in our earlier poets.

'In France, none but persons of a certain estate, called *un fief de haubert*, were permitted to wear a hauberk, which was the armour of a knight. Esquires might only wear a simple coat of mail, without the hood and hose. (See Grose on Ancient Armour.) Le Grand remarks that Aucassin, not being knighted, could not have appeared at a *tournament* with the hauberk: perhaps the forms relating to military dress were relaxed in times of real service. On a journey the hauberk was rolled up, and carried behind the saddle.

'Mail armour continued in general use in Europe, till about the year 1300, when it was gradually supplanted by *plate armour*, or suits consisting of large pieces or plates of solid iron, adapted to the different parts of the body. Conjointly with this, however, it was still often worn, as late even as the 16th century. Mail armour is at this day used in the East

Indies, (See Grose's Asiatick Armour,) and also by the Circassians.

' . . . . Grose (Ancient Armour, page 74, note,) thinks it most probable, that plate armour might have been used by some princes and great men, from the time of the Romans, though not commonly adopted.

' The form of a horseman's shield was most commonly triangular; wide at the top for the protection of the breast, and tapering to the bottom for the sake of lightness. Shields were generally made of wood, covered with boiled leather, or some similar substance. To secure them in some sort from being cut through by the sword, they were surrounded with a hoop of metal. On the inside of the shield were one or more loops of leather, or else wooden handles, through which the left hand, or hand and arm, were passed, previous to combat: though sometimes the shield seems, even in battle, to have been only slung round the neck by a leathern thong.

' The swords were for the most part long, broad, and so heavy, that to give full effect to a stroke, it was requisite to use both hands.

' The helmet originally consisted only of a sort of scull-cap, from which sometimes a plate of iron, called a *nasal*, descended to the extremity of the nose. Many helmets of this sort appear in the engravings of the tapestry representing William the Conqueror's expedition against England, published by Montfaucon in his Monarchie Françoise.

' The helmet, in its improved state, was composed of two parts; the *headpiece*, which was strengthened within by several circles of iron; and the *visor* or *ventail*, which (as the names imply) was a sort of grating to *see* or *breathe* through, so contrived as by sliding in a groove, or turning on a pivot, to be raised or lowered at pleasure. Some helmets had a further improvement called a *bever;* from *beuveur, a drinker*, or from the Italian *bevere, to drink.*

' Helmets varied very considerably in their shape in different ages. In the 13th century, (the time when the greater part of the Fabliaux were composed,) they were mostly made with a *flat* crown: a form of all others the worst calculated for defence. *Rounded* crowns (which were not unknown before,) grew into use afterwards; and crests and plumes were added for distinction or ornament.

'To secure the helmet from the possibility of falling or being struck off, it was tied by several laces to the meshes of the hauberk; consequently when a knight was overthrown, it was necessary to undo these laces before he could be put to death: though this was sometimes effected by lifting up the skirt of the hauberk, and stabbing him in the belly; of which an instance occurs in "The Knight and the Sword," near the conclusion of the tale. The instrument of death was a small dagger, worn on the right side.'

St. 8 and 9.—The manner in which Orlando is carried off by Zambardo, and that with which he frees himself, are both imitations from TURPIN, and from the poem *La Spagna*, in the description of the battle between *Ferraù* and *Orlando*. TURPIN says: Gigas rapuit Rolandum sola manu dextera et misit eum ante sese super equum suum; cumque illum portaret versus oppidum, Rolandus, resumptis viribus suis, et in Domino confisus, arripuit eum per mentum: et statim evertit illum retro super equum, et ceciderunt ambo simul de equo prostrati solo. Cap. xviii. The verses of *La Spagna* are as follow:

> Orlando sì ficcò sotto al guerrieri,
> Ma Ferraù col destro braccio il prese
> Fra 'l capo, il collo, lo 'mbusto, e lo stallo (?);
> Per viva forza il levò da cavallo.
>
> Per sì gran forza Ferraù lo stringe,
> Che Orlando non sapea come (*dove?*) si fosse,
> Ferraù nel portar via non s' infinge
> A le porte del ponte tanto grosse;
> Per taglïarle il brando si stringe,
> Tagliando, il Conte Orlando si riscosse;
> Col pomo de la spada sotto il mento
> Ferì il Pagano di gran valimento.
>
> Ferraù per lo gran colpo del brando
> Lasciò cadere il Conte a la pianura.
>
> c. v.

St. 16.—Others, 'E *a* ciò che sente.'
St. 20.—'*Martilogio*,' that is *Martirologio*.
St. 23.—'*Erminia*,' Armenia. '*Zorzania*,' Georgia.

'*Partimo*,' for the rhyme; *partimmo*.

St. 24.—This will easily be recognized as a Cyclops, armed like a Centaur.

St. 25.—Instead of ' non si *potrà*,' other editions read ' non si *potria*;' and it is perhaps better; since the Cyclops did not keep the hermit, but kicked him down the rock.

St. 27.—' *Mentra*,' read ' *mentre*.'

St. 29.—' *Grandone*;' *uomo* is understood. ' *Vuo*' fare;' here and elsewhere read *vo*' when for *voglio*.

St. 30.—The seventh and eighth lines are as follow in other editions:

> Onde tal *bastonata* sente il Conte
> Che *sudò* tutto, &c.

Bastonata is properly a blow given with a stick, *bastone*; here it is used for blow in general. Durindana had the same effect as, a club or large stick on the Count's person, he being charmed.

St. 32.—' Non *ne vuol di quella biada*;' a low and obsolete proverbial expression; probably peculiar to Bojardo's province in former times, here meaning that Orlando did not wish for those blows. *Derrata* is used in Italian sometimes in the generic sense, in which it seems that *biada* was here used by Bojardo.

St. 33.—' Che *nei tre giorni*.' See note to st. 1. c. iv. in this vol.

St. 34.—It is perhaps unnecessary to remind the reader of Ουτις and Polyphemus.

St. 35.—The second and third lines are as follow in some editions:

> Orlando *inginocchion* Dio *ne ringraccia*:
> Ora ritorna il frate *in* sul sentiero.

St. 37.—' Ogni *quadro*;' that is ' ogni *lato*.'

St. 38.—' *Et* andò,' to avoid the cacophony, ' *Ed* andò.'

St. 39.—*Strata* instead of *strada*; like *spata* for *spada*, *scuto* for *scudo*, &c. It is nearer the Latin *stratus* and *stratum*; which does not sound strange in *strato*.

St. 40.—I had at first determined to give short notes explanatory of the geography of these romances, as may be seen above; but I now find that the subject is as much important, with respect to these poems, as it is difficult. Many of the tales, manners, and allusions, with which they abound, are to be traced to the geographical notions prevailing in the middle ages, and to the narratives of old travellers. The subject, which is in my opinion amusing as well as new, requires a more connected and minute investigation than that into which I could have entered, had I limited myself to speak of it in these notes. I shall therefore content myself, at present, with shortly explaining what is absolutely necessary for understanding of the text, reserving a more careful inquiry into this curious and unexplored subject for an essay on the geography of the *Orlando Innamorato* and *Furioso*, which I shall insert in one of the succeeding volumes. I shall then point out the documents, from which were drawn the stories of the wars between Catai and Tartary.

St. 41.—' *Galafrone*,' others *Galifrone*. See above, note to st. 37. c. i.

St. 43.—Others, 'cavalca a la *spiccata.*' *Spicco* means in Italian, *show, magnificence;* and *spiccare* is *to shine, to be conspicuous*. The meaning might be, that ' Orlando rode off in great stile,' as no doubt he usually did, like a gallant knight. *Spiccarsi da uno* means *to leave him*; and *a la spiccata* might signify that ' Orlando rode off *immediately* on parting from that messenger.' But neither of these interpretations satisfies me. I have preferred '*a la spiegata;*' because in my opinion it signifies the same as *a la distesa;* and *cavalcar a la distesa* is a very good phrase meaning *to ride straight along, without stopping, uninterruptedly*.

St. 45.—I suppose this river was a branch of Lethe.

St. 47.—' Ha il *suo* distinto,' is an erroneous reading, although all my editions of the original, as well as those of DOMENICHI'S *Rifacimento*, which I have seen (the first excepted) agree in it. The true reading is ' *suol* distinto,' which is in BERNI, and in the first edition of DOMENICHI.

St. 48.—*Marmore* or *marmoro* for *marmo*.

St. 52.—I have written '*Circella*' since all my editions, as well as BERNI and DOMENICHI have adopted it. But I think that BOJARDO meant *Circe*, and wrote *Circella*, for *Circ'ella*, that is *Circe ella*. But if even the edition of 1538 had not *Ulisse*, and that of 1518 *Ulissi*, I would not have scrupled to substitute it for *Dolisi,* which is in all the other editions of the original poem, as well as in those of DOMENICHI. I need not refer to the *Odyssey* for the fable.

St. 53.—Others read the second line,

    Come *lui* fugge e dama *lei* tornava.

St. 54.—' *Fio*' or *fiol*; *figlio.* The *fi*' of the Florentines in *Fi-Giovanni, Fi-Ghinolfi,* &c. is evidently a contraction of *fio. Fio* and *fiolo* are very common in ancient MSS. even of Tuscan authors.

St. 55.—' *Esserne gito,*' others, *esser partito.*

St. 56.—' *Pensati*' for *pensate.* I think that, owing to the custom of forming one word of two, and seldom doubling letters, old printers have caused an *n* to be lost in the sixth line, which would be clearer if it were written,

    Non *n*' ebbeno i Pagani alcun sentore.

' *Ebbeno*' for *ebbero,* is the ancient inflexion; and seems to have been used according to the rules of analogy. The third person plural is often formed from the singular, simply by adding to it, when not ending with an accented vowel, the syllable *no;* and, when ending with a vowel, by the addition of *nno. Ama* forms *amano; amerà, ameranno;* and thus from *ebbe* the ancient Italians formed *ebbeno.* Nor is it rare to find *odeno* (*ode-no*) for *odono; vedeno* (*vede-no*) for *vedono; fusseno* (*fusse-no*) for *fossero;* &c. See above, note to st. 48. c. iv.

St. 57.—The last line is as follows, in several editions.

    Fuggiti en i Cristian, *preso* è Ranaldo.

Perhaps the first of these two various readings is to be preferred to the one which I have followed. *En* is a contraction of *enno* for *sono.* As for the second, I think that *perso* is better than *preso.* Ranaldo was in fact *lost* not *taken.*

St. 58.—The edit. of 1538:

    E de' *Cristian* racconta *il grande* oltraggio.

' *Giottone,*' for *ghiottone.* The *l* of the Latin *gluto, glutonem,* is *i* in *giottone;* a change very common: thus *placere, piacere; plena, piena,* &c. When, however, a *g* precedes the *l, hi* is used in its place: thus *glando, ghianda; glacies, ghiaccio.* In the province of BOJARDO, we say *giaccio* and *gianda*, as well as *giotto* and *giottone.*

Other editions read:

> Ed in poche parole *e' s' è accordato;*
> L' un campo e l' altro insieme *mescolato.*

Insieme is meant for *insiem' è*; otherwise the last line is nonsense.

St. 61.—'A *Parigi.*' Others *Parisse* or *Parise.* I should have adopted the latter to be consistent with what I said above, note to st. 34. c. i.; but the name being so familiar to the reader, I thought it would appear strange.

'*Vien disteso;*' that is, *in modo disteso, distesamente, alla distesa.* See above, note to st. 43.

'Raduna Carlo suoi,' instead of '*i* suoi,' in some editions.

'Bastagli *l' ardire;* that is, *bastagli l' animo, il cuore, la vista*, &c.; he is confident, he fully expects.

St. 63.—Some editions read ' sotto dui *resta;*' but I think it only a misprint for *re sta.* Cardone and Urnasso were kings. See above st. 30. c. iv.

'Come cane *baglia;*' that is, *baja* or *abbaja*, from *bajare*, to bark. *Baglia* was used instead of *baja* by the poet, for the reasons given above st. 32. c. ii.

'*Fasso*' for *fascio* is commonly used in my native province. Thus *lasso* for *lascio*, which did not displease the prince of the romanesque poets:

> Lascia la cura a me (dicea Gradasso)
> Ch' io guarisca costui de la pazzia;
> Per Dio (dicea Ruggier) non te la *lasso,*
> Ch' esser convien questa battaglia mia.
> *Orl. Fur.* xxvii. 66.

See above st. 4. c. iii. and the last stanza of this canto. Even PETRARCA used *lassare* for *lasciare*, without being compelled by the rhyme.

> *Lassare* il velo o per sole o per ombra.

St. 64.—Some editions read ' *Quell'* è l' Alfrera.'

St. 65.—Several texts have *discrezione* instead of *descrizione.*

St. 66.—'*Abbaglia*,' for *abbaja*. See note to st. 63.

St. 68.—'*Cetta*,' for *accetta*; a word which will not be objected to by all those who prefer *manza* to *amanza*, and *rena* to *arena*. See what has been said on these words, vol. i. p. 169. note k.

NOTES TO CANTO VII.

St. 1.—*Cortana* was the name of Ogier's sword. It is remarkable that the sword of a highly celebrated Norman chief was called *Corto*, which is very likely the original of *Cortana*. See vol. i. p. 28. note o.

Others have, *ben persa*, instead of '*sommersa*.'

Che l' arme, instead of '*lo arnese*,' in several editions.

St. 3.—*Bergogna* for '*Borgogna*,' according to some editions.

The two Milanese texts have *Giudeo* instead of '*Guido*.' Others *Guidon*.

Some, *figliol* instead of '*figlio*.'

The edit. of 1538 and Mil. 1539 read *da l' altra viene*, instead of '*d'* altra *ne* viene.'

St. 4.—*Preghiera*, plural of the word *preghiero*, now obsolete. See note to st. 80. c. iv.

St. 5.—Only one, *ora sona*; others *or sona*, instead of '*or sonava*.'

'*Enno*,' for *sono*; from *è*, to which *nno* was added. See above, note to st. 57, c. vi. The edit. of 1518, *hanno*.

St. 6.—'*Altachiara*,' which in the next stanza the poet was compelled by the rhyme to call *Altachiera*, was the name of Oliver's sword.

Several editions read 'che *il* combatte,' instead of *che combatte*; and 'come porco,' instead of 'come *un* porco.'

St. 9.—Others ' da fianco *in* fianco.' Thus st. 67 in the preceding canto, ' di banda *in* banda.'

BERNI in the *Rifacimento* says of this Francardo;

Pareva il Dio d' amor de gli elefanti;

a line which is evidently BERNI's own.

St. 11.—The edit. of 1518, *ferra* (perhaps *sferra*), instead of '*serra*.'

St. 12.—BERNI, instead of the fifth line of BOJARDO, has substituted the following ludicrous verse:

> Par proprio che abbia un calamajo a lato.

Alfrera carries off the Paladins in the same manner as Ferraù carried away all those who went to fight against him, before he was killed by Orlando. Deinde misit ad eum, causa bellandi, Carolus Rainaldum de Albospino, et gigas detulit eum solo brachio illico in carcerem oppidi sui. Deinde mittitur Constantinus rex Romanus et Oliverius comes, et ipsos simul, unum ad dexteram et alium ad lævam, in carcerem retrusit. TURPIN. cap. xviii.

St. 13.—Some, *vuol lui pigliare;* others, *vuol pigliare,* omitting the pronoun.

The edit. of 1538. *Son radunati,* instead of '*radutti.*'

St. 15.—Some, *Ferraguto scontrò;* others, *Ferragù scontrosse:* at all events *scontrò sè* would be better.

St. 16.—*Bastone* here is used in the signification of *club* or *mace*.

St. 17.—'*Ciano,*' for *zio*, uncle, is, I think, peculiar to BOJARDO; nor do I recollect ever having heard it in any dialect.

St. 18.—The swords of the knights were so heavy that they were used with both hands. See above, note to st. 8. c. iii.

St. 21.—Some editions, *Bertagna,* instead of '*Borgogna.*'

The last line in the edit. of 1538 is,

> Tutti tre insiem *percoten il Pagano.*

Others, with evident error, read,

> Tutti tre insieme *percuote il Pagano.*

St. 23.—A falcon was on the shield of all the Maganzese, that animal being the arms of the tribe. See above c. ii. st. 56.

St. 26.—If I had not determined to adhere scrupulously to the principle of never altering any word on my own responsibility, except when it was absolutely necessary to make sense, I should have substituted *nitrendo* for the word '*gridando,*' used by the poet speaking of a horse.

Schiniera is properly that part of the armour destined to protect the *shin* of the leg, and which was tied behind the calf. In my dialect we say *schinca* instead of *stinco,* which is the word *shin*, with the *h* pronounced hard. Hence the word *schiniera* or *schiniere*.

Others ' *Tanto* ha la doglia,' which I do not like either. Perhaps *Tanta è la doglia* would be the correct reading. The Mil. edit. of 1539 reads ' *Tanto è* la doglia.' CORBIN. remarks: ' ha tanta la doglia; come P., tale una nebbia.'

St. 29.—' Di mezzo è *volto*.' Perhaps ' di mezzo è *tolto*;' but I found *volto* in all my editions.

On the words ' *buona gente*,' CORBIN. observes, that it is used in the same sense in the *Istorie Pistolesi*.

BOJARDO often uses *li* instead of *loro*. It ought to be, *lor sono*, instead of ' *li* sono.'

St. 30.—' *Vestesi* l' arnese,' would be better than *vestissi*.

St. 31.—' *Odeno*' instead of *odono*; formed from *ode*; as I observed above, note to st. 56. c. vi.

All my editions read

Comporta che *i* Pagan sua gente uccide.

This conveys a sense which is the very reverse of what the poet intended; for, *sua gente* would then be the subject of the verb *uccide*, in the singular number, and the meaning would be that the Christians slaughtered the Pagans, whilst the contrary was the case. I have therefore written ' *il* Pagan (that is, Gradasso) sua gente uccide;' and I have no doubt that BOJARDO wrote, or at least intended to write, in this manner.

St. 32.—The edition of 1518, *prende una mazza*, and it writes *fazza* and *minazza* for the rhyme. ' *Accia*,' from which the diminutive *accetta* comes, is the correct reading; for, in the next stanza for the word *accia*, the above-mentioned edition has twice substituted *lanza*, in which the Mil. edit. of 1539 agrees once only, and then *accia* is generally adopted by all editions in the remainder of the story.

St. 35.—This is evidently,

Orazio sol contro Toscana tutta.

St. 37.—I am afraid I shall be accused of having been too scrupulous in not substituting ' è *venuta*' for ' è *venuto*,' which I find in all my editions.

Most editions have *chiesie*, which is nearer *ecclesiæ*; and being written *lechiesie*, it was probably meant for *l' ecchiesie*, which is still more like the Latin.

'*Prigione*' for *prigioni*.

St. 39.—'Ben *lì* ponerò;' that is, *ben ci porrò*.

St. 41.—The words of Gradasso in the sixth line savour much of radicalism. '*Deposo*' for *deposto*.

St. 42.—'Egual a me non voglio di possanza;' that is, not wishing to be equalled by any one in power, he would have the Emperor to remain his prisoner, only to humiliate him.

St. 43.—'E *simil;*' that is, *similmente*.

St. 44.—'Senza *tardo*,' for *senza ritardo*. CORB. simply adds the word *indugio*.

I never saw the phrase *baston del governo;* but *pigliar il baston del comando*, for *pigliar il comando*, is a very usual as well as correct phrase. A *rod*, or *staff*, or *sceptre*, as we have seen, has often been taken as a mark of command; and commentators, as fond of etymology as I am, (and perhaps more so) have gravely told us; '*virga*, sic dicta, quia *vi regat*.'

St. 48.—The fourth line is

Se non m' avete il patto ad ottenere.

St. 53.—PINCIO reads, *ben dir io palese*.

St. 56.—I have already observed above, note to st. 60. c. ii, that to hit his adversary high up the breast was a mark of chivalrous skill. Poets never fail to remark of great knights, that they directed their blows *entre les quatre membres*, as it was said.

Ferirsi a *la visiera* al primo tratto.
Orl. Fur. xxx. 50.

Posero in resta e *dirizzaro in alto*
I due guerrier le noderose antenne.
Gerus. Liber. vi. 40.

The poor Duke Astolfo however struck his man as well as he could, not minding much these trifles.

St. 57.—The seventh line in some editions is,

Con meco hai tu vinta *questa* tenzone;

and in others,

Con meco hai tu vinta la tenzone;

which is evidently an incorrect reading, inasmuch as the line is too short.

St. 58.—' *Solaccio*' for *sollazzo.*

St. 59.—' I peccati t' han *cerchiato* in tondo' is a very singular expression, but we can make sense of it; whilst *cercati in tondo*, which I found in some editions, is still worse, as it makes no sense at all.

St. 61.—It is evident that FORTIGUERRA had this passage in view, when he supposed that the Paladins pleaded their low birth and *professional* character to save their lives. See vol. i. page 407. Some read *scotto* for ' *scalco.*' I do not know what *scotto* can mean.

St. 62.—' *Gente da cianza*' instead of ' *da danza*' is found in some editions. *Cianza* for *ciancia*; like *lanza*, *Franza*, &c.

St. 63.—Instead of *da davvera*, others read *da dovera*. I have adopted *davvera*, as it is used to this day in my native province, instead of *davvero*. Perhaps *daddovera* might be the true reading for *daddovero*.

St. 66.—'*Dica 'l vero*' would be more correct than *dice.*

St. 71.—I have preferred '*tornar*,' which I find in the edition of 1538, to *trovar*, which all the others read.

NOTES TO CANTO VIII.

St. 1.—Some editions read, *che non ha pare*, instead of ' che non *appare*;' and certainly the pilot of Rinaldo's ship was matchless as well as concealed.

The sixth line is printed incorrectly in all my editions, although it is easy to understand what was meant.

After these remarks on the reading of this stanza, a few words must be added respecting the enchanted island, to which Rinaldo was carried by the devil, and which is but one of the many happy mansions which most poets have kindly prepared for their heroes. I shall not enter here into observations concerning the beauty of the description of this spot, in comparison with that of other places of a similar kind. This I shall have occasion to do elsewhere. On the first sub-aquatic region which shall present itself in these poems, I shall try to discover the origin of that fabulous tradition received in so many countries, that fairies lived at the bottom of the sea, or of rivers, or of lakes. It is enough at present to remind the reader of the fact, that water was a favourite abode of fairies, and consequently, that if they did not take their heroes under water, it was but natural that they should take them to islands, both because by so doing they continued living within the element in which they delighted, and because in islands they could hope to enjoy that seclusion from intruders, that was most in harmony with their sentimental distaste for the vanities and pomps of this wicked world. Circes and Calypso dwelt in islands; and islands were the favorite abode of Venus. The isle of Avalon is celebrated in British romances, as the residence of Morgain the fay who took thither her ' sweet friend' *Ogier le Dannois*, and (it is whispered) a few others, of whom I do not think it necessary to speak more particularly at present. Having promised to say something of the *jolyf island*, Avalon or Olyroun, I am here to fulfil my word.

‘ This spot *(Avalon)*, which seems to be the Elysium of the Armorican fablers, is generally supposed to be Glastonbury in Somersetshire. In the British or Welch tongue it is called Ynys Afallon, the Isle of Apples; also Ynys Gwydrin, the Glass Island; the title of *island* being given it from its being encompassed by water and marshes: or, to use Selden's words, (notes to Poly-Olbion, song 3rd.) " Selwood sends forth Bry, which after a winding course from Bruton (so called of the river), through part of Sedgemore, and Andremore, comes to Glastonbury, and almost *inisles* it; thence to Gedney-moore, and out of Brent marsh into Severne." The present appellation, G*las*tonbury, perhaps retains a translated trace of its former name Ynys Gwdrin, or Wydrin, G*lass* Island ; and the British *Ynys Gwydrin* is possibly a corruption of *insula vitrea*. Should we incline to the opinion of those who deduce its name from *glastum, woad*, which they say grew spontaneously thereabouts, we must remember that, both for *woad* and *glass*, the Latin word is *vitrum*.

‘ An account of the foundation of its abbey may be seen in Grose's Antiquities, where the following relation is given of the discovery of Arthur's sepulchre.—" It is said King Henry

IL on the faith of several ancient songs recording his (King Arthur's) being buried in this place, ordered search to be made; and, at about seven feet under ground, a kind of tombstone was found, with a rude leaden cross fixed on it, on which was a Latin inscription in barbarous Gothick characters, the English of which is,—'Here lies buried the famous King Arthur, in the isle of Avalonia.' About nine feet below this monumental stone was found a coffin, hollowed out of the solid oak, containing the bones of a human body, supposed to be that of King Arthur: these were, by the care of the abbot, translated into the church, and covered with a magnificent monument.

'In the Triades, the isle of Avalon is celebrated as having "one of the three perpetual choirs of Britain."

" Tri dyfal gyfangan ynys Prydain.
Un oedd yn ynys Afallach:
Yr ail y'nghaer Caradawc:
Ar trydydd ym Mangor îs y coed."

That is—

"The three perpetual choirs of the island of Britain.
One was in the Isle of Avalon:
The second was at Caer Caradoc: (Salisbury:)
And the third at Bangor Iscoed."

'Archbishop Usher, in his Antiquities of the British Churches, page 273, quotes the following account of the isle of Avalon from Giraldus: " Glastonia dicta est insula, quoniam marisco profundo undique est clausa: quæ mediamnis magis propriè diceretur, quasi mediis scilicet amnibus sita; sicut melius insulæ dicuntur, quæ in salo, hoc est in mari, sitæ, nascuntur. Avalonia vero dicta est, vel ab *aval*, Britannico verbo quod pomum sonat, quia locus ille pomis et pomariis abundare solet; vel ab Avalone quodam, territorii illius quondam dominatore. Item solet antiquitus locus ille Britannicè dici *Ynys Gwydrin*, hoc est, insula vitrea, propter amnem scilicet, quasi vitrei coloris, in marisco circumfluentem: et ob hoc dicta est postmodum a Saxonibus terram occupantibus, linguâ eorum, Glastonia; *glas* enim Anglicè vel Saxonicè vitrum sonat." (Girald. in specul. ecclesiastic. distinct. 2. cap. 9.)

NOTES TO C. VIII. 245

'The same prelate gives likewise (Brit. Eccl. Antiq. folio, Londini, 1637, page 273.) from an ancient writer, whom he calls " Britannicæ historiæ Metaphrastes," and " Pseudo-Gildas," a description in Latin hexameters, of this British elysium: which the writer represents as one of the happy islands—the " arva, beata arva, divites et insulas."—of Horace; (Epod. ode 16.) introducing the cure of Arthur, and his residence with the fairy Morgain. He assumes to himself that privilege which all poets are entitled to, " quidlibet audendi," by converting the marshes of Somersetshire into the main ocean; and sings as follows:—

" Cingitur oceano memorabilis insula, nullis
Desolata bonis: non fur, nec prædo, nec hostis
Insidiatur ibi: nec vis, nec bruma, nec æstas,
Immoderata furit. Pax et concordia, pubes
Ver manet æternum. Nec flos, nec lilia desunt,
Nec rosa, nec violæ: flores et poma sub unâ
Fronde gerit pomus. Habitant sine labe cruoris
Semper ibi juvenes cum virgine: nulla senectus,
Nulla vis morbi, nullus dolor; omnia plena
Lætitiæ; nihil hic proprium, communia quæque.

" Regia virgo locis et rebus præsidet istis,
Virginibus stipata suis, pulcherrima pulchris;
Nympha decens vultu, generosis patribus orta,
Consilio pollens, medicinæ nobilis arte.
At simul Arthurus regni diadema reliquit,
Substituitque sibi regem, se transtulit illic;
Anno quingeno quadragenoque secundo
Post incarnatum sine patris semine natum:
Immodicè læsus, Arthurus tendit ad aulam
Regis Avallonis; ubi virgo regia vulnus
Illius tractans, sanati membra reservat
Ipsa sibi: vivuntque simul; si credere fas est."

Translation:—

' By the main ocean's wave encompass'd, stands
A memorable isle, fill'd with all good:
No thief, no spoiler there, no wily foe
With stratagem of wasteful war; no rage

Of heat intemperate, or of winter's cold;
But spring, full blown, with peace and concord reigns:
Prime bliss of heart and season, fitliest join'd!
Flowers fail not there; the lily and the rose,
With many a knot of fragrant violets bound;
And, loftier, clustering down the bended boughs,
Blossom with fruit combin'd, rich apples hang.
Beneath such mantling shades for ever dwell
In virgin innocence and honour pure,
Damsels and youths, from age and sickness free,
And ignorant of wo and fraught with joy,
In choice community of all things best.

' O'er these, and o'er the welfare of this land,
Girt with her maidens, fairest among fair,
Reigns a bright virgin sprung from generous sires,
In counsel strong, and skill'd in med'cine's lore.
Of her, (Britannia's diadem consign'd
To other brow,) for his deep wound and wide
Great Arthur sought relief: hither he sped,
(Nigh two and forty and five hundred years
Since came the incarnate Son to save mankind,)
And in Avallon's princely hall repos'd:
His wound the royal damsel search'd; she heal'd;
And in this isle still holds him to herself
In sweet society,—so fame say true!'

WAY, Fabliaux, notes. ii. 229.

For Avalon other traditions have substituted *Olyroun*. The following quotation concerning this island is taken from RITSON's notes to the Lay of *Launfal Miles*. 'Oleron is an ile of France, on the coast of Aunis and of Saintonge. It was known to the ancients under the name of *Uliarus*, as appears from Pliny *(where?)*. Sidonius Apollinaris calls it *Olario*. The maritime laws of France and England hence received the appellation they still retain, of *La ley Oleron*; and here it was that King Richard the First stop'd, in his return from the Holy Land, to correct them.' Being so famous a spot, no wonder it was chosen as a substitute for Avalon. It was from such islands, of classical as well as romanesque origin, that the poets of Italy drew their lovely islands. In the

Morte d'Arthur I think I have found the name of this of BO-JARDO. The Castle of Blyaunt was called the 'joyous yle,' by Lancelot du Lac, when, having just recovered that small portion of wits, with which he had been favored by providence, he had retired thither, with very good company, to rusticate. ' And thence, after this kynge Pelles, with x. knyghts and dame Elayne and twenty ladyes, rode into the Castel of Blyaunt, that stood in an island beclosed in yron with a fayr water, depe and large. And whenne they were there, Sir launcelot lete calle it the joyous yle, and there was he called none otherwyse but le cheualer malfet, the knyghte that hath trespaced.' Book xii. Cap. 6.

St. 4.—'*Mesciato;*' *mischiato*. PINCIO in fact reads,

E di ner marmo, e verde, e *di mischiato*.

Almost all the editions read ' con piedi.' PINCIO alone wrote ' con *i* piedi.'

'*Scapiglia*' from *scapigliare*, in the sense of *calpestare*, is, I think, peculiar to BOJARDO; nor do I remember having heard it used in any dialect.

St. 9.—'*Tolsen*' for *tolseno*, the syllable *no* was added to *tolse* and formed the plural thus, instead of *tolsero* from *togliere*, to take.

'*Meggio*' for *mezzo*.

That ladies or damsels waited on knights at dinner seems certain. Ste PALAYE, in alluding to this custom, is enraptured at its propriety, and seems very much distressed to think that nothing of the kind now occurs. Les jeunes demoiselles, says this elegant and industrious cavalier, prévenoient de civilitè les chevaliers (even by being the first to avow that they loved them, which was undoubtedly *civil*), qui arrivoient dans les chateaux: suivant nos romanciers elles les désarmoient au retour des tournois et des expéditions de guerre, leur donnoient des nouveaux habits, et les servoient à table. Les examples en sont trop souvent et trop uniformément répétés, pour nous permettre de revoquer en doute la réalité de cet usage: nous n' y voyons rien d'ailleurs qui ne soit conforme à l'esprit et aux sentiments alors presque universellement répandus parmi les dames, et l'on ne peut y méconnoître le caractère d'utilité, qui fut en tout le sceau de notre chevalerie. *Mém.* i. *sur l'anc. Cheval.* To preserve better this character of utility to chivalry, ladies went a little further. When the English knights, led by that patern of cavaliers, Gautier de Manny, went to assist the Countess of Montfort, who was besieged in the Castle of Hamibout; they were received with the utmost courtesy. After dinner they determined to go to destroy a troublesome engine of the besiegers. They did so, and on seeing the enemy advance to repel them, Gautier swore: jamais ne soye salué de Madame et chere amie, se ie rentre en chastel n'en fortresse, jusqu'à tant que j'aye l'un de ce venans versé. So he and his brave companions turned round: si brocherent aux premiers venans, et en firent plusieurs verser, les iambes contremont: aussi en y eut il des leurs versès. After some hot work, in which you might have seen ' belles envahies, belles récousses, prouesses et faits d'armes,' both parties withdrew. Lors descendit la Comtesse, du chastel, à ioyeuse chere, et vint baiser messire Gautier de Manny et ses compaignons, les uns apres les autres, deux fois ou trois, comme vaillante dame. FROISSART, *Chron.* i. 28. This salute must have proved useful to the Countess. Et par le regard d'une telle dame (we may say in the words of the same delightful writer, speaking of the beautiful Countess of Saliberry) et de son doux admonnestement, un homme doit bien valoir deux au besoing. Ibid. c. 77.

St. 10.—See the note to the line,

E giglio d'orto e rosa di verziero. St. 21. c. i.

The reading there adopted is supported by the fifth and sixth lines of this stanza.

St. 12.—'*Anzi,*' in the sense in which it is here used, is not Italian. Perhaps the English, *nay,* would here render the meaning: '*Nay,* thou canst not refuse; for thou art prisoner.'

St. 14.—Others, *tornò* instead of '*torna.*'

St. 17.—The edition of 1538 only reads ' *Ch' è ;*' the others *chi è*. The 3rd and 4th lines, as I read them, offer a most splendid definition of chivalry. ' Chivalry is the defence of right and justice.' I think that the somewhat entangled and irregular construction of the 4th, 6th, and 7th lines is a beauty, as it expresses remarkably well the distressed and distracted state of mind of the speaker. Those who do not agree with me in this respect will perhaps think that the word '*Eme*,' which is to be met with in all editions, instead of meaning *E m' è*, as I have supposed, means *Emme*, that is *emmi*, or *mi è*; and then the sense is as plain and sober as we may wish it to be. The first edition of DOMENICHI reads as I do '*E m' è rapita*.' More recent editions of the same *Rifacimento* read like BERNI, ' *M'è stata tolta*.'

Most editions say *latrone* instead of '*ladrone*,' here and elsewhere.

Sol for *sola* is an error into which most writers of the very first order have fallen. BERNI, not to fall into this barbarism, as it is called by grammarians, altered the eighth line of BOJARDO, saying,

> Che d'una *sola* pietra era composto.   st. 27.

But he elsewhere said,

> Io pure spererei, s' una *sol* volta
> Quell' alma, di pietà pur troppo priva,
> Che tanto ha in odio la presenza mia,
> M'udisse lamentar, si faria pia.
>   *Orl. Inna.* i. xxviii. 38.

Matre instead of '*Madre*' is to be found in most editions.

St. 24.—Others, *paraggia* instead of '*pareggia*,' and *vedo* instead of '*veggio*,' which serves to avoid the two endings, *eggia* and *eggio*.

St. 25.—The oldest of these horrible dwellings, of which I have any knowledge, is Cacus's den.

> .   .   .   . Semperque recenti
> Cæde tepebat humus; foribusque affixa superbis
> Ora virûm tristi pendebant pallida tabo.
>   *Æneid.* viii. 193.

And OVID:

> Ora super postes, adfixaque brachia pendent,
> Squallidaque humanis ossibus albet humus.
>   *Fastor.* i. 517.

Diomedes' castle was hung round with the same ghastly ornaments, at least with heads; for the remainder of the person of the unhappy strangers, was used to feed the horses of that monster:

> Non tibi Threiciis affixa penatibus ora,
> Non hominum pingues cæde tacentur equæ?
> *Heroid.* ix.

Castles or caverns, with their embattlements, entrances, or windows offering this horrible sight, are often recorded in romances.

> Hard by its bank a castle was descried,
> With wondrous art contriv'd and fortified:
> There rang'd, as palisades, in order due,
> Four hundred beam-like stakes assail'd his view;
> Each on its pointed summit gory red
> Bore high in air a mangled warrior's head,
> Save one alone; whose top, uncrown'd and pure,
> Seem'd to demand that ghastly garniture.
> WAY, *The Mule without a Bridle.*

The annotator to this *Fabliau* has observed, that 'this terrific architectural ornament occurs also in the romance of *Li beau desconus.* (The fair unknown.) A magnificent, and perhaps the only extant, specimen of capitals of this order still encircles and adorns one of the public buildings of the University of Oxford. The heads have been assigned by antiquaries to the paynim Cæsars, who, if their bodies were less disproportionate than that of Yllapantac in the Peruvian Tales, must consequently have been all giants of the first enormity.' The place mentioned in *Lybeaus desconus* was

> A castell stout and stark
> That ryally was adyght.
> Swych saw they never non
> Imade of lyme and ston
> Ikarneled all abowte.

The person who dwelt in that castle was 'Syr Gyffroun,' whose conduct and behaviour to strangers the poet himself will tell with more effect and precision than I can.

> For love of hys lemman
> That ys so fayr a woman,
>   He hath do crie and grede;
> Ho that bryngeth á fayryr oon,
> A jerfaukon whyt as swan

He shall have to mede.
Yef sche ys naght so bryght,
Wyth Gyfroun he mot fyght,
 And ye may not spede;
Hys hed schall of be raft,
And sette upon a sper schaft,
 To se yn lengthe and brede.

And that thou mayst se full well
Ther stant yn ech a karnell
 An hed other two upryght;
Than seyde Lybeaus also snell,
Be god and seynt Mychell,
 Wyth Gyffroun y schall fyght.
. . . .
The dwerth seyde, Be Jhesus,
Gentyll Lybeaus desconus
 That wer a great peryle.
— RITSON, *Met. Rom.* ii. 31.

Lybeaus's 'lemman' was 'fayryr' than 'Syr Geffroun's,' and Sir Lybeaus, besides getting the jerfaukon, which he sent to King Arthur, wounded that knight mortally. We have seen that *Ogier le Dannois* hanged all the rogues, who had thought of betraying him, each at a battlement of the castle, in which he was besieged by Charlemagne. See vol. i. p. 79. Rinaldo caused Arpia to act as executioner upon his companions, whom he likewise had all hanged on the battlements of their own castle. See *Mambriano*, c. xxvi. and vol. i. p. 335. It is historically true that sometimes such executions took place in that manner. ' We learn from Wintoun, that in 1331, this fortress (Ellandonan Castle) witnessed the severe justice of Randolph, earl of Murray, then Warden of Scotland. Fifty delinquents were there executed, by his orders, and, according to the prior of Lochlevin, the earl had as much pleasure in seeing their ghastly heads encircle the walls of the castle, as if it had been surrounded by a chaplet of roses.' Sir W. SCOTT, *Minstrel. of the Scot. Bord.* iii. 370.

St. 28.—It has been my unpleasant duty, as editor, to reprint this story; but I would say to my readers in the words of Ariosto, so aptly quoted on the same subject, as well as translated, by Mr. Rose:

> Leave out this canto; since the tale will tell
> Without it, and the story is as clear:
> Which, told by Turpin, I relate as well.

It is one of those horrible tales with which old authors and romancers abound, for the reasons assigned in vol. i. p. 33. It is a close imitation of the mythological tale of Atreus and Thyestes, rendered more revolting than it is in the Greek traditions. For those who should not wish to read the canto, it may be enough to know that Rinaldo is enclosed in a place with a tremendous monster, which he cannot wound, and which, moreover, succeeds in snatching the sword from his hands. ' The Paladin springs on a beam which projects from the wall, and thus remains hanging between heaven and earth with little hope even of present safety, since the monster continually leaps at him, and often all but reaches him with his claws.' The canto breaks off here, and the famous Prince of Montalbano is left by the poet in this uncomfortable situation, from which, however, I am happy to say, he was safely delivered, as the gentle reader will find in the next volume.

Printed by Lowndes and White,
Crane Court, Fleet Street.